지은이 ——————————— 코웬 Tyler Cowen

타일러 코웬 _____. 〈이코노미스트〉 선정 '10년 _____ 명'으로 꼽혔으며 〈블룸버그비_____는 경제학자'라는 별명을 붙였다. 또한 외교전문지 〈포린폴리시〉는 코웬을 '세계 100대 사상가'로 지명한 바 있다.

현재 〈블룸버그〉의 칼럼니스트이며, 〈뉴욕타임스〉와 〈워싱턴포스트〉 등 여러 매체에 활발히 기고 활동을 하고 있다. 또한 전 세계에서 가장 많이 읽히는 경제학 블로그 '마지널 레볼루션marginalrevolution.com'을 공동 운영하며 경제와 사회에 대한 다양한 논평을 하고 있다.

다수의 경제학 교과서와 〈뉴욕타임스〉 베스트셀러 《거대한 침체》를 비롯해 《4차 산업혁명, 강력한 인간의 시대》, 《경제학 패러독스》, 《정보 탐식가의 시대The Age of the Infovore》, 《한 경제학자의 점심 이야기An Economist Gets Lunch》 등을 집필했다.

옮긴이 ——————————————————— 문직섭

고려대학교 경영학과를 졸업하고 미국 오리건주립대학교에서 MBA 석사 학위를 취득했다. ㈜대우 미국 현지 법인에서 10여 년간 근무하며 미국과 세계 각국을 상대로 국제무역과 해외영업을 담당했고, 현재 한국 내 중소기업의 해외영업 총괄 임원으로 재직 중이다.

글밥아카데미를 수료한 후 바른번역 소속 번역가로 활동하며 비즈니스 현장에서 쌓은 경험을 바탕으로 경제경영서 번역에 주력하고 있다. 옮긴 책으로 《블루골드 시대, 물을 정복하라》, 《참아주는 건 그만하겠습니다》, 《혁신국가》, 《브랜드 애드머레이션》, 《절대 실패하지 않는 비즈니스의 비밀》, 《환희를 향한 열정》, 《전략에 전략을 더하라》, 《알수록 정치적인 음식들》 등이 있으며 〈하버드 비즈니스 리뷰〉 한국어판 번역에 참여했다.

타일러 코웬의
기업을 위한 변론
Big Business

타일러 코웬의

기업을 위한 변론

타일러 코웬 지음
문직섭 옮김

Big
Business

한국경제신문

나타샤와 야나와 카일에게

● 한국 경제를 둘러싼 위기설이 고조될수록 일자리 창출과 새로운 혁신의 원천인 기업의 본질을 다시 생각하게 된다. 타일러 코웬은 왜 대기업 및 기업에 대한 오해와 혐오의 정서가 팽배하게 되었는지 객관적인 자료를 토대로 분석하고 그것을 바로잡아주며, 기업에 대한 깊은 오해의 원인을 하나하나 짚어간다.

한국 사회가 정부만능주의와 정치의 인기영합주의로 치달으며 대기업을 옹호하려면 용기가 필요한 상황에서, 저자는 기업에 대해 교차하는 애증 속에서 상충되는 직관을 번뜩이게 하며 우리에게 기업의 본질적인 역할을 생각하게 한다.

이인실, 서강대학교 경제대학원 교수 · 한국경제학회 회장

● 이 책은 기업들이 양질의 일자리를 제공하고 사람들의 삶을 윤택하게 하는 역할을 함에도, 여론의 깊은 불신을 받는 이유를 분석하고 그에 대한 해법을 제시한 명작이다.

저자는 그 원인을 인간 본성, 즉 사람들에게 적용하는 것과 동일한 기준을 가지고 기업을 의인화하여 판단하려는 본성 때문이라고 보았다. 이는 소비자 스스로 수요충족을 위해 만든 대기업과 기업을 마치 다른 사람 평가하듯이 평가해서는 안 된다는 것을 의미한다. 기업이 인류의 최고 가치를 상징한다고 믿는 것만이 인류의 가치를 높이는 최상의 해법이라는 저자의 말은 반기업 정서로 팽배한 우리 사회에 큰 울림을 준다.

전삼현, 숭실대학교 법학과 교수

● 《타일러 코웬의 기업을 위한 변론》은 기업 천국으로 알려진 미국의 실상을 보여주는 책으로 예리한 분석과 흥미로운 설명이 돋보인다. 반기업 정서 측면에서 한국은 미국 못지않다. 한국에 시의적절한 책으로 정치인이나 관료는 물론 나라의 미래를 걱정하는 모두가 읽어야 할 책이다.

기업은 자본과 노동에 중립적인 존재이며, 기업 및 경제 활동에 참여하는 주체의 창의성으로 발전한다. 그러나 기업의 의의와 기업이 이뤄낸 성과는 폄훼되기 일쑤다. 기업에 대한 억압은 모순이다. 경제를 성장시키기고 일자리를 만들려면 다른 도리 없이 기업을 키워야 하기 때문이다.

현재 한국에는 괜찮은 일자리가 증발하고 있다. 대기업의 고용 비중이 40%에서 10%로 반의 반토막 났고, 청년층의 체감 실업률은 25%로 치솟은 상황이다. 비극은 내부에서 시작된다. 기업 비판에 집중한 채, 기업 키우는 일을 외면하면 대량 실업과 경제 성장 동력의 상실이라는 깊은 수렁에 빠지게 된다. 실수는 이제부터라도 없어야 한다. 이 책은 우리나라의 사회와 경제가 올바른 방향으로 나아가기 위한 발전적 논의의 초석이 되어줄 것이다.

김태기, 단국대학교 경제학과 교수

● 과연 기업은 부정직한 존재고, 신뢰하기 어려운 대상인가? 심지어 탐욕스럽고 직원을 착취하며 소비자를 우롱하는 존재인가? 하지만 기업은 인격체가 아니다. 기업을 의인화해서 비판하는 것은 본질을 벗어난 일이다. 기업은 그저 영리 추구를 목적으로 만들어진 조직이다. 기업에는 수많은 사람들이 모여 이익을 위해 협력할 뿐이다. 이를 선악의 대상으로 삼아 단죄하거나 또는 지원하거나 할 그런 존재가 아니다. 전기나 자동차처럼 잘 활용하면 되는 것이다.

《타일러 코웬의 기업을 위한 변론》은 흔히 오해하기 쉬운 주제를 현실감 넘치게 다룬다. 신비한 역할을 하면서도 사람들로부터 질시의 대상이 되는 기업 및 대기업의 본질을 이해하자는 것이다. 사람들은 기업으로부터 혜택을 얻으면서도 기업을 쉽게 비판하곤 한다. 하지만 그런 비판들은 따져보면 합리적이지도 않고 오히려 기업을 잘못 오해한 것에서 비롯된 것들이 많다.

대한민국 경제를 걱정하고 어떤 법이 더 나은 성과를 낼지를 고민하는 사람들에게 이 책은 소중한 통찰력을 준다. 현실 사례에서 시대를 뛰어넘는 교훈을 이끌어낸 저자의 탁월함이 돋보인다. 아울러 심도 있는 경제 지식으로 기업 경제에 대한 올바른 사고방식의 지평을 넓혀주는 저자의 능력을 높이 평가하고 싶다. 기업 경제를 이해하고 기업 원리가 작동할 수 있는 제도적 환경을 만드는 것은 우리 삶의 자유를 지키고 풍요를 부르는 일이다.

최승노, 경제학 박사 · 자유기업원 원장

한 경제학자의 용감한 변호

공병호, 공병호연구소 소장 · 공병호TV 운영자

세상에는 통념이 있다. 이런 통념 가운데 뿌리 깊은 것이 시장경제, 기업가, 기업에 대한 강한 불신이다. 이들로부터 엄청난 혜택을 누리고 있는 사회라고 해서 기업에 대한 편견으로부터 자유롭지 않다. 왜냐하면 이들에 대한 잘못된 편견과 선입견은 인간 본성에 연유하는 바가 크기 때문이다. 한편 이들에 대한 질투, 시기, 비난은 너무 질기고 강해서 누구도 이런 주제에 대해 공개적으로 비판하고 설득하려는 시도를 하지 않는다.

경제학자이자 저술가로서 그리고 칼럼니스트로서 명성을 누리고 있는 조지메이슨대학교의 타일러 코웬 교수가 기업을 위한 변호를 정리한 책을 펴냈다. 그는 "기업은 제대로 평가받지 못하는 처지에 이르렀다. 그리고 보다 못한 나는 이를 반박하면서도 결코 비

주류 의견으로 취급받지 않을 만한 책을 쓰기로 마음먹었다"라고 말한다. 《타일러 코웬의 기업을 위한 변론》은 기업을 위한 변호와 옹호를 담고 있지만 동시에 자유시장경제 체제에 대한 옹호론의 성격을 갖고 있다.

오늘날 한국 사회에는 반기업적이고 반시장적인 정서가 무척 강하다. 정부만능주의가 거대한 흐름을 형성하면서 한국 경제는 장기 침체와 쇠락의 길로 들어섰다. 단기적인 경기 부양책 성격을 지닌 이벤트성 조치들이 하루가 멀다 하고 쏟아져 나오지만, 근본적인 문제를 해결하려는 노력이 없다면 한국 사회는 철 지난 바닷가처럼 변하고 말 것이다. 우리 사회가 당면하고 있는 이 같은 위기 상황을 염두에 두면 타일러 코웬의 책은 '미국의 기업을 위한 변호'이지만, 여기서 논의되는 대부분은 그대로 '한국의 기업을 위한 변호'라 불러도 무방할 것이다.

'우리는 지금보다 훨씬 더 잘될 수 있다'는 생각을 늘 가져온 필자는 친시장적이고 친기업적인 정책과 제도를 도입하고 시장과 기업에 우호적인 사업 환경을 조성하는 것만으로도 한국이 지금보다 훨씬 더 잘될 수 있다고 믿어왔다. 돈을 투입해야만 경제를 살릴 수 있는 것이 아니다. 경제 활동을 하려는 마음이 더 강하게 생겨나도록 개별 경제주체들을 돕는 것이야말로 나라를 살리고 개인을 살리는 길이다. 이를 위해서 반드시 필요한 일이 기업과 시장에 대한 잘못된 시각이나 관점 그리고 통념을 교정하는 것이다.

주류경제학자들 가운데 이런 일을 시도하는 사람들은 참으로 드물다. 이런 면에서 저자의 시도는 용감한 일이라고 평가하고 싶다. 책은 모두 아홉 개의 장으로 구성되어 있으며, 첫 번째 장과 마지막 장은 각각 서론과 결론에 해당한다. 그리고 어느 사회에서든 관찰할 수 있는 기업에 대한 대표적인 비판들을 각각의 중심 내용으로 중간 일곱 개의 장을 구성하고 있다.

저자는 책 전반에서 기업의 부정, CEO에 대한 과다 보상, 대기업의 독점, 거대 기술 기업 비판, 월스트리트 금융 기업에 대한 비판, 정경유착을 다루고 있는데 눈치 빠른 독자라면 위에 언급된 소재 하나하나가 기업에 대한 오해 및 통념이라는 것을 알아차렸을 것이다. 이처럼 대다수 사람들이 갖고 있는 통념이 각 장의 제목으로 되어 있다.

2장은 '기업은 어느 누구보다 부정직할까?'라는 질문을 던진다. 이 같은 통념에 대해 저자는 역사적 배경, 다양한 관련 사례, 자료와 문헌 등을 총동원해서 자신의 주장을 뒷받침하며 자신의 논지를 전개하고 있다. 구글, 페이스북 등 거대 기술 기업에 대한 오해를 다룬 '기술 기업은 정말 악마 같은 존재일까?'(6장)라는 물음에 대해서도 다양한 사례와 연구 등 객관적인 자료를 통해 기업 비판론이 갖고 있는 문제점을 낱낱이 지적한다. 처음부터 읽을 수도 있지만, 각 장이 일정 부분 독립적인 성격을 띠고 있으므로 어느 장에서든 독서를 시작할 수 있다. 그리고 독자들은 책의 마지막 부분에 정리된 참고문헌과 주석을 통해서 보다 깊은 지식을 얻는 기회를 가질 수 있을 것이다.

기업과 시장 그리고 기업가를 올바르게 이해하는 일은 한 국가에는 성장과 발전의 원천이 되며, 개인에게는 시장 경제에서의 성공을 거둘 가능성을 높여준다. 일반적인 실용서와 다르지만 우리가 갖고 있는 기업과 시장에 대해 올바른 시각과 관점을 갖도록 도와준다는 점에서 귀한 저서다. 정통 주류경제학자가 쓴 보기 드문 '기업과 시장을 위한 변호'를 여러 분들에게 권하고 싶다.

BIG
BUSINESS

타일러 코웬의
기업을 위한 변론

차례

CHAPTER

1

새로운 친親기업
선언

새로운 친親기업 선언

우리는 기업의 명성이 집중 공격을 받는 시대에 살고 있다. 예를 들어 미국 민주당원들은 '자본주의'보다 '사회주의'라는 단어를 더 선호한다. 일부 기업의 이상을 두고 입에 발린 찬사를 보내기도 하는 미국 공화당원들조차 속마음은 크게 다르지 않다. 실제로 공화당원 다수는 자유무역과 이민 제도, 기업의 역외생산을 비난하는 도널드 트럼프Donald Trump 대통령을 크게 지지한다. 또한 '국민의 적'으로 낙인찍힌 언론들은 모두 기본적으로 반기업적 입장을 취하고 있다.[1]

쉽게 말해 기업은 제대로 평가받지 못하는 처지에 이르렀다. 그리고 보다 못한 나는 이를 반박하면서도 결코 비주류 의견으로 취급받지 않을 만한 책을 쓰기로 마음먹었다. 대기업이든 중소기업이든 기업을 향한 비난은 일부 타당한 내용도 있다. 하지만 기업이 제공하는 분명하고 실질적인 주요 혜택 두 가지에 비하면 그것의 의미는 무색해진다. 첫째, 기업은 우리가 소비하며 즐기는 거의 모든 제품을 생산한다. 둘째, 기업은 우리 대부분에게 일거리를 제공하는 존재다. 기업을 생각하면 곧바로 떠오르는 두 단어는 바로 '번영'과 '기회'다.

기업이 없었더라면 우리가 이용하지 못했을 것들

- 선박, 기차, 자동차
- 전지, 조명, 난방 장비
- 대부분의 식품
- 생명을 구하는 의약 대부분
- 아동용 의류
- 전화와 스마트폰
- 즐겨 읽는 서적
- 거의 실시간으로 접속 가능한 전 세계 온라인상 정보

그리고 매달 받는 급여도 잊지 말아야 한다. 이제는 한물간 문구이기는 하지만 때맞춰 해야 하는 '급여 지급'은 영웅의 행위에 비할 만한 대단한 일이다. 실제로 해보지 않은 사람은 그저 당연한 일로 여길 수도 있지만, 일부 개인이나 집단은 아무것도 없는 상태에서 기업을 구축하는 데 필요한 혁신 아이디어를 생각해내며 엄청난 노력을 기울였다. 급여에 더해 일자리는 우리 자부심의 가장 큰 원천 중 하나이며 사람들을 만나고 사회적 네트워크를 형성하는 중요한 수단이다.

한편 이 책에서 언급하는 '기업'은 〈메리엄-웹스터 Merriam-Webster〉 사전을 펼치면 곧바로 나와 있는 정의를 빌려 "영리를 추구하는 기업 또는 산업 기업"을 뜻한다. 때로는 보다 법률적인 용어인 '법인

기업'을 번갈아 사용하기도 하겠지만 엄밀히 말하면 두 용어의 개념은 다르다. 미국 주택가에서 간혹 보는 어린아이의 레몬에이드 가판대는 하나의 '비즈니스 또는 개인 기업'이라 할 수 있지만 법인 기업은 아니다. 그렇긴 해도 나는 이 책을 쓴 목적을 위해 두 단어를 실질적인 동의어로 여기며 충분히 거대하고 공식적인 지위를 갖춘 기업체만 다룰 것이다. 물론 사람들에게는 규모가 큰 법인 기업보다 비즈니스 또는 개인 기업이 더 친근하게 들린다는 사실을 잘 알고 있다. 내가 때때로 법인 기업이라는 단어를 사용하면 절대적 반기업 정서에 젖어 있는 일부 독자들은 충격을 받을지도 모르겠다.

미국 기업 특유의 가치

이제 미국 기업 특유의 성격을 되돌아보며 그들의 진정한 가치를 살펴보자. 글로벌 기준에 비춰볼 때 미국 기업들의 전반적 성과는 상당히 인상적이다. 스탠퍼드대학교의 경제학자인 니컬러스 블룸 Nicholas Bloom을 비롯한 몇몇 학자들은 미국을 포함한 일부 주요 경제 대국의 경영 형태를 연구·비교하는 책을 펴냈다. 그들의 설문 조사는 기업의 인센티브 활용도와 성과 측정 및 평가의 질, 최고 경영진의 장기적 목표 수립 여부, 창의력이 뛰어난 직원에 대한 보상, 수준 높은 직원들을 불러모으고 유지하는 정도 등을 포함해 기업의 경영 관리에 관한 여러 분야를 평가했다. 기업들의 응답 내용이 해당 기업의 실제 생산성, 규모, 수익성, 매출 성장률, 시장 가치, 기업 생존력과 밀접한 관계를 보임에 따라 평가 결과는 기업의 실제 경영 수치들로도 뒷받침됐다.[2]

그러면 경영의 질에 관한 이 모든 측정 결과 가장 높은 평가를 받은 국가는 어디일까? 바로 미국이 확실한 1위다. 이는 미국 기업이 이룬 실적의 규모와 질을 증명하며 기업 경영자와 근로자 모두의 노력이 만들어낸 결과다. 미국이 광범위한 분야에서 글로벌 혁신 선도자로 자리 잡은 것도 우연히 일어난 일은 아니다.

경영 방식은 정말 중요하다. 예를 들어 비슷한 제품을 만드는 두 미국 기업 중 한 곳은 생산성 면에서 상위 10퍼센트에 속하고, 다른 곳은 하위 10퍼센트에 속한다고 하자. 상위에 속한 기업은 탁월한 경영 방식 덕분에 하위 기업에 비해 네 배나 높은 생산성을 유지할 수 있다. 어느 예측 결과에 따르면 단순히 경영 관리의 질을 미국 수준으로 끌어올리기만 해도 중국 기업은 생산성을 30퍼센트에서 50퍼센트, 인도 기업은 40퍼센트에서 60퍼센트까지 높일 수 있다고 한다.[3]

그렇다면 중국과 인도의 기업은 무엇을 향상시켜야 할까? 미국 기업은 상대적으로 높은 현장 신뢰도에 힘입어 기업을 보다 효율적으로 운영할 수 있다. 현장에 대한 신뢰는 의사 결정이 기업 수뇌부가 아니라 현장에서 곧바로 이뤄지게 하며, 그 결과 최고 경영진이 업무 진행을 막는 걸림돌이 되는 현상을 막아준다. 또한 신뢰는 하위 직원에 대한 권한 이양을 더 쉽고 효과적으로 이뤄지게 하므로 신뢰에 바탕을 둔 기업은 보다 빨리 성장하며 유연성 측면에서도 매우 유리하다. 신뢰 수준이 비교적 높은 환경에서는 근로자들에 대한 보상이 사적인 관계나 정실情實이 아니라 실제 생산 기여도에 바탕을 둘 가능성이 높다. 이런 면에서 볼 때 기업 생산성의 가치는 인간의 가치이기도 하며, 이 둘 모두 사상 최대의 기업 생산과 비교적 만족스러운 일자리로 나타나고 있다. 인간으로서 우리는 신뢰받고 또 신뢰할 수 있는 상태를 좋아한다. 그러므로 종종 우리는 기업의 가치가 사회적 가치와 상관관계가 있다는 사실을 알게 된다.[4]

미국 기업이 지금껏 잘해왔다고 생각하는 또 다른 이유가 있다. 바로 미국 경제가 경쟁력 압박을 통해 최악의 기업들을 제거하는 면에서 다른 국가들에 비해 상당히 효과적이었다는 점이다. 일반적으로 다른 국가에서는 최악의 기업과 최고의 기업 간 차이가 매우 큰 반면 미국 내 기업은 그리 크지 않다. 그럼에도 미국인들은 어느 식당, 자동차, 여행용 가방 등이 가장 좋은지를 두고 자신의 지갑을 통해 선택하고, 선택받지 못한 패배자는 사업을 접게 만드는 과정, 즉 자본주의의 '창조적 파괴creative destruction'를 다른 어느 국가보다도 잘 실행하고 있다. 얼핏 보기에는 자국 근로자를 보호한다는 이유로 매력적인 정책으로 보일 수도 있는 보호무역주의의 문제점은 경제 성장의 기본적인 원천, 즉 생산적인 기업이 그렇지 못한 기업을 대체하는 일을 어렵게 만든다는 데 있다.

다른 주요 지역들과 비교해보면 미국도 노동력과 자원을 최상의 기업에 공급하는 데 최선을 다하고 있다. 이 말은 성공적인 미국 기업은 계속 성장하며 사업 범위를 확대할 수 있다는 뜻이다. 예를 들어 한 표준편차(차이를 표시하는 통계적 측정치)에서 나타난 미국 기업의 경영의 질 향상은 평균 268명의 추가 직원 고용을 뜻한다. 남유럽의 기업에서 이와 비슷하게 경영의 질이 향상되면 단 68명의 추가 고용에 그친다. 기업 규모의 차이를 감안해 조정한 수치에서도 비슷한 결과가 나왔다. 달리 설명하면 미국은 재능과 재능을 연결하고 이를 통해 최대한의 성공을 이끌어내는 데 특히 뛰어나다.[5]

정부보다 양극화가 덜하며 더 도덕적인 기업

우리 모두는 도덕성이 절실히 필요한 국가에 살고 있으며, 특히 정치 분야에서는 더욱 그렇다는 사실을 인정할 수밖에 없다. 오늘날 정치 분야에서 점점 심해지는 분열 양상은 정부를 속절없이 경화증에 빠지게 만들었으며 최악의 경우 예측할 수 없을 정도로 요동치는 경향에 취약한 상태로 몰아넣었다. 이와 같은 극단적 대립 양상은 통제를 벗어난 정치적 정당성과 검열, 걷잡을 수 없는 인종차별과 불평등, 폭력적인 시위와 총기 난사, 일련의 부패 혐의 기소 등을 야기했다. 기업 분야의 높은 신뢰도를 포함한 훌륭한 현상을 미국 사회에서 많이 목격할 수 있지만 미국 정치권에서 벌어지는 기묘한 현상들은 점점 더 심해지고 있다.

이와 달리 미국 기업계는 그 어느 때보다도 생산적이고 관대하며 협동적이다. 또한 GDP(국내총생산)와 국가 번영의 근원이다. 소비자에게 이윤을 남기며 팔 수 있는 제품 생산에 지속적으로 집중하는 과정을 통해 정상적 상태 유지와 미래에 대한 예측 가능성에 한 줄기 빛을 비추는 존재이기도 하다. 성공적인 기업은 역동적 성장을 추구하는 한편 자신의 생산 방식을 완벽한 상태로 만들 수 있는 안정성과 포용성의 오아시스를 만들어내려 노력하기도 한다. 이런 오아시스와 같은 기업 환경은 인재들을 끌어들이고 유지하는 데 도움을 주며 기업이 소비자에게 '편안함과 위로를 주는 제품'을 꾸준히 제공할 수 있게 해준다. 또한 기업은 우리의 삶을 괜찮은 정도가 아니라 안락한 상태로 만들어주는 근원을 생산하며 사랑과 우정, 창의력, 배려의 공간을 마련하는 데 도움을 주기도 한다.

특히 미국의 거대 기업은 미국을 보다 포용적인 사회로 만드는 데 선도적 역할을 해왔다. 특히 맥도날드McDonald's, 제너럴일렉트릭GE, 프록터앤드갬블Procter & Gamble과 다수의 주요 기술 기업들은 미국 대법원이 동성애자 혼인을 합법화하기 전부터 동성 파트너들에 대한 건강보험과 여러 법적 혜택을 규정해왔다. 애플Apple과 화이자Pfizer, 마이크로소프트Microsoft, 도이치뱅크Deutsche Bank, 페이팔PayPal, 메리어트Marriott 같은 기업들은 트랜스젠더가 사용할 수 있는 화장실을 별도로 지정하려는 노스캐롤라이나주 법안에 반대하는 입장을 공개적으로 밝히기도 했으며, 이와 같은 항의는 결국 이 법안이 폐지되는 결과로 이어졌다. 이렇게 포용성을 추구하는 기업의 자세는 결코 뜻밖의 일이 아니다. 거대 기업은 수많은 소비자들을 상대하며 자사의 브랜드 가치에 의존하고 있고, 이 소비자들 중 어느 그룹이라도 소외되거나 차별받는다는 느낌을 받거나 불만거리를 갖지 않기를 원한다. 특히 소셜 미디어의 시대에 살고 있는 상황에서는 더욱 그렇다. CEO들의 양심은 물론이고 이윤 극대화라는 과제만 보더라도 오늘날의 대기업은 포용과 관대함의 편에 설 수밖에 없다.[6]

크게 성공했고 그로 미뤄볼 때 기업 논리를 제대로 구현했다고 볼 수 있는 거대 기업은 규모가 작은 기업에 비해 직원의 개인적 취향을 보다 더 포용하는 경향이 있다. 동네 제과점은 동성애자 커플에게 웨딩케이크를 만들어주는 데 주저할지 모른다. 하지만 자사 제품을 광범위한 지역에 진출시켜 전국적 시장을 구축하려는 새러리Sara Lee는 이들을 포함한 모든 이에게 제품을 기꺼이 판매한다. 규모가 큰 기업은 다양한 분야에서 자사의 명성을 지켜야 하며 소수집단 출신을 포함해 많은 인재들을 폭넓게 고용할 필요가 있다. 지역 내 백인들로 구성된 소수의 좁은 네트워크만 구축해서는 성장할 수 없고 살아남을 수도 없다.

가끔 나는 오늘날의 세상을 이해하려면 신문의 1면이나 정치면이 아니라 미국인의 일상적인 평범한 삶을 반영하는 스포츠면을 읽는 게 더 나을 것이라고 말한다. 물론 스포츠도 기업의 한 형태다.

무엇이 불만일까?

내가 오늘날의 미국 정서에 대해 지닌 불만은 단순하다. 바로 사람들이 기업을 충분히 사랑하지 않는다는 사실이다. 이는 기업을 낮춰보는 경향이 있는 한 부류만의 문제가 아니다. 기업을 떠올리면 곧바로 비판적인 자세를 취하거나 최소한 의심 가득한 눈빛으로 바라보는 현대 미국 내 몇몇 부류를 살펴보자.

자본주의에 부정적인 젊은 세대

미국의 젊은 세대 대부분은 자본주의에 대해 매우 비판적인 관점을 지니고 있다. 하버드대학교 연구원들이 실시한 한 대표적인 여론 조사 결과를 보면 18세에서 29세에 이르는 젊은 성인들의 42퍼센트만 자본주의를 지지한 반면 51퍼센트는 자본주의에 부정적이었다. 대부분의 응답자는 자본주의 대신 무엇을 선호하는지 확신이 없었지만 놀랍게도 33퍼센트는 사회주의를 대안으로 꼽았다. 비록 이전 세대가 이해하는 그런 사회주의를 뜻한 것은 아니라 하더라도, 젊은 세대가 자본주의에서 탄생한 거대 법인 기업의 형태를 좋게 여기지 않는다는 것은 분명하다.

1960년대 급진주의 이후 그 어느 때보다 현재 반기업 정서가 더 많이 팽배해 있을 것으로 보이며 이는 대부분 젊은 세대에서 비롯된 것이다.[7]

버니 샌더스 지지자

2016년 미국 대선에서 민주당 후보로 선출되지 못했지만 버니 샌더스Bernie Sanders는 거의 틀림없이 대선 기간 중 두 번째로 많은 열정을 쏟아부은 후보자였다. 이 책을 쓰고 있는 현재 샌더스는 2020년 대선에서 78세라는 많은 나이에도 불구하고 민주당 후보로 선출될 가능성이 가장 높은 후보자 중 한 명이다. 게다가 트럼프 정부의 도를 넘는 행태에 민주당이 격하게 반응하면서 샌더스의 진보적 사상은 분명 큰 영향력을 발휘할 것이다.

반기업 좌파의 전형이며 스스로 사회주의자로 칭하는 샌더스는 대형 은행을 해체하고 노동자 소유의 협동조합을 보다 많이 설립할 것을 주장했다. 또한 미국인의 생활수준 침체가 미국 기업의 탐욕스런 본성에서 비롯됐다고 비난한다. 어떤 이들은 샌더스가 실제로 대통령직에 오르면 그의 발언만큼 급진적이지 않을지도 모른다는 그럴듯한 논리로 반박할 수도 있을 것이다. 예를 들면 샌더스는 '사회주의자'라는 단어를 다양한 방면에서 거의 일반적인 용어로 사용한다는 이유를 들 것이다.

하지만 이런 사람들에게 아주 기본적인 질문을 하나 해보자. 샌더스가 기업 전체 또는 특정 대기업에 대해 어떤 좋은 말이라도 한 적이 있었던가? 없었다면, 미국인의 삶에 가장 많은 혜택을 주고 핵심적인 조직 중 하나인 기업을 인정하지 않으려는 이유는 무엇인가?

언론과 소셜 미디어

기업을 향한 비판에 있어서 아마도 언론이 가장 심한 악인이겠지만, 이는 너무나 좌익 성향을 띠는 신문이나 TV 방송국 때문만은 아니다. 거의 모든 언론 매체는 기업에 관한 뉴스를 포함한 모든 종류의 부정적 보도에 상당히 치우쳐 있다. 그러므로 스캔들과 부패, 근로자 괴롭힘과 같은 뉴스들이 미국 주요 기업에서 매일 일반적으로 거두는 엄청난 성공보다 훨씬 더 많은 언론의 주목을 받고 있다. '기업이 제품을 생산하고 사람들을 계속 고용하며 또 한 번의 빛나는 날을 보냈다'는 뉴스는 이제 더 이상 훌륭한 머리기사가 아니다.

오늘날 〈파이낸셜타임스〉와 같은 중도 매체까지 포함한 주요 언론 매체가 IT 대기업의 잘못을 지적하는 기사를 게재하는 것은 흔한 일이다. 예를 들어 유명 경제 애널리스트이자 칼럼니스트인 라나 포루하Rana Foroohar는 '거대 기술 기업의 막강한 영향력'에 관한 글을 쓸 때 부정적인 면을 강조한다. 하지만 아마존Amazon, 구글Google, 페이스북Facebook, 애플을 비롯한 IT 대기업들은 놀랄 만큼 뛰어난 제품을 미국인들에게 때로는 무료로, 아니면 아주 낮은 가격에 제공해왔다. 정보 접근성을 놓고 보면 세계는 20년 전 거의 모든 사람이 상상할 수 있었던 수준보다 훨씬 더 촘촘히 연결돼 있으며, 이는 분명 우리 세대에서 이룬 인류의 가장 훌륭한 업적일 것이다.

그럼에도 우리는 이 기업들이 분해 또는 해체되거나 최소한 훨씬 더 엄중하고 철저한 규제를 받아야 한다는 말을 시도 때도 없이

울려 퍼지는 요란한 선전처럼 듣고 있다. 혹시 이런 기사들 중에 좋은 평가가 있다면 그건 신문이 소셜 미디어 세계에서 분명히 부정적인 편견을 지닌 일부 부류들을 자극해 클릭 수를 최대화하기 위해 그저 그런 분석 기사를 게재한 것이다.

심지어 반자본주의 기조를 분명히 드러내는 언론 매체도 다시 등장하고 있다. 오프라인과 온라인 모두에서 발행되는 잡지 〈자코뱅〉에는 최근 이런 글이 실렸다. "예전 소비에트 연방에서 보듯, 어떤 경우에는 하향식 사회주의의 결점만큼이나 자본주의 자체의 결점도 심각하다." 이 글은 마티외 데샌Mathieu Desan과 마이클 A. 매카시Michael A. McCarthy가 함께 쓴 책《대담하게 나서야 할 시기A Time to Be Bold》에 등장하는 문구다.[8]

소셜 미디어도 문제의 한 부분이다. '디나'라는 닉네임으로 기업을 고맙게 생각하지 않는 마음을 드러낸 다음과 같은 트위터 글을 보면 어떤 생각이 드는가? "생각해보라. 안경을 쓰고 있는 사람들은 자신의 눈을 사용하기 위해 말 그대로 돈을 지불하고 있다. 자본주의는 정말 X 같은 것이다." 이 글이 올라온 뒤 곧바로 25만 7천 건 이상의 '좋아요'가 달렸으며 이후에도 분명히 더 많은 지지를 받았을 것이다.

하지만 안경을 만드는 기업들은 이런 비난이 아니라 서로 경쟁을 펼치며 가능한 한 저렴한 가격으로 안경을 공급하려는 노력에 따라 박수를 받아야 마땅하다. 한 유명한 경제 서적은 안경 광고를 제한하는 주법이 생기자 경제 체제가 무너지며 안경이 비싸졌다는 사실을 밝히기도 했다. 다행스럽게도 미국 연방 통상위원회Federal Trade Commission,FTC는 이 주법을 폐기시켰고, 이에 따라 경쟁이 되살아나며 안경 가격은 다시 내려갔다.[9]

기업을 충분히 신뢰하지 않는 일반 미국인들

여러 기관에 대한 미국인들의 신뢰도를 보여주는 2016년 갤럽 여론 조사의 결과는 다음과 같다.[10]

기관	'매우' 신뢰한다	'꽤' 신뢰한다
군대	41%	32%
소기업	30%	38%
경찰	25%	31%
교회 또는 종교 단체	20%	21%
의료 기관	17%	22%
대통령	16%	20%
미국 연방대법원	15%	21%
공립학교	14%	16%
은행	11%	16%
노동 단체	8%	15%
사법 기관	9%	14%
TV 뉴스 방송국	8%	13%
신문사	8%	12%
대기업	6%	12%
의회	0%	6%

이 표를 보면 비록 소기업이 군대에 뒤이어 두 번째 자리에 오르며 좋은 성과를 보이고 있지만 대기업은 신뢰도 순위 제일 밑바닥에 있는 의회를 겨우 앞서는 수준이며, 이는 분명 신뢰도 측면에서 상황이 그리 좋지 않다는 신호를 나타낸다. 많은 이들에게 대기업은 탐욕스러움과 노동자를 괴롭히는 권력, 소비자의 행복은 아랑곳하지 않는 존재로 다가온다. 하지만 대기업은 소기업에 비해 평균적으로 훨씬 높은 임금을 지급하며 탁월한 혜택과 보다 나은 작업 환경을 제공한다. 가장 큰 문제는 많은 경우에서 단순히 미국 기업이 충분한 규모를 갖추지 못하거나 충분한 성공을 이루지 못한다는 식의 정치적으로 부당하게 알려진 진실, 즉 차별적인 진실에 있다는 것은 분명한 사실이다. 대기업은 이윤을 끌어올려 어마어마한 규모로 성장할 만큼 충분히 야욕적이거나, 충분히 잘하고 있지 않을 뿐이다.[11]

트럼프 대통령 지지자와 보수 우파

트럼프 대통령은 종종 자신을 대기업의 열렬한 팬이자 미국 내 생산 계층의 대변인으로 묘사한다. 하지만 대기업을 자신을 대신해 매를 맞는 희생양으로 삼기도 한다. 트럼프는 에어컨 생산 기업으로 유명한 캐리어Carrier와 아마존 같은 기업과 기업 임원들을 자신의 트위터에서 조롱하기를 즐겨 한다. 트럼프가 잘못 다루고 있는 문제의 상황이 더 나빠지면 트럼프 지지자들은 그의 편에 설까? 아니면 대부분 기업 편에 설까? 지금까지는 트럼프의 반기업적 도발에 대규모로 저항한다고 믿을 만한 증거를 본 적이 없다.

IT 기업들에 관한 주제가 등장하면 많은 보수 우파 사람들은 페이스북과 구글을 정치적으로 정당하며 문화적 엘리트로 자칭하는 좌파로 인식한다. 물론 이런 인식은 어느 정도 맞는 것이기는 하다. 우파는 더 나아가 그들과 같은 거대 기술 기업을 해체하거나 매우 강하게 규제할 것을 요청하며 보다 일반적으로는 이 기업들이 미국인의 삶에 미치는 중요한 역할에 맞서는 지적 성전jihad을 이끌고 있다. 영국의 보수적인 역사학자 니얼 퍼거슨Niall Ferguson은 이런 운동의 주도자 중 한 명으로 활동해왔고, 이를 통해 일부 우익 정치가들에게 영향을 미치는 놀라운 결과를 이뤘다. 이런 정치가 중 많은 이들이 주요 기술 기업들이 보수적 사상과 지식인을 검열하는 데 심할 정도로 열을 올리고 있다고 확신한다.[12]

나는 어떤 면에서는 언론에 매우 비판적이기는 하지만 트럼프 대통령과 일부 공화당원들처럼 언론을 '국민의 적'이라 부르지는 않는다. 여러분은 정말 트럼프 대통령이 확실하게 친기업적 성향이라고 생각하는가? 잊지 말아야 할 것은 언론도 미국 법인 기업이라는 사실이다.

이 책에서 다룰 내용

나는 기업을 강력히 옹호하고 기업이 대중에게서 더 많이 사랑받고 미움은 덜 받을 자격이 있다는 것을 설득하기 위해 이 책을 쓰고 있다. 나도 여러분과 마찬가지로 인간의 일상적 영역의 너무나 많은 부분을, 이기적이고 이윤 극대화를 추구하며 심지어 때로는 부패하기까지 한 기업과 같은 존재에 어쩔 수 없이 맡겨두고 있다는 사실이 그리 편한 것만은 아니다. 하지만 좀 더 자세히 살펴보면 이런 사실도 언뜻 보이는 것보다는 꽤 나은 거래다. 최상의 경우를 놓고 보자. 우리는 기업이 생산한 재화를 우리 자신의 창조적 욕구를 만족시키고 보다 나은 삶을 이루는 데 활용할 수 있기 때문이다. 기업은 우리에게 웅장하고 고귀한 삶을 살 수 있는 보다 많은 기회를 제공해준다고 할 수 있다.

이 책에서 나는 미국 기업을 두고 흔히 하는 비판들 대부분이 면밀한 검토에서 나온 것이 아니라는 점을 주장할 것이다. 예를 들면 미국 기업은 보다 장기적인 전망을 수립하는 대신 분기별 실적에만 지나치게 집중한다는 비판을 종종 듣는다. 하지만 실제로는 기업들이 적절한 경우에만 장기적 목표를 생각할 수 있다는 근거는 너무나 많다. 때로는 단기적 문제가 더 해결하기 쉽거나, 중요하거나, 장기적 성공에 이르는 가교 역할을 하며 미국 기업이 미래를 내다보는 일을 꽤 잘하고 있다는 증거는 쉽게 구할 수 있다.

다음으로 〈파이낸셜타임스〉 칼럼니스트이자 내 친구이기도 한 에드워드 루스Edward Luce가 트위터에 '비양심적'이라고 묘사한[13] 미국 기업의 CEO 보상 문제가 있다. 미국 CEO들이 예전에 비해 훨씬 더 많은 연봉을 받고 있지만 이와 같은 연봉 인상은 대부분 경영하는 기업의 규모와 가치에 따라 움직여왔다. 수치들을 보면 높은 연봉은 최고 재능을 갖춘 CEO를 불러오는 데 필요한 비용이라는 것을 알 수 있다. 따라서 흔히 하는 주장과 달리 CEO들 전체가 교묘히 조종된 연봉 패키지를 통해 주주들에게 돌아갈 이익을 빼앗는다고 규정하기는 어렵다.

오늘날 거대 기업을 운영하려면 특정 부문에 대한 전문성 확보 외에도 언론, 정부, 대중을 향한 홍보, 비전 설정, 소비자의 성향 파악과 그들과의 소통, 여러 문화를 아우르는 글로벌 전략 수립, 정부와의 협업, 기업을 문제에 빠지지 않게 하는 예방 조치 시행 등 어느 때보다 많은 역할이 필요하다. 그러므로 업무를 성공적으로 수행할 만한 자격 있는 CEO 후보자의 수가 제한적이며 수요와 공급의 기본 원칙에 따라 이들에 대한 연봉이 급격히 오르는 결과에 이른 것이다. 오늘날 CEO들은 말 그대로 슈퍼맨과 같은 역할을 하며 엄청난 성과를 달성하는 자이므로 이에 따라 높은 보상을 받는 것이 더 이상 놀랄 일이 되지는 말아야 한다.

가장 빈번하게 희생양으로 지목되는 곳 중 하나가 금융 부문이다. 이들은 너무나 비대해 통제가 안 되는 곳으로 묘사된다. 하지만 현실을 보면 금융 부문은 거의 일정하게 미국 전체 부의 2퍼센트를 차지해왔으며 전체 부의 성장에 따라 당연히 금융 부문의 부도 증가했다. 수신한 예금을 위험도가 높은 자본 시장이나 벤처 기업에 동원하는 미국 금융계의 역량은 미국인에게 매년 수천 억 달러에 이르는 수익을 안겨줬으며, 이런 수익은 금융 부문에 일반적으로 투입되는 비용을 크게 능가한다. 또한 미국 기업의 생산량이 그 어느 때보다 높은 수준에 이른 사실로 미뤄볼 때 금융 부문이 미국 경제의 다른 분야에 필요한 인재들을 모조리 쓸어가는 것도 아니다.

무엇보다도 기업은 부정직하며 소비자들을 속여 피해를 준다는 이유로 비난받는다. 기업에서 저지르는 사기 행위가 많다는 것은 부분적 사실이다. 상업 분야가 다른 분야에 속한 개인들보다 더 부정적인 것은 아니며 어쩌면 덜 부정적일지도 모른다. 이를테면 기업은 우리에게 보다 협동적일 수 있는 방법을 알려주는 것처럼 우리를 보다 나은 사람으로 만들어줄 수 있다. 이에 대한 가장 좋은 증거는 우리가 다른 기관에 참여할 때와 비교해 기업은 최소한 우리를 더 나쁘게 만들지는 않는다는 것이다. 많은 사람들은 처음부터 어느 정도 부정직했다. 이 말이 의심스러우면 개인들의 거짓말과 온라인 데이트 사이트에 올라온 거짓 정보를 생각해보라.

기업에 관한 많은 문제들은 사실 우리가 지닌 문제와 같으며 인간 본성에 자리 잡은 상당히 보편적인 결함을 반영하는 것이다. 하지만 우리는 이런 진실에 다소 비합리적으로 반응한다. 즉 기업의 부정행위를 의심하면서도 동시에 기업이 우리에게 일자리를 마련해주고 우리를 돌봐주며 인적 네트워크를 형성하고 우리의 사회적 문제를 해결하며 안전한 소비 경험을 제공해주기를 바란다.

이 말은 우리가 기업을 판단할 때 연관성과 진실성 기준의 측면에서 다른 사람 또는 가족 구성원을 판단할 때처럼 한다는 의미다. 이는 잘못된 것이다. 법인 기업은 법적 구성체이고 추상적 존재이며 그 자체로서의 목적이나 목표, 감정은 없다. 우리는 사회적, 법적 체제 안에서 기업의 적절한 역할과 기능을 생각하고 기업의 행동이 어떻게 일자리를 창출하고 상품과 서비스를 생산하는지 생각해봐야 한다. 하지만 다른 사람들을 평가할 때 사용하는 기준에 따라 기업을 판단하는 경향이 분명히 있기 때문에 우리는 무대 뒤에서 은밀히 진행되는 다소 타산적이거나 때로는 금전만 쫓는 비도덕적이고 탐욕스런 동기를 받아들이기 어렵다. 그래서 우리는 기업을 이해하려는 대신 훈계를 늘어놓고 있는 것이다.

더 나아가 기업이 이기적이고 탐욕적인 사람들로 가득 차 있다는 흔한 묘사는 대기업을 제대로 이해하지 못해 나온 것이다. 자본주의와 기업의 주요 옹호자이며 노벨상 수상자인 밀턴 프리드먼 Milton Friedman은 1970년 '기업의 사회적 책임은 이윤을 증대하는 것이다'라는 제목의 유명하지만 결국에는 잘못된 인식으로 드러난 글을 발표했다. 프리드먼의 요점은 기업의 CEO와 관리자가 주주의 자산을 사회적 정의 또는 다른 이타적인 목적에 할당하면 안 된다는 것이었다. 프리드먼은 이윤 추구를 제외한 기업의 다른 목적들이 사회에 가치 있는 일이 될 수 있다고 생각했다. 하지만 그의 속마음에는 기업들이 그와 같은 과제를 효율적이거나 기업의 근본적 특성에 맞춰 수행할 수 없기 때문에 자선 단체나 비영리 기관 또는 정부 정책을 통해 그런 목적들을 추구하는 것이 더 낫다는 생각이 자리 잡고 있었다.[14]

프리드먼의 팬이며 사회주의적 해결 방안을 회의적으로 여기는 그의 관점을 공유하기는 해도 나는 프리드먼의 이 글이 사람들의 판단을 흐리게 하는 중대한 맹점을 드러냈다고 생각한다. 단순한 이윤 극대화를 넘어선 다른 목적들은 종종 기업 이윤과 사회적 혜택 모두를 부양하는 결과에 이른다. 예를 들면 최첨단 기술과 때로는 혁명적인 로켓 기술을 활용해 위성을 발사하는 일론 머스크Elon Musk의 기업 스페이스엑스SpaceX에 근무하는 사람들은 다른 행성과 별을 식민지로 개척해 이주하는 꿈을 정말 믿는다. 스카이프Skype의 설립자와 관리자들은 친구와 가족, 사업 동료를 한데 모아 화합시킬 수 있다는 이상을 실제로 믿는 것 같다. 많은 저널리스트와 신문 편집자들은 어쨌든 세상을 보다 나은 곳으로 만들려고 노력은 한다. 프리드먼은 기업의 문화적, 지적, 이념적 기반과 심지어 '감정적'인 기반까지도 이윤을 향한 집착을 훨씬 넘어선다는 사실을 이해하지 못했다. 사람들은 자신이 하는 일을 중요하게 여긴다. 즉 이런 일자리를 통해 의미를 추구한다. 그러므로 이윤 극대화는 정확히 말해 이윤만을 목적으로 강조하지 않기 때문에 오히려 이윤을 많이 올릴 수 있다는 점을 설명하기 위해 지어낸 말, 즉 '편리한 허구convenient fiction'로 보는 것이 가장 좋다.[15]

특히 소비자와 직접 연결될 수 있고 일이 잘못되면 소비자가 곧바로 피드백을 보낼 수 있는 소셜 미디어 시대에 살고 있는 현재, 크게 성공한 기업들은 자신의 사회적 역할을 소비자에게 재화와 서비스를 제공하는 일을 숭배하고 더 나아가 사회가 나아가야 할 방향에 대한 특정 비전을 고취하는 것이라 여긴다. 즉, 일종의 구세

주와 같은 관점을 지니고 있다. 근로자는 자신의 수고가 환경을 보존하고 가난을 물리치며 미국을 강한 국가로 만드는 데 기여한다는 믿음을 갖고 싶어 한다. 직원과 관리자에게 이와 같은 목표에 대한 '진정한' 믿음을 불어넣는 기업은 그렇지 못한 기업에 비해 경쟁 우위를 더 견고하게 구축할 기회를 잡을 수 있다. 또한 더욱 강한 소비자 충성도를 확보하고 기업 간의 거래에서 더 협조적인 파트너를 구할 수 있을 것이다. 이렇게 생각해보자. 결혼 생활에서 최대한의 행복을 얻기 위해 항상 자신의 이익만을 생각하는 사람과 과연 누가 결혼하고 싶어 할까?

에인 랜드Ayn Rand는 기업의 성격이 원대한 목표를 달성하는 중요한 수단이 될 수 있다는 점을 강조하며 성공한 기업의 성격에 관한 깊은 통찰을 보여준다. 랜드의 소설 《아틀라스》에 등장하는 행크 리어든은 훌륭한 생산적 업무에 관련된 자존감과 명예, 동기를 중요하게 여기며, 이것이 바로 미국의 위대함을 이룬 토대라 생각했다.

기업이 마땅히 이윤을 넘어서는 미션mission을 지녀야 한다는 사실을 정확히 파악하고 있는 경영자들은 종교적 또는 다른 종류의 이념을 지닌 자들이다. 이들은 기업과 자신들 삶의 종교적 또는 이념적 측면이 결코 분리될 수 없다고 생각한다. 또한 기업의 관점과 종교적, 윤리적, 이념적 관점을 한데 묶음으로써 주주와 더 광범위한 사회를 가장 잘 대할 수 있다고 생각한다.

노벨상을 수상한 가장 중요한 이유이기도 했던 프리드먼의 시카

고대학교 경제학부 설립은 많은 돈을 벌거나 논문을 많이 발표하는 것처럼 자신만을 생각하는 목적에 집중하는 좁은 시각이 아니라, 진실을 추구하고 달성하려는 '기업 문화'에 크게 의존한 덕분이었다. 기업에 관한 경우를 놓고 보면 프리드먼은 거물급 사회주의자를 처단하는 역할이 아니라 교육 기관을 구축한 자신의 경력을 더 많이 활용했어야 했다. 다르게 표현하면 최상의 기업은 근본적으로 윤리적 이념을 지닌 기업체다.

그렇다면 여러분은 이렇게 자문할지도 모르겠다. 기업이 그렇게 좋은 곳이라면 우리는 왜 여전히 기업을 그렇게 의심스러워하는가? 아주 좋은 질문이며 나는 이 책에서 그에 대한 답을 제공할 것이다. 이에 관한 내용은 이어지는 장들에서 좀 더 살펴보겠지만 지금은 이런 질문이 나온 부분적인 이유가 기업이 우리에게 미치는 영향력에 대한 반발과 기업에 대한 우리의 통제력 부족이라고 말해둔다. 예를 들면 '한 집단으로서' 소비자는 기업을 강력히 통제할 수 있지만 일반적으로 '개별' 소비자는 그렇지 못하다. 실제로 많은 기업들은 개별 소비자의 불평을 시간과 비용을 들여 처리할 만한 가치가 없다고 생각하기 때문에 이런 불평을 고의적으로 무시하는 타산적인 행동을 한다. 고객서비스센터에 전화를 하거나 부당하게 거절된 보험금 청구를 다시 심사해 달라고 보험 회사에 요청할 때마다 늘 만족스럽지는 않다. 비슷하게, 근로자 개인이 항상 자신의 상사에게 영향력을 크게 발휘할 수 있는 것도 아니다.

때로는 기업들이 또 다른 먹잇감을 찾아 물속을 돌아다니는 포악한 상어처럼 보이기도 한다. 크게 성공하고 효율적인 기업인 경우에는 더욱더 위협적인 느낌이 든다. 하지만 기업은 우리의 친구와 보호자처럼 다가오며 우리가 가장 개인적이고 동정적인 측면에서 자신들을 판단하도록 유도하며 인간적인 면모를 보일 때도 있다. 우리가 미국 기업을 완전히 공정하고 감정적으로도 일관된 모습으로 그릴 수 없는 것도 놀랄 일은 아니다. 시스템 자체가 우리를 그렇게 하지 못하도록 만들기 때문이다.

기업의 끊임없는 부상과 성장

사람들은 좋든 싫든 기업에 점점 더 많이 의존하고 있다. 음식과 주거지, 의약품 거의 대부분은 기업에서 생산한다. 배우자나 연인을 온라인 또는 애플리케이션으로 구하는 사람들이 계속 늘어나고 있으며, 이 과정 또한 매치닷컴Match.com과 틴더Tinder 같은 기업들이 운영한다. 우리는 가정에서 삶이 원만하지 않을 때면 직장을 한숨 돌리는 쉼터나 힘을 북돋우는 원천으로 활용한다. 최근 극심한 비판과 세밀한 조사, 검증에 직면해 있기는 하지만 페이스북과 구글, 스마트폰은 여전히 우리의 삶에서 매일 주고받는 정보들 대다수의 연결 수단으로 남아 있다.

거시적 차원에서 보면 미국 정부가 정말 진심으로 무언가를 이루고 싶을 때 기업에 의지하는 경우가 아주 많다. 미국 군대의 무기 시스템과 국가 도로망, 사회 기반 시설 대부분을 구축한 주체도 대기업이고 초기에 제대로 작동하지 않았던 오바마케어Obamacare(2010년 당시 오바마 대통령이 도입한 건강보험 개혁 법안-옮긴이) 웹사이트를 정부가 제대로 고칠 수 있게 도움을 준 것도 기술 기업들이었다.

그뿐만 아니라 만약 기업들이 없었더라면 스타벅스Starbucks의 유니콘 프라푸치노나 요즘 인기가 많아진 달콤한 카페인 음료를 그렇게 손쉽게 구할 수 있었을까?

사실 기업들은 이제 막 시동을 걸었다고 할 수 있다. 우리는 머지않은 장래에 기업이 우리를 대신해 자동차를 운전해주고, 온라인상의 개인 비서를 통해 우리의 삶을 더 많이 관리해주며, 인터넷으로 연결돼 서로 소통이 가능한 정밀한 가전제품으로 집안 살림을 꾸려주는 모습을 볼 수 있을 것이다. 기업은 또 사람들에 관한 상당한 양의 데이터를 모으고 있고 앞으로도 어떤 상업적 목적을 위해 기업들이 곳곳에서 우리의 생활상을 더 많이 기록하고 있을 것이며, 아마도 이 데이터는 대부분의 경우 사람들의 적극적이고 자발적인 동의가 아니라 자동적이며 무의식적인 동의를 받아 또 다른 기업들에 넘겨질 것이다. 6장에서 기술 분야를 다루겠지만 계속되는 개인 사생활 침해는 오늘날 미국 기업에 가장 골치 아픈 문제가 될 수도 있다.

좋든 나쁘든 기업들은 보다 많은 사회적 목표를 달성하도록 요구받고 있으며, 여기에는 심지어 정부가 마땅히 해야 할 사회적 목표까지 포함돼 있다. 예를 들면 오바마케어에서 비롯된 의료보험

보장 범위 확대는 대기업이 정규직 직원 모두에게 의료보험을 제공해야 하는 강제 조항 덕분에 가능했다. 최근 빈번히 발생하는 경우로 최저임금 인상을 법으로 결정하면 정부는 기업이 직원들에게 더 많은 임금을 지급하며 일종의 사회 복지 기능을 수행하라고 명령하는 셈이다. 미국인들은 기업이 환경 보호에 더 많이 나서줄 것을 요구하며, 종종 기업을 기후 변화 문제를 해결할 신기술을 개발해야 할 당사자로 기대하기도 한다. 미국 내 빈곤 완화를 위한 주요 프로그램 중 하나인 근로장려세제Earned Income Tax Credit, EITC는 비록 정부 기금으로 임금을 보충하고 그에 따라 근로 보조금을 지급하는 형태지만 사실상 민간 고용주, 즉 기업들을 통해 운영된다.

물론 이처럼 무엇이든 기업에 떠넘기는 형태의 대다수는 자연 발생적으로 일어났다. 우리는 불완전하고 나약한 인간이지만 수많은 것을 이뤄야 한다. 하지만 우리 대부분은 그런 일을 자신의 힘 또는 심지어 정부를 통해서도 달성할 방법을 알지 못하기 때문에 기업이 많은 부분을 떠안게 된 것이다.

'확신이 없으면, 일단 그 일이 일어나게 하라.' 이 생각은 미국에서 기업 활동이 그렇게 많이 퍼져나간 현상을 뒷받침하는 철학이었다. 차량 중개 서비스 기업 우버Uber는 탑승 공유 사업을 운영하기 위해 허가를 구하는 힘든 절차를 마다하지 않았고 더 나아가 그것이 도시의 공익 사업으로 취급받아야 될지 여부를 놓고 국민투표까지 요청하지 않았던가? 실제로 많은 경우에서 기업들이 문제를 최초로 해결하고 이후에도 대다수의 복잡한 문제를 처리한 덕분에 미국 기업의 기술 혁신과 괄목할 만한 성장이 가능했다.

우리는 또 좋든 나쁘든 언론의 자유를 조절하기 위해 기업에 의존하다. 미국 정부는 일반적으로 언론의 자유를 보장하는 수정헌법 제1조를 존중하지만 페이팔은 극단주의자와 증오 단체의 결제 요청을 처리하지 않기로 결정했다. 페이스북은 사이트에 올라온 광고와 포스트의 내용을 검열하기 시작했으며 사용자와 자사 직원을 포함한 많은 사람들에게서 검열을 강화하라는 압박을 점점 더 많이 받고 있다. 구글은 현재 많은 비난을 받고 있는 '다양성을 인정하지 않는 메모'의 작성자 제임스 다모어James Damore를 해고했다. 기업 내 여성의 채용과 승진을 차별하는 것으로 인식될 수 있는 정서를 표현했다는 이유였다.[16] 유튜브YouTube는 아무나 영상을 올릴 수 있게 하지 않을 것이며, 월마트Walmart는 최근 〈코스모폴리탄〉 잡지를 가족 친화적 요소가 부족하다는 이유로 매장 내 진열대에서 빼버렸다.

이와 같은 기업의 결정들을 두고 논란도 있었고 일부 지식인들이 불만을 표시하기도 했지만 대부분의 미국 대중은 이런 조치를 인정했으며 어쩌면 더 요구할지도 모르겠다. 이는 우리 시스템 내에 있는 많은 결함들과 기업이 우리 사회에 막강한 영향을 미칠 수 있다는 사실을 수용하는 현상이 맞물려 있다는 것을 다시 한 번 보여준다.

미국의 경우 대기업은 19세기에 탄생한 그리 오래되지 않은 인간의 창조물이다. 우리의 감정과 체험은 이들을 매우 정확하게 평가할 정도로 진화하지 못했다. 나는 특히 여러분이 단순히 기업에 반대할 이유를 찾기 위해 일종의 '두더지 잡기 게임'처럼 계속 논쟁거리를 제기하는 행위를 조심하기 바란다. 사람들은 이런 이유를 항상 찾을 수 있고, 그중에는 물론 부분적으로 타당한 이유도 일부 있다. 하지만 내가 모든 반기업적 논쟁을 다룰 수는 없다. 그래서 이 책에서는 기업의 역외생산이 미국 노동자에게 피해를 주는지, 주요 음반 기업들이 로큰롤 장르를 황폐화시키는지, 또는 GMO(유전자 변형 생물)의 잠재적 위험은 어느 정도인지 등의 주제는 다루지 않는다. 대신 오늘날 뉴스의 중심에 있으며 흔히 논의되는 주제를 선택하려 노력했다.

독자들에게 요청하고 싶은 것은 이런 주제들에 관한 증거가 지금껏 믿어왔던 여러분의 반기업적 정서와 다른 사실을 제시할 경우, 그저 자신의 반기업적 정서의 균형을 유지하기 위해 기업에 대한 또 다른 비판으로 옮겨가지 말라는 것이다. 최소한 이 책에서 다루지 않는 문제를 포함한 여러 부분에서 미국 기업이 정말로 과소평가되고 있는 건 아닌지 고려해보기 바란다.[17]

이 말은 미국 기업이 보다 높은 지위에 오를 자격이 있다는 뜻이다. 하지만 과연 우리는 기업의 가치에 따라 그들을 인정하고 지나친 불평을 충분히 거둬들일 수 있을까? 나는 그러기를 바란다. 투자하고, 경력을 쌓고, 고품질의 물건을 적절한 가격에 구입하고, 여행을 떠나고, 자녀들을 돌보는 일을 포함해 삶의 많은 부분에서 여러분이 발휘할 수 있는 능력은 기업에 달려 있을지도 모르기 때문이다.

CHAPTER

2

기업은 어느 누구보다
부정직할까?

기업은 어느 누구보다 부정직할까?

본론부터 말하면 많은 사람들이 기업을 신뢰하지 않는다. 그 이유로 기업이 소비자에게 바가지를 씌우고, 환경 규제는 교묘히 피하며, 직원을 부당하게 다루며, 늘 윤리적 행동보다 이익을 더 중요하게 여기려 한다는 사례를 인용한다. 또한 배기가스 규제를 노골적으로 회피한 폭스바겐Volkswagen과 자사의 혈액 검사 제품에 대해 거짓말을 한 테라노스Theranos, 거래할 의사가 전혀 없어 보이는 수백만 명의 소비자들에게 알리지도 않고 이들의 이름으로 허위 계좌를 개설한 웰스파고은행Wells Fargo Bank 직원들을 포함해 최근 헤드라인을 장식한 기업의 사기 사건도 많다.

대개 이처럼 어이없고 끔찍한 사례에서 나오는 결론은 기업에 본질적으로 부정직한 면이 있다는 것이다. 또한 이윤을 향한 동기는 기업 내부를 비롯해 많은 사람들의 나쁜 행동을 이끌어낼 수 있는 것으로 널리 이해되고 있다. 반면 기업 내에서 정직한 거래를 장려하는 정책이 매우 강력하고 실제로 지배적인 경우가 꽤 많다는 사실은 덜 알려져 있다. 이 장에서는 이처럼 상반된 두 가지 인식의 최종 결론을 두고 실제 사례를 통해 살펴볼 것이다.

우리는 먼저 기업 경제의 모든 분야가 기본적으로 소비자를 속이는 데 바탕을 두고 있다는 나쁜 뉴스를 인정해야 한다. 수십 억 달러 규모에 이르는 건강 보조 식품 산업계에 속한 거의 대부분의 기업은 간혹 있을지도 모르는 하찮은 플라시보 효과를 제외하면 소비자에게 어떤 혜택도 주지 못하고 있다. 나는 미국인들이 매년 음경 확대에 얼마나 많은 돈을 쓰는지 알아보려고 구글에서 데이터를 검색했지만 덤불처럼 얽혀 있는 광고와 믿기 힘든 정보들 때문에 좋은 답을 찾을 수 없었다. 내가 비교적 끈질긴 편에 속하지만 계속 검색하다가는 음경 확대 광고가 내 지메일Gmail 계정까지 날아올 수도 있다는 사실을 깨닫고는 검색을 중단했다. 이 검색에서 오직 기억나는 건 몇 차례에 걸쳐 등장한 '수십 억'이라는 단어뿐이었다. 이런 제품을 사는 소비자는 헛된 희망에 돈을 쓰는 셈이며, 이윤을 추구하는 기업은 그런 소비자를 부추기고 있다.[1]

이처럼 명백한 가짜 정보 제공 외에도 완전한 사기 또는 반半사기성 수법들이 여러 합법적인 분야에 깊이 내재돼 있다. 비용도 많이 들고 치아 건강에 도움이 된다는 근거도 전혀 없지만 치아에 대한 엑스레이 촬영을 매년 해야 한다고 주장하는 치과의사가 많다. 의사들은 우울증 치료제와 그 밖의 약을 과도하게 처방한 대가로 제약 회사에서 사례금을 받고, 개인 투자자를 상대하는 증권 중개인들은 사고팔 상황이 아닌데도 주식 거래를 권유하거나 자신의 수수료 수입을 늘리기 위해 수수료 비율이 더 높은 펀드를 구입하도록 강요하기도 한다. 소매점 영업사원은 비교적 적은 금전적 손실에 대한 보험의 한 형태로 보증 기간 연장이나 보수 계약을 소비자에게 의미가 있든 없든 구매할 것을 강력히 추천한다.

여러분에게도 나름대로 이런 폐해의 목록이 분명 있을 것이다. 간단히 설명하면 만약 내가 아무것도 모르는 요트를 사러 판매 대리점에 가면 '판매자가 나에게 사기치고 바가지 씌우려 할 것이라는 가정과 함께 거래를 시작하게 되는 셈'이다.

우리가 가장 많이 접하는 식품 분야를 생각해보자. 한 연구 조사에 따르면 슈퍼마켓에 진열된 포장 생선의 약 33퍼센트에는 어종이나 원산지가 틀리게 표시된 라벨이 붙어 있었다. 이들 중 일부는 노골적이고 의도적인 속임수가 아니라 슈퍼마켓 담당자와 생선 공급업자 모두의 무지에서 비롯됐을 수도 있다. 하지만 상품 라벨의 정확성을 개선하는 것이 그리 어려운 일도 아닐 것이다. 그게 어렵다면 마켓은 판매하는 생선의 종류를 줄여야 할지도 모른다. 또 따른 연구 조사를 보면 자연산이라 주장하는 연어의 15퍼센트에서 75퍼센트가 실제로는 양식 연어로 드러났다. 야생에서 잡은 연어를 양식 연어로 주장하는 정반대의 경우는 없는 걸 보면 우습기도 하다.[2]

이쯤에서 여러분은 이 책의 주제가 어디로 흘러갈지 궁금해할 수도 있겠다. 나는 기본적으로 기업들이 종종 부정직하게 행동한다는 사실을 인정한다. 하지만 우리는 여기서 한 걸음 물러나 어떤 기준으로 기업을 평가하는지 생각해볼 필요가 있다. 기업이 부정직한 행동을 하며 속임수를 부리는 성향은 '일반 사람들'이 그런 행동을 하는 성향의 연장선상에 있다. 생선 담당 부서의 관리자가 이름 모를 생선에 무지개 송어라는 라벨을 붙이라고 하면 그건 개인이 내린 결정이다. 셰익스피어Shakespeare의 작품 《줄리어스 시저》에 등장하는 카시우스Cassius의 말을 이렇게 바꿔 표현해볼 수 있다. "브루투스Brutus여, 잘못은 기업이 아니라 우리에게 있는 걸세."

사람들은 기업 내부와 외부 모두에서 부정직한 행동을 저지르며 기업 환경을 벗어난 곳에서도 내부에 있을 때만큼 정직하지 못하다는 증거도 있다. 기업은 공정하고 정직하다는 기업의 명성을 지킬 수만 있다면 제도적 체계를 구축해 관리자와 직원들이 최악의 면모를 드러내지 못하도록 만들며 부정직한 행위를 제한하기도 한다. 이런 방법은 부정직한 속임수를 쓰지 않고도 업무를 완수하게 만드는 강력한 수단으로 판명됐다.

더 나아가, 특히 디지털 소통 방식 때문에 부정직한 기업이 치러야 할 비용이 크게 상승한 지금의 상황을 고려할 때 대기업은 내재된 단점에도 불구하고 부정직한 행위를 저지르는 정도를 가장 효과적으로 '제한하는' 기관이 될 수밖에 없었다. 사실 대기업이 애초에 크게 성장할 수 있었던 중요한 이유도 여기에 있다. 즉 대기업은 소비자에게서 신뢰를 이끌어내며 그것도 합리적인 방식으로 한다. 우리는 맥도날드나 월마트보다 근처에 있는 TV 수리공이나 동네 의사 또는 심지어 사촌들에게서 속임을 당할 가능성이 더 크다. 쉽게 말해 맥도날드와 월마트는 잃을 수 없는 소중한 전국적, 세계적 명성을 지니고 있으며 이와 같은 브랜드 이미지를 보존하려 노력할 것이다.

대기업은 부정직한 속임수로 얻는 것보다 잃는 것이 더 많다. 따라서 철저히 감시받는 동시에 존경받는, 전국적 또는 세계적 브랜드의 위상이 가져오는 상업적 가치를 더 중요하게 여긴다. 이와 같은 비교는 대부분의 정치인에게서나 대기업을 향한 비판에서 자주 듣기 힘든 내용이다. 이제 이런 비교법적 관점에서 보다 자세히 살펴보자.

비교법적 관점에서 볼 때 기업은 실제로 부정직할까?

비교법적 관점에서 문제를 이해하려면 기업 외부의 다른 환경에서 부정직함과 속임수가 얼마나 많이 일어나는지 살펴봐야 한다. 유감스럽게도 그 결과는 결코 고무적이지 못하다. 먼저 부정직한 행위로 가득한 한 분야에서 시작해보자. 바로 데이트를 주선해주는 인터넷 사이트에 올라온 개인 프로필이다.

한 조사에 따르면 이들 사이트에 프로필을 등록한 사람들 중 53퍼센트가 거짓 정보를 올렸다고 실토했다. 물론 거짓말을 하는 사람 대다수는 거짓말을 안 했다고 답변하는 경우가 많기 때문에 실제 비율은 이보다 더 높을 가능성이 크다. 나이와 몸무게, 재정 상태 또는 심지어 결혼 여부까지 거짓으로 올리는 사람들의 동기는 쉽게 알 수 있다. 주로 나이 또는 실제 몸무게를 속이는 것이 아주 흔한 일이었기 때문에 찍은 날짜가 표시된 사진을 올리는 것이 오래전부터 일반적 프로필 형태로 자리 잡았다.

매치닷컴 사이트 자체에서 제공하는 서비스에 대한 설명을 읽어 보면 게재된 사진들이 유난히 화려하거나 전체적으로 너무 명랑하고 긍정적이라는 느낌이 약간 들지만 거짓말처럼 보일 만한 내용은 전혀 없다. 이를 보면 서비스를 제공하는 기업 자체는 서비스를 이용하는 소비자보다 훨씬 더 정직하다는 사실을 분명히 알 수 있다. 사람들이 사랑과 연애, 섹스에 대해 문명사회에서 상류층인 척 행동하는 가식을 벗어던지고 인간의 참모습을 드러낼 수 있는 정말 중요한 요소로 생각한다고 말하지만, 그 속에서는 개인들의 속임수와 부정직한 행동이 엄청나게 많이 일어나고 있다. 이런 측면에서 볼 때 온라인에 거짓 프로필을 올린 비율 53퍼센트라는 수치는 실제의 그것보다 낮을 가능성이 크다.[3]

한 주요 연구 결과는 각 개인이 매일 평균 1.92회 거짓말을 하는 것으로 추정한다. 사람들은 이와 같은 거짓말을 전혀 모르는 이가 아니라 아주 가까이 있는 사람에게 할 가능성이 매우 높다.[4]

2002년 매사추세츠대학교가 실행한 연구 결과에 따르면 성인의 60퍼센트는 10분간의 대화 도중 최소한 한 번의 거짓말을 하며 이런 사람의 평균 거짓말 횟수는 3회에 이른다. 더구나 이 결과는 사람들이 거짓말한 것을 인정한 경우만 포함하고 있다(이 말은 연구 조사에 응답한 남녀 성인들도 비슷한 비율로 거짓말을 했다는 뜻이다). 상황에 따라 다르기 때문에 나는 사람들이 얼마나 많이 거짓말을 하는지 정확히 나타내는 하나의 수치는 없다고 생각한다. 그럼에도 거짓말을 하는

행동이 인간의 본성에 상당히 깊이 내재돼 있다는 건 분명하다.[5]

　고객이 제출하는 지원서나 신청서들은 얼마나 정직한지 생각해 보자. 주택담보대출 신청서 중 몇 퍼센트가 거짓 정보나 반쪽 진실만 담고 있을까? 컨트리클럽 등의 회원 가입 신청서는 진실성 측면에서 볼 때 정말 정직한 정보만 포함하고 있을까? 지원자의 참모습을 보여주는 이력서는 얼마나 될까? 직원들과 취업 지원자들은 해고당했는데도 이력서에는 '자발적 이직'이었다고 쓰며 모든 사실을 있는 그대로 다 밝히지 않고 자신에게 없는 기술이나 재능도 있는 것처럼 허위로 기재한다. 이와 같은 허위 진술 중 대다수는 크게 해를 끼치지 않지만 사실을 과장하고 진실을 왜곡하려는 성향이 기업이나 기업인, CEO들에게만 특정되지 않는다는 사실을 다시 한번 보여준다. 한 고위직 전문 헤드헌터 기업은 이력서의 40퍼센트가 노골적인 거짓 정보를 담고 있을 것으로 추정한다. 보다 공식적인 연구 조사는 이력서 제출자 중 31퍼센트가 정보를 조작했고, 76퍼센트는 사실을 과장하고 미화했으며, 59퍼센트는 실제로 관련 있는 정보를 누락했다는 사실을 밝혀냈다.[6]

　이번에는 기업의 부정직함과 직원들의 신뢰 위반 사례를 비교해 보자. 한 조사는 2014년 소매업자들이 매장 물건에 대한 고객과 직원의 도둑질 탓에 320억 달러의 손해를 입은 것으로 추정했다. 보통 이 손실은 소매업자의 비용 증가로 이어지고 결국에는 펜트하우스에 거주하는 배부른 자본가가 아니라 일반 소비자에게 그 비용이 고스란히 돌아간다. 그런데 이 추정치에는 도매 업체 직원들의 절도는 포함되지 않았다. 2014년 미국 근로자의 4.7퍼센트는 직장에서 실시하는 마약 검사를 통과하지 못했으며 그냥 검사를 거부한 직원의 수는 이보다 더 많았다. 마약을 복용하는 직원들 중 일부는 손쉽게 구할 수 있는 가짜 소변 샘플과 또 다른 회피 방법 등을 활용하거나 마약 검사를 받기 전 일정 기간 동안 복용하지 않는 방법으로 발각되지 않고 있다.

우리는 얼마나 많은 근로자가 금지된 약물을 복용하는지 모르기 때문에 이 부문에서 거짓말을 하는 사람의 잠재적 비율은 알지 못한다. 하지만 여전히 이런 사람들 중 대다수가 제대로 된 일자리를 오히려 더 절실히 찾아나서고 있다는 상황을 감안할 때 위에서 언급한 수치만 보더라도 상당히 걱정스러운 상황이다. 부정직하고 당연히 계약 조건 위반 행위인 직원들의 약물과 알코올 남용은 현재 많은 고용주들이 직면한 가장 큰 문제들 중 하나다.[7]

현실적으로 기업들은 가장 중요한 파트너인 직원과 고객이 꽤 자주 기업에 거짓말을 하거나 최소한 거짓말을 하려는 시도가 광범위하게 일어나는 환경 속을 헤쳐나가고 있다.

개인적으로 볼 때 나는 친구들과 가족, 가까운 동료들이 내게 거짓말을 할 것으로 짐작되는 정도로 내게 거짓말을 많이 하는 대기업을 찾는 게 쉽지 않다(내 친구나 가족, 동료들에게 나에 관해 물어봐도 좋다). 물론 기업은 감정적, 물리적 측면 등에서 거리감이 있는 존재인 반면 친구, 가족, 동료는 너무나 자주 어울려야 할 대상이다. 그래서 나는 나와 가까운 이들과 계속 서로 도우며 좋은 관계를 유지할 수 있도록 그들이 내게 거짓말을 한 사실에 대해 정신적으로 무감 각해지려는 경향이 있다. 인지부조화 이론cognitive dissonance theory(사람들 이 자신의 태도와 행동 등이 서로 모순되어 불균형 상태가 되었을 때 이를 해소하기 위해 자신의 인지를 변화시켜 조화 상태를 유지하려 한다는 주장-옮긴이)의 지배 를 받겠지만, 대부분의 경우 나는 이런 현실을 무시한다. 물론 거짓 말들 때문에 내가 원하는 것을 얻지 못하면 크게 대립하지는 않더 라도 부분적으로 반발하는 경우도 있다.

이와 대조적으로 거대 정유 기업인 셸Shell을 비난하면서도 가끔 씩 셸 주유소에 들러 기름을 채우는 일은 아주 수월하다. 예를 들어 기후 변화 등의 이슈를 두고 셸을 오해할 만한 정보를 내가 접할 수 도 있지만 내가 셸과 셸의 소매점과 정기적으로 거래하는 과정에서 는 셸이 진실을 말하고 있다. 실제로 이들 주유소에서 내 차로 주입 되는 기름은 사용하는 데 아무런 문제가 없다. 또한 주유소에 게시된 가격은 내가 실제로 지불하는 가격과 일치한다. 비록 셸이 하는 로비 활동 일부에 문제가 많을지는 몰라도 이 기업은 소비자와의 상업적 거래에 관한 한 매우 분명하고 솔직한 자세를 취하려 노력한다.

나는 어떤 종류의 책이 도서관에서 가장 많이 도난당하는지 조 사한 한 연구를 알고 있다. 아마도 사람들은 상업적 이익을 취하려 는 이기심으로 가득한 도둑들이 엄청난 이익을 얻어 거대한 상업 적 제국을 구축하는 방법을 담은 경영 매뉴얼 책을 목표로 삼는다 고 생각할지 모르겠다. 어쨌든 기업을 비판하는 이들은 상업적 욕 심을 마음속에 품은 사람들이 미국 사회에서 가장 정직하지 못하다고 주장한다. 하지만 연구 결과는 다르게 나타났다. 도서관에서 가장 많이 없어지는 책은 '윤리에 관한 책', 특히 도덕성을 갖춘 교수와 우수한 상급반 학생이 읽을 법한 책들이다. 이런 책이 도난당하는 비율은 윤리와 상관없는 책들에 비해 50퍼센트에서 150퍼센트까지 더 높다. 이런 가운데서도 굳이 위안으로 삼자면 철학자 니체Nietzsche의 책이 가장 많이 없어진 책들 중 하나이며, 또 다른 도난 대상으로 인기 있는 책은 알래스데어 매킨타이어Alasdair MacIntyre가 쓴 《덕의 상실》이다. 이는 결국 기업인들이 가장 부정직한 집단은 아니라는 것을 다시 한 번 보여준다.[8]

그런데 동료들에게 윤리학자의 행동을 어떻게 생각하는지 물어볼 때 흔히 듣는 대답은 그들의 행동이 윤리적이지 못한 성향의 사람들의 행동보다 그리 나아 보이지 않는다는 것이다. 학술 콘퍼런스에서 철학 전문가와 강의 참석자들의 행동을 비교 연구한 조사도 있다. 그 조사에 따르면 윤리 강의에 참석한 사람들은 강사가 강의를 진행하는 도중에도 귀에 들릴 정도로 크게 얘기하고, 강의실을 드나들면서 출입문을 쾅쾅 닫으며, 강의가 끝나면 쓰레기를 아무렇게나 버려둔 채로 떠났다. 한 가지 고무적인 연구 결과는 환경 윤리 강의에 참석한 사람들은 강의실에 쓰레기를 그리 많이 남기지 않았다는 점이다. 일화이기는 하지만 철학자와 특히 윤리학자는 여성에 어느 정도 적대적인 문화를 형성하고 있으며 성추행 사건과 추문에 빠지기 쉽다는 얘기들이 많다.[9]

구글 내부의 데이터를 바탕으로 구글 검색에 관해 연구한 결과를 보면 사람들은 자신의 실제 욕구와 행동을 두고 서슴지 않고 거짓말을 하고 있으며, 이는 세스 스티븐스 다비도위츠Seth Stephens-Davidowitz의 책 《모두 거짓말을 한다》의 전체 주제이기도 하다. 우리는 자신의 성적 취향과 편견의 정도, 시간을 보내는 방법 등에 대해 거짓말을 하며 심지어 우리가 거짓말을 하는 것을 두고도 거짓말을 한다. 여기서 다비도위츠의 책이 밝혀낸 깜짝 놀랄 만한 사실 하나를 소개한다. 미국의 지역별 실업률과 가장 상관관계가 많은 구글 검색어는 구직 활동 등에 관련된 용어가 아니라 널리 알려진 포르노 사이트 〈슬럿로드〉다. 즉 실업률이 높은 지역일수록 포르노 사이트에 관련된 용어가 더 많이 검색된다는 것이다.[10]

이런 전반적인 배경을 감안해볼 때 나는 기업 환경에서 일어나는 기만행위와 부정직함을 기업 외의 다른 분야와 비교하기 위해서는 관련 문헌을 철저히 조사하고 가능한 한 많은 조사 결과를 찾아봐야 한다고 생각했다. 이용 가능한 조사 결과가 전부 다 정확한 것은 아니지만 기업이 아닌 다른 기관들도 기업만큼 부정직하며 때로는 더욱 그렇다는 증거를 많이 보여준다. 이제 내가 파악한 내용을 소개한다.

택스 갭: 미납 세금

부정직한 행동이 각 개인과 기업에서 널리 행해지는 정도를 비교해

볼 수 있는 간단한 방법은 세금에 관련된 기만행위를 보는 것이다.

미국 국세청은 정기적으로 택스 갭tax gap(기한 내 납부해야 할 세금과 실제 납부된 세금의 차이, 즉 제때 납부되지 않은 세금의 규모-옮긴이)을 측정한다. 이는 쉽게 설명해 법적으로 부과된 세금을 개인과 기업이 얼마나 제때 납부하지 않는지 추정하는 것이다. 택스 갭을 달리 표현하면 속임수를 쓰는 부정행위라 할 수 있다.

내가 확보한 가장 최근의 택스 갭 추정치는 2008년부터 2010년까지의 연평균이다. 이 기간 동안 개인소득세 부문의 평균 택스 갭은 2천 640억 달러에 이른다. 이 수치는 개인의 사업 소득 부문도 포함하고 있지만 그와 같은 택스 갭도 근본적으로는 공식적인 의미의 기업이 아니라 각 개인이 내린 결정에서 비롯된 것이다.[11]

같은 기간 동안 기업의 법인소득세 부문에서 발생한 택스 갭은 개인소득세 부문에 훨씬 못 미치는 평균 약 410억 달러였다. 실제로 개인의 택스 갭이 기업의 그것보다 6배 이상 더 많다. 무엇보다 이런 비교가 개인소득세와 법인소득세의 상대적 규모를 고려하지 않기 때문에 이 비교 자체가 많은 것을 증명하지는 않는다. 하지만 우리는 상대적 규모까지 고려할 수 있다.

예를 들어 2010년도 개인소득세와 법인소득세로 각각 걷어들인 총 세수를 살펴보면 그 비율이 4.7 대 1이다. 단순히 비교해보면 세수 측면에서 개인소득세 부문이 법인소득세 부문보다 4.7배 크다. 그런데 택스 갭으로 비교한 양 부문의 상대적 '속임수 비율'이 6 대 1이므로 개인소득세 부문에서 부정행위가 더 많이 일어난다고 할 수 있다. 이런 단순한 비율의 측면에서 볼 때 기업보다 개인이 세금에 관한 속임수를 더 많이 쓰는 것으로 보인다.[12]

실험으로 드러난 CEO의 특성

실험경제학 분야에서 가장 저명한 두 경제학자 에른스트 페르Ernst Fehr와 존 A. 리스트John A. List는 '신뢰 게임trust game'이라는 실험 모형을 만들어 CEO와 CEO가 아닌 사람의 수행 능력을 비교했다. 결과는 매우 분명했다. 즉 CEO는 다른 사람을 더 많이 신뢰하는 동시에 자신의 신뢰성도 더 많이 드러냈다.[13]

이 실험은 개인들이 서로 얼마나 신뢰하는지 측정하는 전통적 신뢰 게임에서 변형된 형태를 활용했다. 실험에 참가한 측정 대상들은 서로의 신원을 밝히지 않은 채 짝을 이루고 이들 중 한 명에게 일정 금액의 돈이 주어진다. 돈을 받은 사람은 상대방에게 그 돈의 일부나 전부를 주거나 한 푼도 주지 않을 수 있다. 그리고 자신이 상대방에게 주는 액수의 세 배를 상대방은 추가로 받는다. 돈을 주는 사람은 이와 같은 방식으로 두 사람이 가진 돈 전체를 늘릴 수 있지만 자신이 가진 돈을 써야 한다. 아울러 상대방에게 이렇게 늘어난 돈의 일부를 돌려 달라고 요청할 수는 있지만 이 요청을 수용하고 안 하고는 상대방의 마음이다.

이 게임에서는 돈을 얼마나 건네고 또 얼마를 돌려 달라고 요청

AI 시대, 무엇을 준비할 것인가 **딥러닝 레볼루션**

테런스 J. 세즈노스키 지음 | 권정민 감수 | 안진환 옮김 | 472쪽 | 25,000원

구글, 아마존, IBM의 공통점은?
딥러닝에 누구보다 앞장서 투자한다는 것!

IT를 넘어 AI로 가는 방법
AI 시대를 선점하려면 딥러닝에 주목하라

'스마트폰 혁명' 이후의 새로운 패러다임은 무엇일까. '딥러닝 혁명'이 바로 그 것이다. 딥러닝으로 시작된 변혁은 산업, 교육, 경제, 문화 등 전 영역에 걸쳐 가 시화되고 있다. 새로운 패러다임 등장은 필연 승자와 패자를 가른다. 적응하는 이와 그렇지 못한 이가 나뉘는 것이다. 이제는 앞을 내다보는 질문이 필요하다. 이와 같은 변화가 어디서 시작되었고, 앞으로 어떤 미래가 도래할 것이며, 그에 맞춰 우리는 무엇을 준비해야 하는지 말이다. 인공지능 분야 최고 학회 NeurIPS 의장이자 노벨상의 산실인 소크생물학연구소의 석좌교수인 저자가 그 질문의 답을 하나하나 풀어간다.

2020 내 집 마련 가계부
1만 명 적자 인생을 흑자로 바꾼 최적의 가계부

김유라 지음 | 316쪽 | 12,800원

**저자 직강 동영상으로 배우면서 쓰는 가계부
가계부 한 권으로 돈 걱정 끝!**

엄마들의 재테크 멘토인 김유라의 가계부. 목표 있는 삶을 살고 싶은 분들을 위한 〈비전 보드〉 〈내 집 마련 계획〉, 그리고 수입의 50%를 절약할 수 있도록 돕는 〈주별&월별 가계부〉, 돈에 눈 뜨고 내 집 마련에 성공할 수 있도록 길잡이해주는 〈경제&부동산 노트〉 등, 오직 '김유라 가계부'에서만 만날 수 있는 차별화된 내용들로 가득하다. 특히 2020년 가계부에는 저자 직강 동영상이 추가되어, 가계부를 처음 쓰는 독자들도 손쉽게 가계부 쓰는 습관을 기를 수 있다.

엄마 공부가 끝나면
아이 공부는 시작된다
세 아이를 영재로 키워낸 엄마의 성장 고백서

서안정 지음 | 360쪽 | 16,000원

**자녀교육 분야 베스트셀러!
엄마들이 검증한 진짜 솔루션**

세 아이를 사교육 없이 영재로 키운 푸름이닷컴의 육아 멘토 서안정 작가가 20년 육아 내공을 한 권에 담아냈다. 이 책은 개성 강한 세 아이들의 사춘기를 함께 통과하면서 육아가 무엇인지, 아이를 어떻게 키워야 하는지, 어떻게 하면 스스로 공부하는 아이로 키울 수 있는지 등 부모들에게 꼭 전달하고 싶은 이야기를 10개의 씨앗을 통해 알려준다.

할지를 놓고 몇몇 의사 결정을 해야 한다. 돈을 받는 사람의 입장에서는 처음 반환 요구를 받을 때 얼마를 돌려줄지 결정해야 한다(이 실험의 또 다른 형태에서는 반환 요청이 존중되지 않을 경우 소액의 벌금을 내야 할 수도 있다). 이런 결과가 확실히 보장된 것은 아니지만 상대방을 진정으로 신뢰하는 사람은 많은 돈을 돌려 달라는 요청 없이 처음부터 많은 돈을 건넨 뒤 늘어난 자금의 일부를 돌려받음으로써 게임에 참가한 두 사람 모두 더 많은 돈을 가질 수 있다. 이와 비슷하게 '신뢰할 만한' 사람은 돈을 건네준 사람의 반환 요청을 기꺼이 받아들여 두 사람 모두 더 좋은 결과에 이를 것이다. 각 의사 결정 지점에서 신뢰와 신뢰성은 두 사람 모두에게 도움이 되는 상황을 만들어내는 데 기여하지만 지나친 불신은 그런 결과를 이룰 수 없게 하는 원인이 된다.

이런 실험 환경에서 CEO는 돈을 건네는 사람으로서 상대방을 더 많이 신뢰했으며 돈을 받는 사람의 입장에서는 더 많이 신뢰받았다. CEO들은 처음부터 많은 돈을 넘겨줬고 돈을 받았을 때는 벌금에 대해서 전혀 고려하지 않고 상대방의 요청보다 더 많은 돈을 돌려줬다. 달리 설명하면 CEO들은 신뢰를 통해 상생하는 거래를 성사시키며 참가자 양측 입장 모두에서 게임을 보다 잘 수행했다. 이 게임에서 벌금 부과는 돈을 받은 참가자가 그런 위협에 직면할 경우 더 적은 돈을 돌려주는 역효과를 낳았다. 이 말은 벌금의 위협보다는 신뢰에 더 많이 의존하는 경향을 보인 CEO들이 참여한 게임의 전체 수익이 더 많았다는 뜻이다. 이 게임은 몇몇 변형된 형태로 실행됐지만 CEO들은 한결같이 신뢰 측면에서 더 나은 행동을 보였다.

물론 이런 증거가 결정적이라고 할 수는 없다. 현실 세계가 아니라 실험실에서 이뤄진 게임이었으며 금전적 보상이 크지 않고 참가자의 실제 생활과 상관없었기 때문이다. 더 나아가 이 실험은 코스타리카에서 실행됐으며 CEO가 아닌 참가자는 코스타리카 학생들이었으며 코스타리카 커피 생산 부문의 CEO들이 실험에 참가했다. 다른 집단의 경우 비슷한 결과에 이르지 않을지도 모른다. 그래도 모든 상황을 고려해볼 때 이 실험 연구에서 얻은 결과는 여전히 일부 대중 집단에 대비한 CEO의 신뢰와 신뢰성을 가장 잘 보여준다. 어쨌든 CEO들은 우수한 성적으로 이 실험을 통과했다.

다문화 사회의 게임 이론

또 다른 일련의 증거는 협력 여부를 선택하는 의사 결정에 바탕을 둔 경제학적 게임에서 다양한 문화에 속한 사람들이 행동하는 방식을 관찰한 결과다. 예를 들면 하버드대학교 인류학자 조셉 헨릭 Joseph Henrich은 최후통첩 게임ultimatum game을 진행하며 다문화적 차이를 이해할 수 있었다. 이 게임은 두 사람이 제안자와 응답자로 참가한다. 제안자는 50 대 50과 같은 특정 비율을 제시하며 두 사람에게 주어진 총 금액을 어떻게 나눌지 제안한다. 여기서 최초 제안이 너무 불공평하다고 생각되면 응답자는 제안을 거절할 수 있으며, 이럴 경우 각 참여자에게 돌아가는 돈은 없다.

헨릭 교수는 페루의 아마존 지역에 거주하는 마치구엥가족을 대상으로 최후통첩 게임을 활용한 연구를 대규모로 실행했다. 이 부족의 경우 시장 활동을 거의 하지 않고, 제대로 된 기업도 별로 없으며, 정치적으로도 그리 복잡하지 않고, 다소 고립된 작은 집단을 이뤄 생활하고 있다. 헨릭 교수는 독을 살포해 물고기를 잡는 이 부족 특유의 어업 방식에서 서로 힘을 합치는 것을 제외하면 "가족 수준을 넘어선 협동은 거의 찾아볼 수 없다"고 말한다.[14]

헨릭을 비롯한 공동 연구자들은 이 연구의 범위를 넓혀 보다 광범위한 사회를 대상으로 더 다양한 게임을 실시하며 이들의 행동 방식을 관찰했다. 여기서 헨릭 교수가 내린 근본적인 결론은 다음과 같다. 시장이 잘 발달된 사회에서는 공정성과 분배에 관한 규범이 더욱 엄격하며, 게임에서 처음 제안할 때 이런 규범을 내면화하지 않는 이들을 응징하려는 의지가 매우 강하다는 것이다. 전반적으로 보다 상업화된 사회에 속한 사람들은 좁은 범위의 친족이나 밀접한 관계에 있는 집단을 벗어난 다른 사람들과 기꺼이 협력할 의사가 훨씬 더 많다. 여기서 핵심 메시지는 시장이 발달된 상업적 사회에서 신뢰와 상호 협력 관계가 더 많이 조성되는 경향이 있다는 것이다. 이와 같은 가설이 프랑스 정치철학자 몽테스키외 Montesquieu와 같은 계몽주의 사상가들과 상업적 사회가 거대한 규모로 부상하는 모습을 최초로 목격한 사람들 사이에서 흔히 언급됐

다는 것은 우연이 아니다.[15]

기업이 그렇게 높은 신뢰를 조성할 수 있었던 이유를 이해하는 것이 중요하다. 1장에서 언급했듯 기업에서 이윤을 증대시키는 가장 효과적인 방법은 단순한 이익 극대화가 아닌 다른 뭔가를 위해 노력한다는 확신을 가진 직원들을 보유하는 것이다. 직원들은 이윤 외에도 인간의 가치와 세상을 보다 나은 곳으로 만드는 일과 서로에 대한 충실함과 정직함을 믿어야 한다. 이와 같은 역설은 인간사에서 흔히 볼 수 있다. 구체적인 목표 달성과 인간관계 구축에 집중하는 경우와 비교했을 때 의도적으로 행복해지려고 애쓰는 사람은 덜 행복해지는 결과에 이를 수도 있다. 휴식을 취하려 애쓰거나 잠들기 위해 또는 사랑에 빠지려고 너무 많이 노력하다 보면 이를 이루기가 더 어려워질지도 모른다. 인간사와 마찬가지로 기업에서도 최적의 결과 대부분은 부차적으로 이뤄지며, 이 말은 미국 기업 대다수가 신뢰와 협력 관계를 구축하고 직원들이 이런 가치를 본질적으로 믿게 하는 데 엄청난 투자를 해야 한다는 뜻이다.[16]

기업이 특정 결정을 내릴 때 이윤보다 다른 사회적 목표를 더 중요시하면 대개의 경우 그 기업 자체가 가장 큰 혜택을 받는다. 기업 '문화'가 기업 '성공'(또는 실패)의 주요 동인이라는 것을 보여주는 증거는 점점 더 많아지고 있다. 여기서 말하는 기업 문화는 신뢰와 신뢰성에 관한 것을 포함해 각 기업에 내재된 가치와 규범 그리고 공식적, 비공식적 관습을 의미한다. 즉 기업 문화는 보는 사람이 없을 때에도 직원들이 하는 행동이라 할 수 있다. 여기에는 직원들이 다른 이들에게서 기대하는 행동과 자신의 업무 과제를 규정하는 방식, 조직의 진정한 사명으로 생각하는 것 등이 포함된다.

나는 기업의 CEO나 창업자와 대화할 때 그들이 기업 문화를 경쟁 우위 또는 지속적 이윤 달성의 근원으로 자주 꼽는 모습에 감명받는다. 많은 기업들은 경쟁자가 아직 개발하지 못한 새로운 제품이나 아이디어를 보유한 덕분에 초기에는 번창하게 된다. 하지만 시간이 지나면 경쟁 기업들도 차이를 줄이며 비슷한 제품을 공급하려 노력한다. 이럴 경우 진정으로 성공한 기업들은 경쟁 우위를 지속적으로 유지하고 더 나아가 보다 더 강화하기 위해 애초의 제품이나 서비스를 활용해 강력한 비전과 직원들을 위한 일련의 문화적 관행을 구축한다. 그리고 자신들이 정말 중요한 일을 하고 있다는 확신으로 열정적인 협력 정신을 공유하는 기업 내 특정 인재 그룹을 형성한다. (의도적으로 또는 보다 가능성이 높은 경우인 '그렇게 면밀히 계획하지 않았던' 점진적 발전의 결과로) 이 일이 잘 실행되고 그에 따라 형성된 규범과 관행은 기업이 오랫동안 경쟁에서 앞서 나갈 수 있게 해준다.

북미 1,348개 기업의 고위 임원을 대상으로 한 설문 조사 결과는 기업 문화의 중요성을 다시 한 번 확인해준다. 조사에 응한 임원의 절반 이상이 기업 가치를 끌어올리는 데 가장 중요한 세 가지 동인 중 하나로 기업 문화를 꼽았으며, 이들 중 92퍼센트는 기업 문화가 보다 더 좋아지면 기업의 가치는 더욱 좋아질 것이라는 생각을 갖고 있었다. 자신이 속한 기업의 현재 문화가 만족스럽다고 대답한 임원은 단 16퍼센트에 불과했다. 또한 이 임원들 중 절반 이상은 인수하려는 기업의 문화가 자신의 기업과 잘 어울리지 않으면 인수 제안을 검토하지 않을 것이라고 응답했다. 달리 설명하면 기업 경영자들은 자신의 기업 내에 부정직하고 소비자에게 바가지를 씌우려는 문화를 넘어서는 다른 문화를 만들어내기 위해 많은 노력을 기울이고 있다는 의미다.[17]

쉐이크쉑 Shake Shack 같은 패스트푸드 체인이 새로이 오픈하면서 보다 나은 음식 경험을 강조하는 광고를 내면 수백만 명의 사람들이 기꺼이 이를 시도해본다. 혹시 새로운 제품이 해를 끼치지 않을까 의심하며 다른 소비자들의 이용 결과를 알아보기 위해 일 년 동안 기다려봐야겠다고 생각하는 사람들은 그리 많지 않다. 대기업의 신뢰성에 대한 소비자의 기대는 신형 자동차, 신규 소셜 미디어 서비스 등 시장에 나온 제품 거의 대부분에서 드러난다. 나는 소비자들이 항상 신제품을 좋아하거나 선호한다는 뜻이 아니라 기업에 대한 신뢰가 심각한 문제는 아닌 것 같아 보인다는 뜻으로 이 말을 한다. 미국인들은 대부분의 경우 신제품, 특히 대기업에서 나온 신제품을 놀라울 정도로 기꺼이 시도해본다. 애플의 아이폰(iPhone)이 처음 출시됐을 때를 생각해보자. 자신들의 대화 내용이 기록되거나 움직임이 추적당해 자신에게 불리한 방식으로 이용될지도 모른다는 이유로 아이폰 구매를 거부한 사람이 얼마나 있었을까? 아마 이런 이유로 그리고 덧붙이자면 약간의 예지력으로 구매를 머뭇거린 소비자가 몇몇 있었을 것이다. 그래도 다시 한 번 말하지만 미국인들은 일제히 애플과 그와 관련된 데이터 서비스 제공자를 아주 기꺼이 신뢰했다.

부와 신뢰의 상관관계

보다 더 기업 중심적인 선진국의 신뢰 수준이 더 높을 가능성이 있다는 증거는 많다. 경제학자인 폴 J. 잭Paul J. Zak과 스티븐 낵Stephen Knack은 이런 상관관계의 연구에 나섰다. 먼저 세계가치관조사World Values Survey에서 실행한 설문 조사의 응답을 활용해 어느 국가 국민의 신뢰도가 가장 높은지 측정하기 시작했다. 설문의 한 문항은 설문 참여자에게 '대부분의 사람들을 신뢰할 수 있다' 또는 '다른 사람을 대할 때 매우 조심해야 한다'라는 두 문장 중 하나를 체크하라고 요구한다. 응답은 국가별로 현저한 차이를 보였다. 예를 들면 페루가 5.5퍼센트의 긍정적 응답을 보이며 최하위를 기록한 반면 노르웨이는 긍정적 응답이 61.2퍼센트에 이르며 가장 높은 점수를 받았다. 다르게 설명하면 노르웨이의 신뢰 수준이 페루보다 훨씬 높아 보인다(이 설문 조사는 페루의 사정이 지금보다 훨씬 좋지 않았던 1981년, 1990년~1991년, 1995년~1996년에 실시됐다). 이외에도 41개 시장 경제국을 대상으로 각 국가별 특성을 나타내는 데이터가 존재한다.[18]

잭과 낵의 연구 결과는 신뢰 수준과 1인당 소득의 밀접한 관계를 보여준다. 예를 들면 노르웨이, 스웨덴, 한국과 영미계Anglo-American

국가 대다수는 상당히 부유한 국가들로 비교적 신뢰 수준이 높으며, 신뢰 수준이 가장 낮은 두 국가 페루와 필리핀은 매우 빈곤한 국가들이다. 전반적으로 상업적 환경이 크게 발달한 국가들은 높은 신뢰 수준을 지닐 가능성이 높다.

보통 이와 같은 연구에서 원인과 결과를 구분하기란 어렵다. 어떤 면에서는 신뢰가 보편적인 덕분에 기업이 번성하지만 반대로 상업 거래가 반복되면서 신뢰 수준이 높아질 수도 있다. 대부분의 경우 두 가지 효과는 상호 보완적으로 작용하며 기업과 신뢰 수준이 실제로 함께 성장하고 번성한다는 사실을 보여준다.

비영리 기업 대 영리 기업

기업의 정직성을 시험해볼 수 있는 또 다른 방법은 비영리 기업과 영리 기업을 비교해보는 것이다. 이윤 추구가 부패를 유발한다고 생각하는 사람들은 비영리 기업이 특히 더 신뢰할 만하다는 결론을 내릴지도 모르겠다. 하지만 적어도 동일한 기본 경제 분야에 속한 기업들을 비교해보면 대개의 경우 비영리 기업이든 영리 기업이든 거의 비슷한 방식으로 운영되고 있다(몇몇 예외는 이후에 설명하겠다).

비영리 기업과 영리 기업은 상당히 다르고, 때로는 서로 비교할 수 없는 활동에 관여하기 때문에 이 둘을 비교하는 실험은 매우 까다롭다. 소아마비 구제 모금 운동을 펼치는 자선 단체 마치 오브 다임스March of Dimes가 미국 최대 제철 기업 유에스스틸U.S. Steel보다 이타적이라고 말하며 영리 기업을 비판하는 태도는 옳지 않다. 한 가지 이유를 들면 자선 단체들은 기업이 축적한 부와 기업가들의 기부로 기금을 마련한다. 자선 단체가 아니라 기부자들이 이타적이라고 하는 게 맞다. 일반적으로 자선 단체는 기업이 만들어낸 부에서 나오는 기부 한도를 벗어나는 활동을 펼칠 수 없다.

더 나아가 비영리 기업은 부정직함과 사기 행각으로 가득 차 있다. 신문 1면을 장식할 법한 노골적인 사기 행위 외에도 많은 비영리 기업들이 기금 모금이나 운영에 투입된 비용을 실제보다 적게 보이기 위해 회계 수치를 조작한다는 사실은 이미 이 분야에서 널리 알려져 있다. 자선 단체와 비영리 기업 중 많은 곳이 실제로는 세상을 변화시키거나 개선하거나 유용한 제품을 제공하는 데 전혀 기여하지 못하고 있지만, 이처럼 아무런 영향도 미치지 못하는 실패한 운동을 그냥 계속하고 있다. 이런 일은 대부분의 상업적 기업에서는 상상할 수 없으며 적어도 장기적 관점에서는 더욱 그렇다. 만약 '비영리적 일식 초밥'이라는 단어를 들으면 내가 본능적으로 떠올리는 첫 번째 생각은 수용하는 것이 아니라 피해야겠다는 것이다.

병원의 경우 운영 방식이나 최종 결과 측면에서 볼 때 영리 병원과 비영리 병원이 그렇게 다르지 않다. 캘리포니아주에서 실시한 한 연구 조사를 살펴보자. 비영리 병원이 어느 정도 시장 지배력을 확보하고 그에 따라 상업적 압박 없이 운영할 여력이 생겼는데도 영리 병원보다 더 많은 자선 진료를 제공하거나 정신과 치료와 재활, 응급실 서비스, 정신적 외상 트라우마 치료, 화상 치료, 임산부 분만 서비스 등의 분야에서 비영리적 서비스를 늘리지 않았다. 그리고 미국 내 비 연방 단위의 응급 환자 치료 종합병원의 58퍼센트가 비영리 병원이며 이들에게 주어지는 세금 면제 혜택은 매우 크다.

이 연구뿐만 아니라 영리 병원과 비영리 병원이 거의 비슷한 형태로 운영된다는 증거를 제시하는 연구는 많다. 예를 들면 한 무리의 비영리 병원들이 영리 병원으로 전환한 뒤에도 이들 병원의 환자 사망률은 변하지 않았으며 저소득층 의료보장제도의 혜택을 받는 환자나 흑인 또는 히스패닉 환자의 비율도 늘지 않았다. 2000년에 실시된 예전의 한 연구는 오히려 영리 병원이 더 나은 진료 서비스를 제공한다는 결과를 보여준다. 2007년도 연구를 보면 비영리 병원에 비해 영리 병원들의 치료 결과가 더 좋았으며 입원 환자 진료에도 더 많은 노력을 기울였다.[19] 이 모두는 이윤을 추구하는 동기가 그렇게 부정직한 행동이 아니라는 사실을 다시 한 번 말해준다.

비영리 기관에 비해 영리 기관이 상당히 더 부정직한 것으로 보이는 분야가 있는데, 바로 고등 교육 분야다. 수많은 영리 교육 기관이 높은 수업료를 받고 학생들의 취업 가능성을 '전혀' 개선하지 않거나 약간의 노력만 기울인 채 학생들이 학자금 대출을 더 많이 받도록 독려한다는 사실은 점점 더 명백해졌다. 이런 사실을 비영리 기관의 정직성을 더 높이 평가하는 증거로 삼을 수도 있다. 하지만 전체에 대한 상황 판단은 그렇게 단순하지 않다. 이런 증거는 모든 기업 행위의 폐단을 증명하기보다는 교육의 특정 분야가 영리 기관에 어울리지 않는다는 점을 시사할 수도 있다. 과학 서적 출판사에서 소프트웨어 기업과 애플에 이르기까지, 고결함과 정직성과 약속을 지키는 자세 측면에서 꽤 좋은 업적을 남기는 영리 교육 벤처들도 많다. 그러므로 단 한 분야의 영리 교육 기관만 빈번하게 부정직함을 드러낸다고도 할 수 있다. 이런 예외 사항을 제외한 많은 데이터들은 비영리 기업이 어떤 방식으로든 명백히 더 정직하게 행동하는 것은 아니라는 사실을 보여준다.

균형감이 부족한, 기업에 대한 이해

나는 종종 사람들이 기업 활동에 관한 연구를 논의할 때면 너무 편파적으로 비판하는 모습을 발견한다. 한 가지 예로 영국의 의사이자 과학 서적 저자인 벤 골드에이커Ben Goldacre가 쓴 유명한 책 《불량 제약회사》를 살펴보자. 자신의 지식을 바탕으로 지적을 일삼는 일종의 잔소리꾼인 골드에이커는 사람들이 근거 없는 믿음과 엉터리 약을 퍼뜨리는 상황에서 과학의 표준 규범을 수립할 필요성을 강조한다. 나는 그 의견에 전적으로 동의한다. 하지만 《불량 제약회사: 제약회사는 어떻게 의사를 속이고 환자에게 해를 입히는가》라는 그 책의 전체 제목은 오늘날의 담론이 얼마나 기업에 대해 편견을 지니고 있는지 잘 보여주는 예다.

골드에이커의 책을 자세히 읽어본 뒤 나는 그가 자신의 비난 대다수를 입증하고 있다는 것을 알 수 있었다. 제약 회사들은 종종 특정 상황에 별 도움이 되지 않는 약품의 판매를 촉진하고, 자신의 약품을 과도하게 처방해주는 대가로 의사들에게 노골적으로 또는 은밀하게 뇌물을 제공하며, 그러지 말아야 할 경우에도 임상 결과를 비밀에 부쳤고, 최근에는 기적의 신약을 그렇게 많이 개발하지도 못했다. 이와 같은 제약 회사의 폐해를 응징하려는 측면에서 골드에이커는 옳았다. 하지만 나라면 이 책의 제목을 완전히 다르게 했을 것이다. 예를 들면, 《불량 제약회사》대신《잠재적 훌륭함에 미치지 못하는 제약회사: 부패와 부정직함은 어떻게 우리의 위대한 보호자의 신용을 떨어뜨리는가?》로 했을 것이다.

제약 기업의 혜택에 관한 연구를 선도하는 경제학 전문가인 프랭크 리히텐버그Frank Lichetenberg 컬럼비아대학교 교수는 제약 기업들이 한 생명당 연간 약 1만 2천 900달러 정도의 엄청나게 낮은 비용으로 인간의 생명을 구하고 있다는 사실을 증명했다. 또한 1996년에서 2003년에 걸쳐 크게 늘어난 미국 노년층의 기대 수명 중 3분의 2(늘어난 총 연수 0.6년 중 0.41년에서 0.47년)는 처방약 덕분이었다는 증거도 제시했다. 더 나아가 모든 의학적 치료 가운데 약제 사용이 가장 효과적인 방법에 속한다는 사실을 보여주는 증거들도 있는데, 이 또한 리히텐버그 교수의 연구에서 나온 것들이다. 이 연구 결과를 크게 반박하는 논쟁은 없었으며 특히 골드에이크는 그 결과를 그냥 모른 척했다. 골드에이커의 책에 담긴 색인에서는 리히텐버그 교수의 이름을 찾아볼 수 없으며, '혁신'이라는 단어도 없다. 대신 제약 기업의 결점을 일방적으로 훈계하는 내용은 책 속에 많이 들어 있다. 하지만 1990년대 초 죽음을 기다릴 수밖에 없었던 에이즈 양성 환자들이 새로운 종류의 약제로 제때 치료를 받은 덕분에 일반인 평균 수명과 비슷한 기대 수명을 얻을 수 있었던 경우를 생각해보라.[20]

내가 골드에이커를 비난하는 이유는 그의 연구가 부정직해서가 아니라 오히려 매우 훌륭하기는 하지만 균형 잡힌 시각이 부족하기 때문이다. 기업 문제에 관한 편견이 드러나며 때로는 잘못된 경제학 또는 적어도 균형 잡히지 못한 경제학을 실행하는 사람이 바로 자기 자신이기도 하다. 그런데 골드에이커는 이런 의견을 내 블로그에 올리자 몇 번에 걸쳐 반응을 보이기는 했다. 제약 기업이 절대 임상 실험 결과를 비공개로 두지 말아야 한다는 점에 대해 어쩌면 옳은 말일 수도 있는 다양한 논쟁을 제기했다. 하지만 책 제목을 《불량 제약회사》로 한 이유에 대해서는 어떤 변명도 하지 않았다. 아마 그 책을 펴낸 '불량 출판사'가 더 많이 팔기 위해 시선을 끄는 제목이 필요했을 가능성이 컸기 때문일 것이다. 골드에이커도 자신이 비난한 제약 기업들처럼 공상적 사회개량주의자이지만, 동시에 이윤도 추구하는 사람은 아닐까?

기업에 관해 보도하는 언론도 이처럼 균형 감각이 부족할 수 있다. 최근 연구는 CEO와 고위 임원들이 일반 대중 전체에 비해 정신병적 특성을 드러낼 가능성이 더 높다는 사실을 보여준다. 네이

선 브룩스Nathan Brooks와 카타리나 프릿즌Katarina Fritzon이 발표한 논문에 따르면 일반인 전체의 정신병 비율이 약 1퍼센트로 추정되는 데비해 기업 경영자들의 정신병 비율은 4퍼센트에서 20퍼센트에 이른다.

물론 잠시 동안만 상식적으로 생각해보면 우리가 이런 결과를 매우 조심스럽게 해석해야 한다는 사실을 알 수 있다. 예를 들면 어떤 형태로도 남에게 해를 끼치거나 위험하지 않은 기업 경영자도 연구원들의 기준에 따라 정신 질환자 범주로 분류될 수 있다. 이를테면 '당당함을 과시하며 입심이 좋고 부여받은 권한을 행사하는' 경영자도 충분히 여기에 포함될 수 있다. 또한 연구원의 기준에서 볼 때 경영자가 "나는 과감한 결정을 내리는 데 주저하지 않는다"라고 스스로 인정하는 말도 그런 인상을 주는 데 기여할 수 있다. 즉 사이코패스에게서 흔히 발견되는, 두려움이 없고 무자비한 결정을 내리는 성향으로 볼 수 있다는 것이다.

과연 그럴까? 언론이 이런 연구 결과를 얼마나 많이 사실로 받아들이고 실제로 보도하는지를 보면 정말 놀랍다. 한편 브룩스와 프릿즌의 논문은 이후 철회됐다. 물론 철회 사실이 처음 논문이 발표됐을 때만큼 주목받지는 못했다.[21]

언론 매체가 시선을 잡는 뉴스를 찾아나서고 그에 따라 기업에 관한 것을 포함한 나쁜 뉴스까지 보도하려는 태도는 언론의 태생적 동기에서 비롯된다. '미국 기업이 수많은 재화를 생산하고 수백만 명에 달하는 직원을 고용하며 경이적인 기록을 계속 달성하고 있다'라는 기사가 1면 헤드라인을 장식할 수 없다는 것이다.

좋은 소식

기업들이 신뢰받지 못할 행동을 하는 행태가 염려스럽기는 하지만 인터넷과 소셜 미디어가 부상하면서 기업이 정직하게 행동해야 할 동기는 점점 더 늘어났다. 기업의 부도덕한 관행이 기업 명성에 크게 손상을 끼칠 수 있기 때문이다. 한 레스토랑이 과도한 요금을 청구하며 소비자에게 바가지를 씌우려 하면 이런 사실이 소셜 미디어에 금세, 그리고 오랫동안 게재될 가능성이 높다.

보다 일반적인 경우로 기업은 자사 제품의 질에 따라 인터넷에서 순위가 매겨지며, 이런 정보는 대부분 모든 사람이 광범위하게 활용할 수 있다. 또한 이 정보는 소비자들을 최악의 기업에서 멀어지게 만들며 대부분의 기업이 처음부터 보다 정직하고 솔직하도록 유도한다. 이 메커니즘에 따라 온라인에 게재된 리뷰가 외부 관광객의 물건 구입에 영향을 미치기도 한다. 오늘날 대기업이 습득한 교훈이 있다면 그건 바로 기업을 향한 비난의 폭풍이 소셜 미디어에 몰아치기 전에 자신의 실수를 재빨리 사과해야 한다는 것이다.

전문직 서비스를 놓고 보면 이전에는 전문가만 알 수 있었던 정보가 넓게 확산되면서 치과의사가 불필요한 치료를 강요하는 일은 이제 더 어려워졌다. 구글에서 '치아 뿌리관 치료가 정말 필요할까?'라는 문장으로 검색해보면 필요 없을지도 모른다고 제안하는 꽤 믿을 만한 정보를 발견할 수 있다. 의사는 환자에게서 더 많은 질문을 받으며 양질의 서비스에 대한 기대는 전반적으로 더욱 높아졌다. 지하에서 발견한 해충이 집을 갉아먹는 흰개미가 정말 맞는지 의심스러우면 흰개미 퇴치에 많은 돈을 쓰기 전에 발견한 개체와 온라인상의 흰개미 사진과 비교하며 이에 관한 상세 설명을 볼 수 있다.

소비자 정보는 기업을 통제하는 데 훌륭한 역할을 하며 특히 경쟁 덕분에 각 개인이 자신의 단골 거래처를 바꿀 수 있는 기회가 있을 때는 더욱 그렇다. 인터넷은 대부분의 경제 분야에서 훨씬 더 많은 선택과 정보를 제공했다.

마지막으로, 기업에 관한 어떤 평가라도 어느 정도는 상대적일 수밖에 없다. 이미 비영리 기업을 살펴봤으므로 이번에는 거대하고 중요한 기관이며 기업을 규제할 잠재력을 지닌 정부에 초점을 맞추고 최근 들어 정부가 보다 더 정직해졌는지 알아보자. 나는 적어도 유권자의 관점에서 볼 때 정부가 그러지 못했다는 상당한 증거가 있다고 생각한다. 의회에 대한 지지율은 종종 10퍼센트를 밑돌며 역대 최저치로 떨어졌다. 트럼프의 대통령 당선과 영국의 브렉시트Brexit 선택은 일반적으로 부패와 속임수, 우쭐거리고 현실에 안주하며 위기 상황에서도 별 변화가 없는 우리네 정치 엘리트들의 태도에 대한 저항으로 해석된다. 아니면 최소한 현재 상황을 향한 다수의 비판이 어떤 관점을 지니고 있는지 보여준다.

이 말이 정부에 대한 신뢰와 정부의 정직성이 높아지고 있는 것처럼 들리는가? 주류 기업의 신뢰성은 전반적으로 좋아지고 있는 반면 정부의 신뢰성은 나빠지고 있다. 이런 뚜렷한 차이는 우리의 필요와 욕구를 충족하기 위해 상업적 기업에 의존해야 할 매우 근본적인 이유를 말해준다. 신뢰성은 삶을 가치 있게 하고, 인간관계를 제대로 작동하게 만들며, 일부 국가를 다른 국가에 비해 보다 더 살고 싶은 곳으로 만드는 핵심 요소다. 기업의 높은 신뢰성과 정치계의 낮은 신뢰성을 감안할 때 나는 많은 사람들이 이런 데이터를 보면서도 기업을 정부의 더 많은 통제 아래 두는 것이 좋은 아이디어라고 생각한다는 사실이 기묘할 따름이다.

자국 기업들이 얼마나 잘하고 있는지를 두고 미국이 항상 제대로 이해하는 것은 아니다.

CHAPTER
3

CEO는 지나치게
많은 보상을 받는 걸까?

CEO는 지나치게 많은 보상을 받는 걸까?

기업에 관한 신뢰의 문제들 중 하나는 최고경영자의 보상일 수밖에 없다. 많은 지식인과 언론인은 CEO들이 너무 많은(또는 직원들에 비해 너무 많은) 보상을 받고 있고, 보상 체계를 조작하며, CEO에 대한 보상이 긍정적인 성과와 밀접한 관련이 없다고 단언한다. 얼마전 엘리너 블록샴Eleanor Bloxham은 〈포천〉지에 기고한 글에서 CEO에 지급하는 높은 보상을 "우리 경제를 크게 파괴시키는 침묵의 살인자"로 묘사했다. 찰스 M. 엘슨Charles M. Elson은 〈하버드비즈니스리뷰〉에 올린 글에서 CEO들이 자신의 기업을 현금자동지급기처럼 취급한다고 주장했다.[1]

하지만 보다 정확한 진실은 CEO가 받는 보상이 대체로 우수한 인재를 영입하기 위한 경쟁과 관련이 있다는 것이다. 기업이 최고경영진에 거액을 쏟아붓는 것이 과연 그만한 가치가 있는지 의문스러워할 사람이 있을 수 있다. 우리가 앞으로 살펴보겠지만, 기업이 창조자 역할을 할 수 있게 만드는 것이 바로 이사회와 주주에게 가장 큰 이득을 가져다주는 길이다. CEO의 고액 연봉은 이를 위한 여러 조치들 중 하나다. 우리는 기업이 소비자에게 보다 나은 서비스를 제공하기 위해 경쟁한다는 사실에 익숙하다. 하지만 그 이면을 보면 기업이 최고 인재를 끌어오기 위해 치열한 경쟁을 펼치고 있으며, 이 말은 CEO에 대한 고액의 연봉과 보상도 기업의 이익과 성과에 관련돼 있다는 뜻이다.

금전과 지위를 매우 세밀한 방식에 따라 수여하는 모든 보상 시스템에서 보듯 이 과정에 만족하는 사람보다는 분통을 터트리는 사람이 더 많다. 이때 사람들은 CEO를 공공의 희생 제물로 삼아 그들의 모든 행동을 분석하고 그들에게 악의적 동기가 있다고 덮어씌우며, 그들이 받는 보상을 비판하고, 그들을 자본주의 시스템에 위협을 가하는 전형처럼 취급하며 대응한다.

CEO 연봉은 업무를 훌륭하게 수행한 자에게 어떤 방식으로 인센티브를 주느냐라는 현실적 문제인 동시에 창출한 가치에 대해 어떤 식으로든 보상을 반드시 해야 하느냐라는 도덕적 문제이기도 하다. CEO 연봉을 둘러싼 논란은 우리가 주위에서 볼 수 있는 탁월함을 대하는 방식, 실패한 사람에게 보상이 돌아가는 경우에 대처하는 방식, 우리보다 훨씬 더 성공한 사람들이 있다는 사실을 받아들이는 방식을 반영한다.

그러므로 우리가 보상을 가장 많이 받는 사람들의 연봉을 생각할 때 미국 기업에 대한 우리의 수많은 상징적 판단이 위기에 이르는 것이다. 여기서 이미 예상했을지 모르겠지만 나는 이와 같은 연봉 시스템이 아주 잘 작동하고 있다고 생각한다. 실제로 이 시스템은 완전하지는 않지만 비난보다 찬사를 훨씬 더 많이 받아야 하며 미국이 세계 일류 기업을 그렇게 많이 만들어낼 수 있었던 원동력의 한 부분이다.

　나는 이제 나의 개인적인 의견을 넘어 '전체 데이터를 바탕으로' 미국 CEO들에 관한 간단한 질문을 하려 한다. CEO 연봉이 예전에 비해 많이 오른 것은 사실이다. 현재 최정상급 CEO의 연봉은 일반 근로자 연봉의 300배에 달하며 1970년대 중반 이후 미국 거대 상장 기업의 CEO 연봉은 약 500퍼센트 증가했다. 이처럼 급격한 연봉 상승은 주로 1990년대에 시행된 주식에 바탕을 둔 보상의 결과다. 최근 데이터를 보면 미국의 350대 기업에 속한 최정상 기업의 CEO는 약 1천 870만 달러의 연봉을 받았다.[2]

　그런데 CEO의 연봉은 왜 이렇게 많이 올랐을까? 그렇게 높은 보상이 정상적인 수요와 공급의 결과일까? 즉 대기업을 이끌 수 있는 사람이 실제로 그렇게 많지 않은 걸까? 아니면 미국의 많은 정상급 CEO들이 자신이 속한 기업을 어떤 방식으로든 속이고 있는 것일까? 지금부터 우리가 보게 될 내용은 미국 기업의 경영자에 관한 상당히 긍정적인 모습이다. 특히 CEO 연봉의 전부는 아니더라도 '대부분'은 부정부패와 지대 추구 행위rent-seeking(경제 주체들이 자기 이익을 위해 비생산적 활동에 경쟁적으로 자원을 낭비하거나, 인위적인 진입 장벽이나 정치적 로비 등으로 부당한 이득을 얻으려는 행위-옮긴이)나 개인적 치부가 아니라, 재능 있는 개인의 주요 기업에 대한 생산적 기여를 반영한 것이다.

　CEO 연봉 증가를 이해하는 데 가장 도움이 되는 것은 정상급 기업의 사업 기회가 급속히 늘어나는 데 반해 재능 있는 CEO의 수는 제한적이라는 사실이다. 최고 수준의 후보자가 부족한 현상은 때때로 기업 이사회가 잘못된 고용을 하거나 연이어 고용에 실패하는 원인이 되기도 하지만 CEO 고용 과정은 전반적으로 재능 있는 후보들을 요직에 배치하고 그들에게 계속 동기를 부여하며 꽤 제대로 작동했다. 달리 설명하면 CEO 연봉에 관한 한 우리는 기업을 (대체로) 신뢰할 수 있다는 말이다.[3]

미국에서 최고액 연봉을 받는 상위 1퍼센트의 노력은 글로벌 경제의 보다 역동적인 요소 중 하나였다. 미국 CEO들이 생산성 향상을 지원하는 부문에서 세계 최고라는 증거는 많으며 그들은 그 어느 때보다 강력하고 더 나은 기업 지배 구조를 구축하고 있다. 또한 첨단 기술을 세계에서 제일 먼저 기업 조직에 접목해 기업이 보다 많은 경쟁력을 갖추고 그에 따라 직원들이 더 많은 임금을 받을 수 있게 했다.

경제학자들은 때때로 CEO를 '숙련 쪽으로 치우친 기술 진보', 즉 숙련 노동으로의 복귀를 촉진하는 신기술의 임의적 수혜자라고 말하기도 한다. 예를 들어 이메일과 스마트폰은 멀리 떨어져 있는 글로벌 공급망 관리를 보다 손쉽게 할 수 있도록 해주고, 이는 또 다국적 기업에 속한 최우수 관리자의 영향력을 확대하며 궁극적으로 보상을 증가시키는 결과로 이어진다. 하지만 숙련 쪽으로 치우친 기술 진보라는 변화는 하늘에서 그냥 떨어진 게 아니다. 대신 몇몇 CEO들이 마음속 깊이 품고 끈질기게 실행한 비전 덕분에 일어난 것이다. 스티브 잡스Steve Jobs는 아이폰이 전 세계적으로 통합된 공급망의 도움으로 생산되고 중국에서 완성해 전 세계에 판매 될 수 있다는 사실을 '인지'하고 실행에 옮길 것을 '결심'했으며, 필 요한 과정을 파악한 뒤 이를 실현시켰다. 물론 여기에는 수많은 직 원과 다른 CEO들의 도움이 더해졌다. 많은 사람들에게서 환영받 을 만한 말은 아니겠지만 CEO 연봉이 그렇게 많이 오른 한 이유는 CEO 자신들이 미국 경제에 속한 다른 일반 근로자들에 비해 정말 많은 성과를 올렸기 때문이다.

CEO의 연봉은 가치 창출에 대한 보상이다

단순한 상황 하나를 생각해보자. CEO 연봉 증가의 가장 두드러진 특징 중 하나는 미국 주가의 전체 성적과 크게 연계돼 있다는 것이 다. 개별적으로 보면 과도한 연봉을 지급하는 경우가 분명히 있지 만 CEO 연봉을 결정하는 요인이 그렇게 미스터리한 것은 아니며 심한 부패와 연관된 것도 아니다. 실제로 정상급 기업들의 CEO 연 봉과 보상은 대체로 해당 기업의 주가에 발맞춰 증가하는데, 주된 이유는 주식 보유와 옵션 행사가 CEO 보상 패키지의 일부분이기 때문이다.[4]

경제학자인 그자비에 가베이Xavier Gabaix와 오귀스탱 랜디어Augustin Landier는 기업의 시장 가치와 CEO 연봉 사이의 이런 연관성을 보다 체계적으로 연구했다. 이들의 연구는 단순한 수요 공급 모델에서

CEO 연봉이 일반 기업의 시장 가치에 맞춰 움직인다는 사실을 보여준다. 기업의 시장 가치가 늘어나면(실제로 이런 기업들이 많다) 기업은 재능 있는 CEO를 불러들이기 위해 기꺼이 더 많은 연봉을 지급한다. 이는 상당히 보편적인 가정 하에서 기업의 시장 가치 상승에 대략적으로 비례해 CEO 연봉이 인상되는 결과로 이어질 수 있다. 기업 가치를 올리기 위해 CEO에게 더 많은 연봉을 지급하고 기업 가치가 계속 오르면 CEO는 더 많은 연봉을 받게 된다. 2000년부터 2005년까지 미국 50대 기업에서 가장 중요한 임무를 수행하는 최고경영자 3명이 소유한 자사의 유효주식은 3천 100만 달러가 넘었다.[5]

그러므로 1980년에서 2003년에 걸쳐 CEO 연봉이 6배 증가한 현상은 같은 기간 동안 약 6배 정도 늘어난 시가 총액으로 설명될 수 있다. 가베이와 랜디어는 이후 쥘리앵 소바냐Julien Sauvagnat와 함께 실행한 연구를 통해 경영 실적이 좋지 않은 시기에는 기업 가치의 하락 정도에 비례해 CEO 연봉이 줄어든다는 사실도 밝혀냈다. 이사회가 CEO 연봉의 급격한 인상안을 부결하거나 의문을 제기하는 경향도 점점 늘어나고 있다. 다르게 설명하면 시스템 내에는 대부분 시장 자체에서 비롯된 견제와 균형의 원칙이 이미 자리 잡고 있기 때문에 CEO 연봉이 계속 상승만 하는 것은 아니다.[6]

한편 나는 '다른 기업의 경영자들'이 받는 CEO 보상을 가장 심하게 비판하는 자들 중 일부가 미국 기업의 성공한 CEO라는 사실을 발견했다. '다른 CEO들'이 그럴 자격이 없다고 생각하는 사람들이 놀랄 만큼 많았다. 나는 이런 현상이 일부 정상급 운동 선수들의 다른 뛰어난 선수들에 대한 거리낌 없는 비난과 비슷하다고 생각한다. 이를테면 미국 프로농구 리그NBA의 LA 레이커스 팀에서 센터로 활약했던 카림 압둘 자바Kareem Abdul Jabbar가 나와 진행한 인터뷰에서 댈러스 매버릭스의 포워드 더크 노비츠키Dirk Nowitzki가 그렇게 많은 점프슛을 시도하고 성공시키는 것을 언급하며 그를 "한 가지 기술밖에 없는 선수"라고 비판했던 것과 비슷한 현상이다. 이런 가시 돋친 말은 두 선수 모두가 명예의 전당에 이름을 올렸거나, 그럴 예정이거나, 같은 부류의 맞수일 경우 더 흔히 들을 수 있다. 최근에는 찰스 바클리Charles Barkley와 르브론 제임스LeBron James가 서로를 조롱하기도 했다. 일부 경우지만 이와 같은 비난이 정당한 때도 있다. 예를 들면 NBA 보스턴 셀틱스에서 뛰었던 래리 버드Larry Bird가 항상 수비를 성실히 하거나 적절한 측면 움직임을 보인 것은 아니었다. 하지만 일부 개인의 비난이 아무리 정당하더라도 주가와 CEO 보상의 밀접한 연관성을 보면 그런 비난이 시스템 전체를 놓고 볼 때 타당하지 않다는 점을 알 수 있다.

한편 최정상급 NBA 선수와 CEO의 유사성을 비교하는 것은 매우 유용하다. NBA 역사상 매우 뛰어난 성적을 올린 팀들은 거의 언제나 리그 내 몇 안 되는 최상위에 속하며 경기력이 절정에 이르거나 근접한 선수를 최소한 한 명은 보유하고 있었다. 빌 러셀Bill Russel, 매직 존슨Magic Johnson, 래리 버드, 마이클 조던Michael Jordan, 르브론 제임스, 스테판 커리Stephen Curry가 좋은 예다. 이것이 바로 프로팀들이 그처럼 뛰어난 선수에게 고액의 연봉을 지급하는 주된 이유다. 이런 인재를 만나기는 쉽지 않으며 그들은 적절한 상황 속에서 엄청난 가치를 창출할 수 있기 때문이다.

그렇다고 해서 빅 스타 또는 그렇게 알려진 사람에게 모든 것을 거는 모험이 늘 성공하는 것은 아니다. NBA의 뉴욕 닉스가 현재 서른을 훌쩍 넘긴 카멜로 앤서니Carmelo Anthony에게 수백만 달러의 돈을 쏟아부었지만 닉스는 여전히 그저 그런 팀으로 남아 있으며, 결국에는 앤서니를 오클라호마 시티 썬더로 헐값에 트레이드했다. 앤서니가 자신의 성적에 비해 너무 많은 연봉을 받았다는 데에는 이론의 여지가 없다(물론 나머지 팀 동료와 감독, 코치도 비난을 받아야 마땅하다). 하지만 앤서니는 그런 연봉을 어떻게 받을 수 있었을까? 뉴욕 닉스 구단을 소유한 주주와 이사회를 교묘히 속였을까? 그렇지 않다. 앤서니는 선수 경력 절정기에 대단한 성적을 내는 대스타가 될 수 있다는 전망을 제공했으며, 이는 정말 만나기 어렵고 동시에 가치 증대 가능성이 매우 높은 기회다. 앤서니가 그렇게 과도한 연봉을 받을 수 있었던 정확한 이유는 그런 계약이 종종 제대로 위력을 발휘하고, 그럴 경우 엄청난 보상이 따른다는 사실에 있었다.

최고 지위에 있는 CEO의 경우도 마찬가지다. 훌륭한 CEO의 가치는 엄청나며, 이들을 찾고 계속 붙들어놓는 것이 무척 어렵기 때문에 일부 기업은 결국 기업계의 카멜로 앤서니 같은 인물에게 과도한 연봉을 지급하는 상황에 이르게 된다. 이는 사실 정상급 CEO 인재의 중요성과 희소성에서 비롯된 것이며 기업 이사회 멤버들을 포함해 인간이 때로는 실수를 저지른다는 사실을 보여주는 현상이다. 그렇지만 시스템이 도덕적으로 파탄 상태에 이르렀다는 징조는 아니다. 어쩌면 이것이 비판자들이 CEO 연봉을 두고 이해하기 가장 힘든 냉혹한 진실일 수도 있다. 비판자들은 게임의 규칙이 훌륭하고 실질적인 결과를 가져다주는지 묻는 대신 개별 상황에 대한 심판에 빠지기 때문이다. 물론 반대의 경우를 보면 스타트업 창업자를 포함해 그렇게 뛰어난 CEO가 기업을 위해 창출하는 가치에 비해 턱없이 적은 연봉을 받는 계약에 묶일 수도 있다.

기본적으로는 과도한 연봉을 받는 CEO를 기업계의 카멜로 앤서니로 생각해야 한다. 그들이 그렇게 많은 연봉을 받는 이유는 바로 모든 이들이 또 다른 마이클 조던이나 르브론 제임스를 열렬히 찾고 있으며, 그와 같은 세계 최정상급 재능은 발견하기가 정말 어렵기 때문이다. 최종 결과는 과거 실적만 중시하는 연봉 지급 관행에서 벗어나는 형태가 될 것이다.

농구 스타의 경우와 유사한 점을 좀 더 찾아보기 위해 다음 사실을 살펴보자. 1926년 이후 미국 주식 시장의 '전체' 상승 폭은 상위 4퍼센트 기업의 성과에서 비롯됐다고 할 수 있다. 이는 올바른 형태의 기업 운영이 제자리를 잡고 있는 것이 얼마나 중요한지 보여주는 대목이다. 기업 경영진이 이런 성공을 뒷받침한 유일한 요인은 아니지만 거대한 수익은 CEO의 자질을 포함한 다양한 긍정적 요인들의 상호 작용에서 창출된다.

보다 주관적이기는 하지만 최근 실행된 또 다른 연구는 대기업 임원 113명을 대상으로 설문 조사를 실시했다. 이 임원들은 자신이 속한 기업의 현재 CEO만큼 훌륭한 일을 해낼 수 있는 지식과 전문성을 갖춘 인재는 전 세계에서 평균 4명 이하라고 확신했다. 달리 설명하면 이렇게 구체적인 추측에 동의하든 안 하든 정말 뛰어난 CEO는 만나기가 너무나도 어렵다는 뜻이다.[7] 그리고 유난히 가치가 높은 자원이 희소성까지 갖추고 있으면 이 자원을 얻는 비용은 당연히 높을 것이다.

현대 CEO의 다양한 능력

오늘날의 CEO는 최소한 미국 거대 기업의 경우만 보더라도 기업의 핵심 사업을 운영하는 방법을 지칭하며 과거에 사용했던 단순한 용어인 '기업 운영'을 넘어서는 많은 기술과 능력을 보유해야 한다. 전 세계가 점점 더 금융 중심적으로 변함에 따라 CEO는 금융 시장과 이를 활용하는 방안에 대한 뛰어난 감각을 보유해야 하며, 더 나아가 이 시장에서 기업이 거래를 이뤄나갈 방법까지 파악해야 한다. 예를 들어 거대 정유 기업이 원자재 선물 시장과 파생 상품 거래에서 중요한 역할을 하는 것은 오늘날 흔히 있는 일이므로 텍사스 원유 시추에 대한 이해만으로는 부족하다. 기업 외부자들에게는 CEO가 금융 시장을 충분히 이해하고 있으므로 기업이 선물 거래와 투기로 모든 것을 잃는 일은 없을 것이라는 확신이 필요하다.[8]

CEO는 또한 예전 CEO들에 비해 규제 당국과 대중과의 관계를 보다 잘 다룰 수 있는 능력을 보유해야 한다. 언론의 감시는 더 없이 깐깐해지고 대중 관계에서 저지른 사소한 실수에 따른 비용만 하더라도 그 액수가 엄청날 수 있기 때문이다. 만약 한 대기업이 인종차별이나 성차별을 하거나, 동성애자를 혐오하는 것으로 알려지면 CEO를 비롯한 기업 경영진은 이런 이미지를 지우기 위해 신속히 대응해야 한다. CEO는 소셜 미디어와 대중 관계의 전문성을 갈수록 더 많이 갖춰야 하며 소셜 미디어와 TV, 기자회견 그리고 어쩌면 의회 증언이나 정부와 지방자치단체 단위의 규제 당국과 입법 기관에 대한 설득 등 다양한 환경에서 소통할 수 있는 능력도 필요하다. 하지만 기업의 일상적 업무를 처리하면서 동시에 이런 일들까지 수행할 수 있는 인재를 찾기란 당연히 어렵다.

그리고 이제 미국 대기업들은 그 어느 때보다 훨씬 더 세계화돼 있으며 이들의 공급망은 수많은 국가에 퍼져 있다. 예를 들어 애플의 아이폰만 하더라도 부품 조달과 완제품 조립을 미국과 한국, 태국, 말레이시아, 필리핀, 타이완, 인도, 중국에 의존하고 있다. 애플의 핵심 혁신 중 많은 부분은 아이폰의 기능을 뒷받침하는 기존 기술이 아니라 전 세계에 걸친 공급망을 구축하고 유지하는 새로운 아이디어였다. 스티브 잡스와 팀 쿡Tim Cook은 무역 거래 형태와 외국인 직접 투자, 보다 전반적인 글로벌 경제 등에 관한 많은 지식을 축적해야 했다. 애플은 사업을 운영하는 모든 국가에서 각 국가 특유의 제도와 규제의 장벽에 직면했다.

이럴 경우 어느 CEO라도 이미 머릿속에 적절한 지식을 축적하고 이 일에 뛰어드는 것이 아니기 때문에 어떤 질문을 하고 어떤 적절한 내용으로 답변을 해야 하는지 알아야 한다. 이런 능력을 갖추려면 이해할 수 없을 만큼 상당히 복잡한 글로벌 경제에 관한 지식이 필요하다. 매우 어려운 요구일 수도 있지만 예전 시기에 비해 지금의 CEO들은 사업을 운영하는 세계 각국의 문화적 환경을 훨씬 더 많이 이해해야 한다.[9]

미국 기업들 사이에 또 다른 트렌드도 있다. 사실상 거의 모든 미국 주요 기업이 어떤 형태로든 기술 기업으로 변모하고 있다. 예를 들면 농업 기업이 드론을 활용해 경작지를 관찰하고 관리하며, 온라인상의 B2B(기업 간 거래) 경매를 통해 일부 자재를 구매하고, 게놈genome 서열 분석과 같은 첨단 IT 기술이 집약된 분야의 R&D에 집중하는 식이다. 이에 따라 우리는 이제 농업 기업에 관해 논할 때면 옥수수나 콩을 재배하는 기업을 떠올리는 단순한 개념은 접어두고 대신 정보 기술의 중심부에 자리 잡은 기업을 생각해야 한다. 마찬가지로 훌륭한 영화 대본을 선택하고 유명 배우를 섭외하는 것만으로는 월트디즈니Walt Disney를 제대로 운영하기 어렵다. 이에 덧붙여 최상의 기술적 정교함과 수많은 선도적 혁신을 바탕으로 애니메이션 영화에 아주 중요한 컴퓨터 생성 영상computer generated image, CGI을 만들어낼 수 있는 기업을 설립해야 한다. 예전 시기의 할리우드Hollywood에서는 흔하지 않았던 탁월한 프로그래밍 재능을 지닌 인재를 스카우트하고 유지해야 할 필요성이 어느샌가 생긴 것이다.

이뿐만 아니라 주요 대기업 CEO들은 지금껏 직원들에게 동기를 부여하고, 내부 롤모델로 역할하며, 기업 문화를 정의하고 널리 조성하는 데 기여하고, 기업 내 회계 내용을 이해하며, 사업 계획과 이에 따른 예산을 이사회에 제출하는 등 늘 해왔던 일들도 계속 해야 한다.

CEO는 근로자나 소비자, 투자자, 언론인, 정치 활동가 등 지금 시대에 인간이 접하는 거의 모든 경험에 관해 상당히 균형 잡힌 감각을 지녀야 하므로 현대판 성공한 철학자라 할 수 있다. 실제로 이처럼 철학적(그렇다, 나는 이 단어를 고수할 것이다)인 직무는 어디에도 없다. 훌륭한 CEO는 세상에서 가장 강력한 창조자에 속하며 아주 심오한 이해 능력을 지닌 자들이다.

이런 주장들과 일관되게 CEO의 가장 중요한 능력이 기업 경영을 넘어 다양한 분야의 능력으로 확대됐다는 증거들은 더 많으며, 이는 뛰어난 CEO 발굴을 더욱 어렵게 만들 수 있다. CEO가 다방면에서 뛰어난 능력을 갖춰야 하는 만큼 기업들은 기업 내 '2인자'로서 차기 CEO를 노리는 내부 후보자보다는 기업 외부에 있는 자들을 CEO로 고용하는 경향이 보다 강해질 것이다. 이에 따라 CEO들은 다양한 기업이나 심지어 다른 산업 분야에 걸쳐 이동하기 때문에 임기는 더욱 짧아지고 더 자주 자리를 옮길 것이다. 실제로 이런 특성은 CEO 고용에 관한 데이터에서도 나타난다. 예를 들어 1970년대 외부에서 CEO를 고용한 비율은 14.9퍼센트에 불과했지만 CEO 연봉이 집중적으로 상승한 시기인 1990년대 말에는 26.5

퍼센트로 늘어났다.[10]

요약하면 특정 기업에 정확히 요구되는 CEO의 능력은 기업과 분야, 상황에 따라 다르지만 모든 CEO는 기업 세계의 최정상 자리에서 성공을 이뤄낼 수 있는 정교하게 연마된 성격적 특성을 기본적으로 갖춰야 한다.

중요한 일반적 능력에 높은 연봉이 지급된다는 데이터도 있다. 예를 들어 다른 모든 조건이 동일하다면 좋은 평판을 받은 적이 많고 '고속 승진'의 경력이 있으며 입학하기 어려운 유명 대학을 졸업한 CEO들이 더 높은 연봉을 받고 취임한다. 보다 구체적으로 설명하면 이런 자격을 갖춘 후보들 사이에서 한 단계 위에 속한 CEO의 연봉은 평균 5퍼센트, 금액으로 약 28만 달러 더 많은 연봉을 받는다.[11]

CEO의 연봉이 높은 또 다른 요인은 최상의 재능을 갖춘 CEO들이 대체로 작은 기업들보다 규모가 큰 기업들에서 일하는 경우가 많다는 점이다. 그리고 이때 고액 연봉은 최상의 재능을 가장 중요한 사용처에 배치하는 수단으로 활용될 수 있다. 만약 마크 저커버그Mark Zuckerberg가 페이스북이 아니라 중간 규모의 금융 회사를 운영했더라면 그의 재능을 낭비하는 셈이며 페이스북도 지금처럼 성장하지 못했을 것이다. 한 연구 결과는 이처럼 '재능과 기업의 규모가 연계되는' 요인을 감안할 때 CEO들에게 부과하는 가장 높은 한계세율marginal tax rate(초과 수익에 대해 세금으로 납부해야 할 비율을 말한다. 누진세를 적용하는 경우에는 과세 표준, 즉 소득이 높아지면서 한계 세율이 높아진다—

옮긴이)이 27퍼센트에서 34퍼센트 범위 내에 있는 것이 적절하다는 사실을 밝혀냈다. 세율이 이보다 더 높으면 CEO와 기업을 적절히 연계해서 얻는 이득이 훨씬 줄어들고 생산성은 낮아지며 뛰어난 성과를 올리는 일부 유명 CEO들이 결국에는 그렇게 중요하지 않은 기업에서 일하는 결과로 이어질 것이다.

이 말이 의심스러우면 이런 요인을 고려하지 않은 채 한계 세율을 70퍼센트에서 80퍼센트까지 올려야 한다는 일부 경제학자들의 주장을 생각해보라. 그들은 부자들이 늘어난 소득만큼 더 많은 소비를 하지 않아 한계소비 성향이 항상 그리 높지 않다는 사실에 초점을 맞춘다. 하지만 CEO 연봉의 시장 가격이 재능을 가장 중요한 기업에 배치하는 데 중요한 역할을 한다는 사실을 이해한다면 보다 현명한 결론은 우리가 CEO 연봉을 세금으로 흔적도 없이 사라지게 해서는 안 된다는 것이다.[12]

사모투자private equity investment 기업의 운영 형태도 고액의 CEO 연봉이 주로 부진하거나 부정직한 공개 기업에서 더 많은 돈을 뜯어내려는 부패한 기업 경영자 탓이 아니라는 사실을 증명하는 데 도움을 준다. 사모투자 기업을 비공개 기업의 일부 또는 전체를 인수하거나 광범위한 구조조정 과정의 일부로 상장 기업을 비공개 기업으로 만들며, 다른 기업에 대한 대규모 투자를 집중적으로 실행하는 수단으로 생각해보자. 사모투자 기업에서 주요 역할을 수행하는 개인들은 앞으로 CEO가 되거나 전직 CEO였을 경우가 아주 많으며, 인수하는 기업의 CEO 때문에 손해를 보지 않도록 인수 기업은 엄격히 관리된다.

사모투자 기업계에서 일반적으로 주요 투자자에게 투자한 기업의 성과에 따라 지급되는 수익은 1993년 이래로 5배에서 8배까지 뛰어올랐으며, 이는 주요 대기업 CEO들이 받은 평균 연봉 증가 폭보다 더 크다. 이 말은 주요 기업을 잘 운영해서 얻는 수익이 클 뿐만 아니라 점점 더 증가하고 있으며 이를 달성하려면 활용 가능한 최고의 CEO 인재가 필요하다는 뜻이다.[13]

가장 부유한 미국인 리스트에서 사모투자 기업 투자자들을 보는 것은 흔히 있는 일이다. 이를 보면 근본적으로 거대 공개 기업 CEO의 고액 연봉은 주주를 대표하는 대리인, 즉 CEO의 문제나 부정직함의 결과라기보다는 막대한 투자 수익을 얻기 위해 기업에 가장 적합한 최상의 인재를 겨냥해 고액의 연봉을 지급해야 한다고 결정한, 정보에 정통한 수준 높은 투자자들에게서 비롯된 결과라는 것을 알 수 있다.[14]

CEO에 대한 보상 증가를 보다 폭넓은 관점에서 볼 수 있는 또 다른 방법은 고결한 이사회에서 연봉을 더 많이 짜낼 수 없고, 대신 이를 제대로 지급받기 위해 기업 고객을 유치하고 유지해야 하는 변호사들의 경우를 살펴보는 것이다. 법률 회사의 파트너 변호사들 전체가 수익성 높은 기업 고객을 새로 유치하지 못하면 법률 회사의 자금이 언젠가는 고갈되기 때문에 자신들이 받는 연봉을 유지할 수 없다. CEO 연봉이 급격히 증가한 기간의 수치를 보면, 파트너 변호사가 받는 보상도 CEO 연봉과 거의 비슷한 비율로 증가했다. 1994년 법률 회사 파트너 한 명이 얻는 평균 수입은 약 70만 달러였지만, 2010년에는 거의 160만 달러에 이르며 이들 파트너의 소득이 중위 가계 소득의 10배에서 약 30배로 증가했다. 여기서 다시 한 번 얻는 교훈은 뛰어난 재능에서 얻는 수익은 전반적으로 상당히 증가했고, CEO에 대한 보상 패키지가 늘어나는 것은 이와 같은 발전 과정의 한 현상이라는 것이다.[15]

앞서 언급한 프로선수들의 경우로 돌아가보자. 1993년부터 2010년까지 특급 프로야구 선수들의 연봉은 2.5배 증가했으며 프로농구 선수들은 3.3배, 미식축구 선수들은 5.8배 높아졌다. 달리 설명하면 퍼센트 측면에서 CEO 연봉은 인기도가 이론의 여지없이 상대적으로 가장 침체된 스포츠인 프로야구 소속 선수들 정도로만 인상됐다. 마이클 조던을 비롯한 NBA 스타플레이어들은 농구 선수의 연봉 인상 속도가 CEO의 연봉 인상을 앞지르게 했으며, 미식축구의 존 얼웨이John Elway와 제리 라이스Jerry Rice 같은 최상급 선수, 그리고 댈러스 카우보이스와 같은 블록버스터급 미식축구팀들은 미식축구 선수의 연봉을 한층 더 끌어올리는 데 일조했다(여기에 광고 수입은 포함되지 않았다).

거듭 강조하지만 이와 같은 고액 수입은 미국 경제의 매우 보편적인 일부 특징을 나타내는 것이며 프로선수나 CEO가 전반적으로 소비자나 시스템 자체를 체계적으로 속일 수 있는 능력에서 비롯된 것이 아니다.[16]

CEO에게 지급하는 고액 연봉이 주로 사람들을 속이거나 경제학자들의 표현처럼 분열을 조장하는 것과 관련이 있다는 생각 또한 지난 역사를 그렇게 잘 설명하지 못한다. 대부분의 기준에서 볼 때 기업 지배 구조는 1970년대 이후로 훨씬 견고해지고 더 엄격해졌다. 1950년대와 1960년대는 〈매드맨Mad Men〉과 같은 미국 TV 드라마에 투영된 것처럼 '전형적인 백인 남자 모범생'들이 기업을 이끌던 시대에 가까웠다. 하지만 이처럼 기업 지배 구조가 약했던 시기에는 CEO 연봉이 상대적으로 낮았던 반면 지배 구조가 보다 강력해진 최근에는 CEO 연봉이 높았고 계속 상승했다. 이는 점점 더 복잡해지는 CEO 직무 수행을 위해 최고의 후보자를 불러오는 것이 기업 이익을 폭넓게 증가시키는 데 도움이 된다는 사실을 보여준다.

게다가 이미 봤듯이 가장 높은 연봉은 내부 발탁을 통한 인물이 아니라 외부 후보자들에게 지급되며, 이는 높은 CEO 연봉이 기업 내 다른 부분의 희생으로 이뤄진 일종의 약탈이 아님을 알려주는 또 다른 신호다. 기업이 CEO의 연봉을 주가나 다른 장기적 지표와 연계하는 CEO 보상 계획을 발표하면 주식 시장이 긍정적으로 반응한다는 것도 또 하나의 증거이며, 이와 같은 정책이 단지 CEO의 수익뿐만 아니라 기업의 가치를 보다 광범위하게 구축해준다는 표시다.[17]

하지만 언론을 보면 실상과는 너무나도 다르게 경제적 불평등에 초점을 맞추고 있다는 인상을 받는다. 사실 CEO 연봉은 언뜻 보는 것과 달리 소득 불균형과 크게 관련이 없다.

CEO들은 새로운 슈퍼스타급 기업을 탄생시키거나 애플과 페이스북을 비롯한 많은 유니콘unicorn(실리콘밸리에서 큰 성공을 거둔, 기업 가치 10억 달러 이상, 설립한 지 10년 이하의 스타트업을 통칭하는 말-옮긴이) 기업의 사례처럼 오래된 기업을 대스타 기업으로 탈바꿈시킴으로써 자신의 고액 연봉 중 많은 부분을 스스로 생성했다는 사실에 주목해보라. 이 경우들을 보면 고위 경영진의 아주 많은 연봉은 모든 경우가 아니더라도 적어도 평균적으로는 기업 가치의 창출에서 비롯된다는 사실을 가장 쉽게 이해할 수 있다.

일반적으로 기업 내부를 보면 예상과 달리 고위직 근로자의 연봉이 하위직에 비해 많이 오르지 않았다. 이런 주장에 대한 가장 큰 예외는 적어도 지난 몇 십 년 동안 연봉이 높은 비율로 오른 CEO를 포함한 최고위층이다. 하지만 기업 내 연봉 체계의 변화가 소득 불균형의 주요 동인은 아니다.[18]

어떻게 주요 동인이 아닐 수 있다는 말인가? 소득 불균형에 관한 수많은 기사와 논문에 모순되는 말이 아닐까? 사실 소득 불균형의 주요 동인은 혁신 제품을 판매하며 전 세계로 뻗어 나가는 슈퍼스타급 기업의 탄생과 성장 그리고 이들 기업이 특히 더 많은 혜택을 입은 생산성 향상이었다. 5장에서 더 논의하겠지만 구글과 페이스북, 보잉Boeing, 버라이즌Verizon 등이 여기에 포함된다. 일반적으로 고위 관리자부터 개인 비서, 심지어 일반 건물 관리인에 이르기까지 이들 기업에 속한 모든 사람은 오래되고 보다 전통적인 상대 기업들의 근로자에 비해 더 많은 임금을 받는다.[19]

이것이 바로 주요 언론 매체에서 좀처럼 접하지 못하는 미국 기업에 관한 진실 중 하나다. 즉 소득 불균형은 대부분 초거대 기업과 다른 기업의 차이에서 비롯된 것이다. 하지만 이런 진실은 CEO가 근로자의 돈을 약탈한다는 스토리보다 더 흥미진진한 얘기를 만들어내지 못한다. 이를 CEO의 연봉과 다시 연계해보면 최상급 CEO가 그렇게 소중할 수 있는 또 다른 이유가 바로 그들이 만들어낸 슈퍼스타급 기업의 전체 가치다. 이런 거대 기업의 구축으로 그 기업에 속한 모든 이들의 임금이 오르는 것이다. 그러므로 미래를 생각하며 우리가 해야 할 진정한 질문은 슈퍼스타급 기업들을 더 많이 만들어 보다 많은 사람들에게 더 많은 임금을 지급할 수 있으려면 무엇을 해야 할까라는 것이다.

위대한 CEO의 사망

창업기업가와 CEO가 사망한 경우를 살펴보는 것은 기업 경영자가 얼마나 중요한지 밝힐 수 있는 또 하나의 방법이다. 경제학이 대조 실험을 할 수 있는 호사를 항상 누리지는 못하지만 CEO에 관해서는 이런 종류의 실험을 거의 만족시키는 경우가 일부 있다. 즉 CEO가 갑자기 사망했을 때다. 미국에서 갑자기 사망한 최고경영자 149명에 관한 데이터베이스를 보면 리더십 변화가 기업 가치에 직접적인 영향을 미쳤다는 사실을 알 수 있다. 즉 훌륭한 지도자가 사망하면 기업은 가치를 잃는 경향이 있다. 그래서 CEO가 사망한 경우를 분석하고 이런 경우에 대응해 기업 가치가 얼마나 변하는지 측정해보면 기업 경영자들 사이에 존재하는 자질의 차이를 알아볼 수 있다. 결론적으로 리더십 자질은 기업 가치의 약 5퍼센트에서 6퍼센트까지 차지하는 것으로 드러났다. 또 다른 연구는 CEO의 급작스런 사망이 사망 직후 3일 동안 기업 가치를 평균 2.32퍼센트 떨어뜨릴 것으로 예상한다. 이는 기업의 장기적 전망이 어떻게 변할지 알 수 있는 최상의 측정 수단일 가능성이 높다. 기업을 창업한 젊은 CEO가 사망한 경우 주가 하락폭은 8.82퍼센트로 예상된다.[20]

CEO의 사망을 두고 노르웨이에서 실행한 대대적인 연구 결과는 무엇보다도 기업 창업자들이 지닌 리더십의 위력을 드러낸다. 사샤 O. 베커Sascha O.Becker와 한스 K. 비데Hans K.Hvide는 창업기업가가 애초에 최소한 50% 이상의 지분을 보유한 기업에서 CEO가 사망한 경우를 조사했다(일반적으로 이 기업들은 앞서 소개한 연구에 포함된 미국 기업들보다 규모가 작다). 이들 기업을 비슷한 규모의 '대조 기업군'과 비교했을 때 CEO가 사망한 기업의 매출은 평균 약 60퍼센트 하락했으며 고용 수준도 약 17퍼센트 감소했다. CEO 사망 2년 후 이들 기업의 생존율은 대조 기업들에 비해 약 20퍼센트 낮았다.[21]

병원 입원은 사망보다 더 흔히 일어나는 일인데, 이런 경우를 조사한 데이터도 훌륭한 리더십의 가치에 관해 거의 비슷한 결과를 보여준다. 덴마크에서 실시한 조사 결과에 따르면 CEO가 5일 이상

입원한 기업의 성과는 주가 측면에서 볼 때 유사한 기업군에 비해 약 1.2퍼센트 낮다는 사실을 알 수 있다.[22]

미국 기업에 대해서도 보다 직접적인 연구가 있었으면 좋을 뻔했다. 그래도 위에서 제시한 수치들만으로도 창업기업가와 CEO가 기업 가치를 크게 끌어올린다는 사실을 알 수 있다.[23] 앞서 소개한 조사 대상국들보다 규모가 큰 미국 시장 환경에서 CEO가 가진 리더십의 가치는 훨씬 더 클 것이다.

이 수치들에서 얻는 또 다른 교훈이 있다. 즉 CEO들은 자신이 기업에 가져다주는 가치에 못 미치는 연봉을 받고 있다는 것이다. 보다 구체적으로 설명하면 CEO들은 기업에 창출한 가치의 68퍼센트에서 73퍼센트까지만 받고 있다. 비교의 목적으로 최근 실행된 한 조사 추정치를 보면, 일반 근로자들의 임금은 개인별 한계 생산량의 평균 85퍼센트를 넘지 않는다. 이 정도에 그치는 이유는 근로자를 구하고 이들을 의미 있는 생산에 기여할 수 있게 훈련시키는 데 비용이 들기 때문이다. CEO와 일반 근로자의 기여도에 따른 보상을 최소의 비율 측면에서 설명해보면, 일반 근로자가 보상받는 비율이 CEO의 보상보다 실제로 더 높아 보인다. 물론 이 두 비율이 정확한 추정치가 아니긴 하지만 이런 결과는 실질적인 경제적 추론으로, 우리가 무엇을 기대해야 할 지 알려준다. CEO의 재능이 CEO가 아닌 자들의 노력에 훨씬 못 미친다면 CEO의 연봉을 그들의 한계 생산량보다 조금 더 낮추는 게 쉬워질지도 모르겠다.[24]

연봉과 한계 생산량의 격차에 관한 가장 설득력 있는 추정은 와 튼경영대학원의 루시안 A. 테일러Lucian A. Taylor 교수의 연구에서 찾을 수 있다. 테일러 교수는 대기업 CEO들이 일반적으로 자신이 기업에 가져다준 가치의 44퍼센트에서 68퍼센트에 이르는 연봉과 함께 기업의 상황이 좋지 않을 때에도 연봉은 이에 준하여 삭감되지 않는다는 보험성 조항을 고용 계약에 추가할 수 있는 자격을 갖는다는 사실을 밝혀냈다. 물론 기업이 상승세에 있다고 해서 CEO가 더 높은 비율로 받는 것은 아니다. 그래도 언뜻 보면 44퍼센트에서 68퍼센트에 이르는 비율이 CEO에게 괜찮은 거래로 보인다. 주요 대기업 CEO 전체를 놓고 볼 때 아직까지는 그들의 연봉이 기업에 창출한 가치의 100퍼센트를 넘어간다는 신뢰할 만한 추정치는 볼 수 없지만 이런 비율 또한 최상의 인재를 확보하기 위한 경쟁적 연봉 제시 과정에서 충분히 예상해볼 수 있다.[25]

최고경영자에 대한 보상 중 가장 불안한 요소는 단연코 스톡옵션이며, 이들은 대부분 CEO 소득 분포 중 가장 중요한 부분을 차지하고 있다. 그러므로 CEO가 연봉을 훨씬 더 많이 받는 방법은 자신이 속한 기업의 성과를 좋게 만드는 것이다. 최고경영자의 연봉 중 60퍼센트에서 80퍼센트까지가 상여금과 옵션 등 기업의 성과에 직접적으로 연계된 보상 형태로 주어지는 것은 매우 흔한 일이다. 이 방식이 모든 경우에서 사용되는 것은 아니지만 평균적으로는 그렇다. 그러므로 미국 기업의 수익이 상승세로 접어들면 일반적으로 CEO의 연봉도 높아진다.[26]

사람들의 분노를 불러일으키는 한 가지 근원은 실패한 CEO가

때로는 수천만 달러에 이르는 엄청난 액수의 '퇴직금'을 받고 물러나는 경우다. 이와 같은 퇴직금 지급은 견고히 자리 잡은 특별한 이익 집단과 탐욕스런 고위 관리자들 때문에 발생하는 경우가 많지만 이런 관행에는 두 가지 효율적 정당성도 존재한다.

첫째, CEO 해고에는 매우 소모적인 싸움이 따를 수 있다. 이때 거액의 퇴직금은 성과가 나쁜 CEO가 어떻게든 눌러앉으려는 대신 자신이 만들어놓은 난장판을 비교적 건설적인 방식으로 떠나게 만드는 역할을 할 수 있다. 이에 따른 퇴직금 지급('과도하다'는 단어를 떠올리게 만든다)은 정당하지 않을지 모르지만 그래도 정말 심각한 문제를 해결하는 데 도움이 될 수 있다. 비록 잘못한 사람을 해고하려고 돈을 지급한다는 생각이 마음에 들지 않지만 말이다.

둘째, 주주들은 어떤 경우에는 위험성이 높아 실패할지도 모르는 새로운 전략을 CEO가 탐구해보도록 용기를 주고 싶어 한다. 이럴 때는 넉넉한 퇴직금 보장이 그와 같은 위험을 감수할 가능성을 높여준다. 나는 과도한 퇴직금 지급이 교묘한 시스템 조작에 불과하다고 생각하지만 그래도 이런 관행에 어떠한 효율적 정당성도 없다는 생각은 매우 잘못됐다. 어쩌면 소비자들은 엄청난 퇴직금 지급이 금지된 곳보다 허용된 곳에서 결국 보다 나은 상품과 서비스 구성을 만나는 결과에 이를 수도 있다.[27]

기업은 단기 실적에만 집중하고 있을까?

흔히들 하는 또 다른 불평이 있다. 우리가 때로는 '분기 자본주의 quarterly capitalism' 또는 '단기 실적주의 short-termism'라 불리며 눈앞의 실적만 중요히 여기는 사고방식에 빠진 세계에 살고 있다는 것이다. 이런 사고방식 하에서 기업은 단기 수익에 초점을 맞추며 직원과 연구 개발, 미래 역량 배양에 대한 투자를 포함한 다양한 형태의 장기적 투자를 소홀히 한다는 것이다. 사실 이에 대한 불평은 CEO 연봉을 향한 또 다른 형태의 비난이기도 하다.

사람들은 종종 기업 경영자가 기업의 장기적인 전망을 외면한 채 기업의 현재 주가만 끌어올리고, 이에 따라 자신이 받는 보상액을 늘리기 위해 분기별 수익 계산서를 조작하기 때문에 주식 또는 옵션에 바탕을 둔 CEO의 연봉이 이런 현상을 부추기는 원인이라고 비난한다. 무엇보다 대부분의 CEO는 지금 속한 회사에 20년 동안 재직하지 않을 것이므로 비록 장기적 전망을 무시하는 한이 있더라도 단기적으로 주가를 끌어올리지 않을 이유가 없다는 것이다.

다른 많은 비난들과 마찬가지로 이 비난도 과도한 것이다. 물론 기업 경영자의 비전이 단기에 너무 집중돼 있다는 사실을 보여주는 사례들도 분명히 많다. 예를 들어 넷플릭스 Netflix가 새로운 서비스 제공 모델을 개발하고 새로운 형태의 TV 쇼를 위한 자금 조달에 주력해왔던 반면에 주류 미디어 기업들은 자신들의 그저 그런 TV 쇼를 미세하게 조정하는 데 그쳤다.

단기 실적주의와 미래를 내다보지 못하는 무능함을 구분하기란 매우 어려울 수 있다. 넷플릭스와의 경쟁에 실패한 기업들 대부분이 부패한 사기꾼들은 아니었다. 대신 방대한 양의 스트리밍 콘텐츠 제공이 승리 전략으로 입증될 줄을 정말로 몰랐을 뿐이었다. 기업들이 대부분 너무 단기적 아니면 너무 장기적으로만 생각하는 경향이 있다면 과도한 단기주의적 사고방식과 계획 수립을 보여주는 수천 개의 사례와 일화들이 있을 것이며, 이들이 반드시 CEO의 부정직함과 관련되는 것은 아니다. 그리고 이와 같은 사례와 일화는 큰 그림의 절반만을 보여줄 뿐이다. 게다가 단기 실적주의에 관한 이런 스토리 중 다수는 시장이 어떻게 넷플릭스와 같은 혁신적 기업들의 전략적 사고방식에 힘입어 전반적으로 보다 나은 장기적 상황에 '실제로 이르렀는지'를 들려준다.

일반적으로 실패에 이르는 단기 실적주의는 더 나은 장기적 비전을 가진 자가 나타나기 전까지는 완전히 드러나지 않는다. 그러므로 단기적 실적주의에 관한 일화가 들릴 때에는 조심해야 한다. 일부 다른 기업들에게는 언뜻 실패인 것처럼 보이지만 실제로는 성공 스토리일 경우가 아주 많기 때문이다.

반대로 기업들이 너무 장기적으로만 생각하는 바람에 큰 실수를 저지르는 사례는 그리 어렵지 않게 볼 수 있다. 예를 들어 여러 기술 기업들은 중국의 13억에 이르는 인구가 머지않아 자신들에게 성공을 가져다줄 것이라 생각하며 중국에서 대규모 확장을 실행했다. 하지만 중국 정부의 지속적인 적대 정책도 부분적인 이유로 작용하며 이익을 실현할 수 없었고, 그 결과 미국의 주요 기술 기업과 금융 서비스 기업을 포함한 많은 중국 진출 기업들이 철수했다.

또 다른 예를 들면 최근 설립한 많은 기술 스타트업들은 수익이 전혀 없거나 거의 없는데도 불구하고 가치가 높은 기업들로 평가받는다. 이들 중 대다수는 결국 투자자가 장기적 희망에 현혹된 나머지 단기적 한계에 충분히 대처하지 못했던 사례가 될 수도 있다. 2017년 당시 테슬라Tesla가 전기 자동차를 적절한 가격에 판매하며 이익을 남길 수 있다는 어떤 뚜렷한 징후가 없는데도 테슬라의 시가 총액은 포드Ford나 제너럴모터스General Motors보다 높았다. 어쩌면 마술사가 모자에서 토끼를 꺼내듯 테슬라가 뜻밖의 묘안을 내놓을지 모르겠지만 그러지 못할 수도 있다. (내가 이 책을 쓰는 현재, 테슬라의 전망은 점점 더 악화되는 것처럼 보인다.) 이와 동일하게 많은 생명공학 기업들이 제품을 출시하기도 전에 이들의 주가가 폭등하는 현상을 종종 목격할 수 있다.

이 책을 쓰고 있는 2018년에서 볼 때 나는 이처럼 높은 가치 평가들 중 어느 것이 실수인지 알지 못하며 이것이 내가 말하는 요점의 일부분이다. 즉 대부분의 비판자들도 이 사실을 모른다는 점이다. 하지만 이런 경우들 중 대다수에서 시장이 너무 장기적인 면만 생각하고 있으며 지금 당장 수익이 부족한 상황을 보다 더 염려해야 한다는 것은 분명한 사실이다.

보다 일반적인 경우를 보면 주가 수익률이 현재 사상 최고치에 있으며 2008년 금융 위기에서 회복된 이후 계속 그런 상태를 유지해왔다(여러분이 이 책을 읽는 시점에서 여전히 사실일 수도, 사실이 아닐 수도 있다). 내가 말하는 요점은 현재 이처럼 높은 주가 수익률이 과도한 단기 실적주의에 대한 비난과 정확히 모순된다는 것이다. 본질적으로 주가가 계속 높았던 이유는 현재 수익률이 그런 가치 평가를 정당화할 만큼 높아서가 아니라 시장이 앞으로 다가올 높은 수익률을 기대하기 때문이다.

물론 시장도 성공에 관한 한 장기적으로 생각하며 그와 같은 장기적 사고방식은 CEO의 연봉 구조를 통해 더욱 고무된다. 분기별 수익 보고서가 일반적으로 상당한 수익을 나타내지 못하는데도 주가가 고공 행진을 계속하는 아마존의 경우를 생각해보자. 여러분이 그런 가치 평가가 정당하다고 생각하든 안 하든 아마존의 경우는 시장이 어떻게 보다 폭넓고 장기적인 그림을 고려할 수 있는지 보여주는 명확한 사례다. 2018년경 제프 베이조스Jeff Bezos는 결국 세계 최고의 부자 자리에 올랐으며 이러한 위치는 그가 장기적 목표를 고수함으로써 달성한 것이었다. 아마존은 실제로 수익을 기업의 미래에 계속 투자하고 있다. 이는 시장이 단기와 장기의 고려 사항들 사이에서 꽤 괜찮은 균형을 유지하고 있다는 사실을 보여준다.

심지어 최고의 재무 연구가인 케네스 프렌치Kenneth French와 노벨상 수상자 유진 파마Eugene Fama가 실행한 연구는 현재 현금 유동성이 높은 기업들이 시장에서 상대적으로 '과소평가되고', 그 결과 액면가 이상의 수익을 올리고 있다는 의견까지 제시한다. 이들의 연구 결과가 이 문제에 대한 최후의 답변이 아닐 수도 있지만 투자자

들이 과도하게 단기적인 시간 범위에만 집착한다는 비난이 쉽게 형성될 수 없게 만든다.[28]

보다 단순한 예로 수많은 투자자들이 (국채 매입을 통해) 약간 더 높은 수익을 기대하며 수십 억 달러를 30년 동안 정부에 빌려주는 경우를 들 수 있다. 이 또한 장기적 사고방식의 한 예로서 극히 평범한 일이다. 비록 30년 만기가 되기 전 이 국채를 매각하더라도 시장은 이런 자산에 내재된 30년간의 지불 흐름에 가치를 매기는 데 아무런 문제가 없다.

주요 대기업 CEO들을 보면 그들이 재직한 시간 범위는 꽤 길어 보인다. 2015년 S&P 500대 기업을 떠난 최고경영자들의 경우 평균 재임 기간은 11년이었으며, 이는 지난 13년 중 가장 긴 기간이었다.[29]

일반적으로는 단기에 대한 관리가 더 수월하다는 사실만 보더라도 단기적 이익을 생각하는 사고방식이 반드시 나쁜 것은 아니다. 기업들은 대개의 경우 단기적 문제를 무능한 관리자를 해고해야 하거나 고장 난 기계를 고치는 것처럼 명백히 드러난 간단한 문제라고 생각한다. 이에 반해 전체 시장이 지금부터 20년 후 어떻게 될지 파악하는 것은 훨씬 더 어렵다. 특히 오늘날 대부분의 분야가 그렇듯 정보 기술이 큰 영향을 끼치는 분야에서는 더욱 어렵다. 앞으로 20년간의 계획을 수립하는 일에는 많은 비용과 위험이 따를 수 있으며 그런 계획이 결국에는 유용한 계획이 될 수 있을지 분명하지 않다. 달리 말해 단기 실적주의는 종종 과소평가받고 있다.

IT업계에서 기업 자산의 평균 수명은 약 6년인 것으로 평가되며, 보건의료 분야는 약 11년, 소비재는 12년에서 15년 정도다. 그러므로 예를 들어 보건의료 기업을 운영한다면 지금부터 11년 뒤에는 아주 다른 의료 검사를 도입하거나 다른 종류의 의료 진단 장비를 사용해야 할 수도 있다. 하지만 앞으로 필요한 도구나 장치가 그 기간 동안에 발명되지 않거나, 발명되더라도 검증되지 않을 가능성도 높다. 그렇다면 뭔가 상당한 변화가 일어날 것이라는 일반적 인식을 넘어선 어떤 형태의 구체적 계획을 수립해야 할까? 경영상의 단기 편향이 아니라 이런 논리 때문에 기업이 계획을 수립할 수 있는 기간의 범위가 제한된다.[30]

미국 경제는 많은 서비스 부문을 포함해 비교적 짧은 자산 수명을 지닌 부문으로 향하고 있으며 그에 따라 이런 변화를 보다 단기적인 관점에서 이끌 수 있는 CEO가 더 많이 필요할 수도 있다.[31]

일부 산업에서는 진정한 장기적 계획을 수립할 수 없기 때문에 '반드시' 단기적으로 생각해야 할지도 모른다. 어쩌면 업계 상황이 너무 불확실하거나 기업이 유용한 방식으로 조정할 수 있는 변수를 충분히 확보하지 못하는 경우일 수도 있다. 이런 상황에서는 보다 장기적인 계획 수립이 가능한 분야의 기업이 운영을 더 잘하거나 수익이 더 많다는 것이 명백한 사실일지도 모르겠다. 하지만 그렇다고 해서 단기적 성향을 지닌 기업이 반드시 잘못됐다는 의미는 아니다. 그런 기업들은 현재 직면한 모든 제약 사항 속에서도 그저 자신이 할 수 있는 최선을 다하고 있는 것일 수도 있다.[32]

통계를 보면 미국 경제에서 GDP 대비 연구개발비R&D 지출은 약 30년 동안 거의 일정했다. 이런 추세가 이상적이라고 할 수는 없지만 단기 실적주의가 점점 늘고 있는 상황과도 일치하지 않는다. 실제로 서비스 부문은 미국 경제에 비례해 성장하고 서비스 부문의 R&D 지출은 기업이 성공했다고 해서 없앨 수 있는 부분이 아니기 때문에 이런 추세는 전반적인 트렌드가 약간은 긍정적이라는 신호일 수 있다.[33]

공개 기업의 주주들이 훌륭한 분기별 수익 보고서를 얻기 위해 기업에 단기 실적에 대한 압박을 너무 심하게 가하면 이 기업에게는 언제라도 비공개 기업으로 전환할 옵션이 있다. 스타트업 기업은 아주 중요한 초기 성장기 동안에 거의 항상 비공개 상태를 유지한다. 부분적으로는 초창기에 자신이 정말 위대한 아이디어를 보유하고 있다는 사실을 잠재적 주주들에게 알리는 것이 거의 불가능하기 때문이다. 이때 자금 마련의 간극을 메우기 위해 벤처 투자 기업을 개입시킬 수 있다. 보다 장기적으로는 페이스북과 아마존의 경우처럼 기업이 공개 기업으로 전환해 주식 거래가 시작된 후에도 창업자에게 지배권을 지속적으로 부여하는 구조를 선택할 수 있다.

7장에서 보다 자세히 논의하겠지만, 이런 맥락에서 벤처 투자 기업이 일반적으로 미국의 대형 성공 스토리 중 하나로 간주된다는 사실에 주목해보라. 미국 벤처 투자 기업은 막대한 투자 수익의 장기적 전망으로 위험을 감수하는 면에서 매우 정교하고 전문적인 기량을 보유하고 있다. 하지만 어느 측면에서는 단기적 결과를 지향하기도 한다. 벤처 투자 기업이 한 번 투자하는 기간은 10년이 상한인 경우가 아주 많다. 그 10년 기간이 다할 때쯤이면(또는 보다 흔한 경우로 그 시기에 이르기 전에) 투자받은 기업이 자립할 수 있을 것으로 예상된다. 그러는 동안 해당 기업의 발전 전망에 따라 강력한 원칙을 적용하며 보다 짧은 투자 기간을 설정한 다른 벤처 투자 기업들의 투자가 이어질 수도 있다. 나는 벤처 투자 기업들이 실제로 보다 장기적인 투자 수익을 위해 큰 위험을 기꺼이 감수하는 투자 형태를 취하기 때문에, '단기 실적주의'가 이 부분에 적합한 단어라고 생각하지는 않는다. 그래도 이와 같은 투자 과정은 적어도 표면적으로는 단기적 성과를 요구하는 신호를 포함하고 있고, 그럼에도 대부분 장기간에 걸쳐 미국에 많은 혜택을 주며 뛰어난 운영 성과를 보였다.

이런 투자와 관련해 미국 기업을 비난하는 내용 중에는 모든 수익이 배당금의 형태로 빠져나가기 때문에 기업들이 재무적으로 지나치게 단기에 집중한다는 문제가 들어 있다. 나는 S&P 500대 기업에 속한 기업들이 주주에게 지불하는 금액이 순수익의 90퍼센트 이상을 차지한다는 비난을 가끔씩 듣거나 읽곤 했다. 하지만 좀 더 자세히 들여다보자. 이 기업들이 조성한 신규 자본을 놓고 생각해보면 그런 수치는 잘못 평가된 것으로 드러난다. 실제로 주요 대기업들은 순수익의 약 22퍼센트를 주주에게 지불하고 있으며, 이는 이례적이거나 비정상적인 수치가 아니다. 이런 비난이 바로 사람들이 단순히 자신의 선입견과 일치한다는 이유만으로 미국 기업에 관한 부정적인 수치에 집착하며 이를 널리 퍼뜨리는 또 다른 예시다. 현실적으로 CEO는 어떻게든 자신이 속한 기업의 단물을 다 빨아먹는 그런 존재가 아니다. 그리고 부유한 주주에게 지급된 돈은 대개의 경우 결국에는 경제를 구성하는 다른 부분에 투자된다.[34]

미국에서 실제로 행해지는 일들과 관습들이 미국에 좋은 쪽이나 나쁜 쪽으로 얼마나 영향을 미치고 있는지를 두고 1점에서 10점까지의 척도를 사용해 10점을 가장 좋은 영향력으로, 1점을 최악의 영향을 미친 것으로 점수를 매기면 나는 공격용 무기와 마취제 남용에 1점을 주고 실리콘밸리와 NBA 우승 결정 경기에 9점, CEO 연봉에 7.5점을 매기고 싶다.

CEO 연봉 체계는 보다 나아질 수도 있었지만 그래도 많은 사람들의 생각보다 훨씬 더 효과적으로 작용하고 있다. 사람들에게는 부유한 사람이 많은 돈을 지급받고 높은 지위를 얻을 때마다 뭔가 잘못된 점을 발견하려는 본능적인 경향이 있다. 하지만 전체적으로 볼 때 CEO들은 자신이 얻는 수익에 대한 대가로 훌륭한 가치를 제공하고 있다.

CHAPTER

4

직원들은 일에서 얼마나
만족감을 얻고 있을까?

직원들은 일에서 얼마나 만족감을 얻고 있을까?

기업은 당연히 CEO에게 보상을 제공하는데, 직원들에겐 어떨까? 근로자 착취는 자본주의를 향한 가장 오래된 비난 중 하나이며 아직까지도 끈질기게 지속되고 있다. 예를 들면 〈타임스〉의 주간 문예 비평 섹션 '타임스 문예 부록'에 최근 실린 근로 관련 책들에 대한 비평에서 조 모런Joe Moran은 직설적으로 이렇게 요약했다. "이 책들은 고통과 불행에 관한 내용을 담고 있다." 데이비드 그레이버David Graeber는 최근 발간돼 많은 인기를 얻은 자신의 저서 제목인 《의미 없는 직업들Bullshit Jobs》로 모든 것을 표현한다. 일할 때보다 실직 상태일 때 건강이 더 나빠진다는 확고한 증거가 있는데도 스탠퍼드경영대학원 제프리 페퍼Jeffrey Pfeffer 교수는 자신의 최근 저서에 《월급 받느라 죽어간다Dying for a Paycheck》라는 제목을 붙였다.[1]

나는 생산적인 일에 종사하는 것이 우리의 삶 속에서 가장 성취감을 주는 측면 중의 하나라고 제안하고 싶다. 대개 이런 일은 우리를 보다 행복하게 만들어주며 사회에 보다 잘 적응하고 연결될 수 있게 해준다. 또한 우리의 가정생활이 균형을 유지할 수 있게 하며 우리가 인간으로서 어떤 존재인지 깨닫는 데 도움을 준다. 일은 자본주의가 창조자, 즉 보다 나은 우리 자신의 창조자로서 역할을 하는 절묘한 방식 중 하나다.

이런 점에 관해 나중에 다시 설명하겠지만 지금은 몇몇 나쁜 소식을 논의할 필요가 있다. 바로 '근로'라 불리기도 하며 '노동'이라고도 불리는 일이다. 이것들은 결코 긍정적인 단어들이 아니다. 친구(아니면 지금은 만나지 않는 예전의 친구)에게 "너와 함께 있는 건 노동이야"라고 말했다면 완전히 긍정적인 말은 아니었을 것이다. 또는 힘들게 일한다는 말은 있지만 행복하거나 황홀한 느낌으로 일한다고 말하는 사람이 과연 얼마나 있을지 모르겠다.

조금만 과하게 단순화해서 말하면 '사람들에게 일을 시키려면 돈을 지급해야 한다'. 이 말은 일이 모든 면에서 재미있는 것은 아니라는 점을 시사한다. 더 나아가 대부분의 사람들에게 일은 일상적으로 기업과 상호 작용을 하는 주요 방식이며, 이는 기업이 우리 삶에서 일부 즐거움을 빼앗아가는 활동에 관련돼 있다는 뜻이기도 하다. 즐거움은 보통 일주일에 5일 동안 정기적으로 조금씩 빠져나가지만, 급여 지급은 대부분의 경우 이보다 적은 빈도로 이뤄지며 종종 시각 효과가 떨어지는 계좌 이체로 행해진다. 그러므로 많은 사람들에게는 자신이 버는 급여보다 일에서 비롯된 스트레스와 지겨움이 더 선명하게 다가온다.

요약하면 이것이 바로 기업이 미국 대중, 또는 세계 곳곳의 대중에게서 전적으로 인기를 얻지 못하는 한 이유다. 기업은 여러분이 원하는 모든 것을 항상 가질 수는 없다고 말하는 부모님과 같다.

최근 실행된 일부 연구와 설문 조사는 일에 내재된 잠재적 부담감을 자세히 보여준다. 노벨상 수상자 대니얼 카너먼Daniel Kahneman과 경제학자 앨런 크루거Alan Krueger는 사람들에게 불규칙한 간격으로 울리는 신호 호출 장치를 차게 하고 신호가 울릴 때 무엇을 하고 있으며 어떤 감정을 느끼는지 기록하게 하는 방법으로 사람들이 '일상에서 겪는 감정 경험daily affective experience'을 측정했다. 사람들의 기분을 측정하는 하나의 기법으로 생각할 수도 있지만 연구자들은 특정 시점에 느끼는 조사 대상자의 감정만 물어본 것이 아니다. 삶의 다양한 측면에서 사람들이 얼마나 행복한지도 질문한다. 그래서 이 연구는 순간적인 즐거움과 유익하게 보낸 삶에서 오는 전반적인 만족감 모두를 고려한다. 행복은 일차원적 범위를 지닌 단 하나의 감정이 아니기 때문이다. 이 연구를 위해 연구자들은 평균 연령 38세, 평균 가계 소득 5만 4천 700달러인 직장 여성 909명을 조사 대상자로 삼았다.[2]

연구자들은 어떤 결과를 발견했을까? 사람들이 제일 선호하는 활동에서 덜 선호하는 활동의 순서로 나열하면 이성과의 육체적 관계, 사교적 활동, 휴식, 기도 · 예배 · 명상 등이었다. 이 목록의 중간쯤에는 TV 시청, 음식 장만, 전화로 수다 떨기를 비롯한 평범한 일상적 활동들이 있었다. 목록의 제일 아랫부분을 차지한 다섯 가지 활동은 아이 돌보기, 컴퓨터 · 이메일 · 인터넷 작업, 집안일, 직장 근무, 그리고 최하위는 통근이었다.

결국 직장 근무는 긍정적인 기분을 느끼게 해주는 행동의 측면에서 볼 때 끝에서 두 번째이며, 이는 슬픈 얘기다. 하지만 연구 결과가 그렇다고 해서 우리가 일을 좋아하지 않는다는 뜻은 아니다. 단지 우리가 다른 것들을 더 좋아한다는 의미일 뿐이다. 실제로 좀 더 자세히 분석해보면 일에 대해 긍정적인 감정을 느끼는 사람과 부정적인 감정을 지닌 사람의 비율은 3.5 대 1을 조금 넘는다(이는 이성 교제의 긍정적 감정 대 부정적 감정의 비율 5.10 대 0.36만큼 좋지는 않다. 하지만 어차피 육체적 관계는 일보다 항상 더 나은 감정이었다).

위에서 언급한 연구 결과는 또한 사람들이 하루에 6.9시간을 일하는 데 쓰는 반면 기도·예배·명상에는 하루 약 24분만을 쓴다는 사실을 보여준다. 짐작건대 이런 현상은 일을 하면 돈을 받지만 기도는 그렇지 않기 때문에 생길 것이다. 만약에 사람들이 하루에 6.9시간을 기도한다면 대부분의 사람들은 이 활동이 본질적으로 보상이 적다는 사실을 발견하고는 분명히 훨씬 낮은 점수를 매겼을 것이다(이 말이 의심스러우면 다음 예를 생각해보라. 육체적 관계에 사용하는 시간은 하루 평균 12분인데, 만일 하루에 6.9시간 동안 한다면 이 또한 사람들이 그렇게 선호하는 활동은 아니었을 것이다).

이에 비춰볼 때 일은 처음에 언뜻 보이는 수치만큼 그렇게 나쁜 활동이 아니다. 사람들은 비록 일에 따른 모든 보상이 지금 이 순간의 즐거움과 직접적인 연관이 없다 하더라도 결국 최종적인 보상이 높다는 바로 그 이유 때문에 그렇게 일을 많이 하고 있다. 더 나아가 종종 일은 목록에서 가장 높은 점수를 받은 두 활동인 육체적 관계와 사교적 활동에 이르는 중요한 경로 역할을 한다. 그렇지 않다면 사람들이 이렇게 일을 많이 하지는 않을 것이다.

여기서 한 가지 중요한 주의 사항은 조사 대상자인 여성들에 대한 설문 조사가 주중에만 이뤄졌다는 사실이다. 조사가 주말에 진행됐다면 일은 좀 더 높은 점수를 받고 일에 따른 부담감은 더 적을 수도 있었을 것이다. 조사가 주말에도 이뤄졌다면 자녀들은 즐거움의 근원으로서 어떤 역할을 했을까? 물론 그 결과는 알 수 없다.

연구자들이 즉각적인 즐거움과 비교해 평생에 걸친 만족감의 근원으로서의 일에 관해 무엇을 발견했는지를 보면 흥미롭다. 자녀 돌보기처럼 우리가 하는 활동 중 일부는 순간적인 즐거움보다 평생에 걸친 만족감에 더 중요한 요소로 작용하는 것처럼 보인다. 일도 마찬가지다. 훌륭한 일자리는 우리의 즉각적인 즐거움보다 전반적인 만족감을 끌어올리는 데 도움을 준다. 이런 기준에서 볼 때 일에 따른 혜택은 보기보다 훨씬 크다.

내가 근무하는 날과 근무지의 부담감을 감추려고 하는 것은 아니지만 일의 긍정적인 면을 보여주는 증거들은 아주 많다. 일은 우리 자신의 사회적 유용성 확인과 보상과 결합된 문제 해결 체계, 때로는 호의적이거나 뜻이 맞는 다른 사람들과 사회적 소통을 위한 중요한 근원 등을 포함해 우리가 삶에서 가치를 두고 있는 많은 것을 제공해준다. 또한 창의적인 일자리들이 많다. 모든 근로자의 82퍼센트는 자신의 일이 '예상하지 못한 문제를 스스로 해결하는 업무'로 주로 구성돼 있다고 대답한다.[3] 여기에다 일에는 항상 급여가 따른다. 일을 해서 받는 돈이 단순히 음식이나 집세만 해결해주는 것은 아니다. 우리가 높게 평가하는 친구들을 사귀고, 유지하며, 계속 만날 수 있는 수단을 우리에게 제공한다. 이런 면에서 볼 때 일의 가치와 친구의 가치가 그렇게 동떨어진 것은 절대 아니다.

물론 일에 따른 이와 같은 혜택들이 우연히 생긴 것은 아니다. 대부분의 경우 더 많은 인재를 불러 모으려는 기업주들이 만들어낸 것이다. 이런 혜택들이 바로 경쟁을 위해 필요한 것들이다. 기업 경영자들은 일에서 얻는 모든 사회적 혜택을 명시적으로 계획하지는 않지만 직원들의 사기 진작과 채용, 고용 유지를 목적으로 이런 혜택들이 지속되고 성장하게 만든다.

일자리에서 얻는 비금전적 혜택을 알아보는 또 다른 방법은 이미 다들 알고 있겠지만 실업에 따른 막대한 개인적 비용을 고려해보는 것이다. 일하고 싶을 때 일자리를 갖지 못하는 상황은 사라진 수입으로 입는 손해를 훨씬 넘어 개인의 행복과 건강에도 악영향을 미친다. 예를 들면 실업자는 정신 건강 문제에 빠질 가능성이 더 높으며 자살하는 경우도 더 많고 행복도도 상당히 낮다.

물론 모든 추론 뒤에는 인과 관계 문제가 있을 수 있다. 가령 사람들은 실직했기 때문에 자살하는가, 아니면 자살 충동에 사로잡히는 경향 때문에 취업 면접을 잘 할 수 없어서 실직 상태에 있는가라는 의문이 생긴다. 그래도 우리가 가장 잘 알 수 있는 사실은 실업 상태가 개인의 삶을 훨씬 더 많이 나쁘게 만든다는 것이다. 경제학자 앤드류 E. 클라크Andrew E. Clark와 앤드류 J. 오즈월드Andrew J. Oswald가 실행한 유명한 연구 결과를 보면 비자발적 실업은 이혼이나 별거보다 개인의 행복에 더 나쁜 영향을 미친다.[4]

때로는 사람들이 하는 말이나 자신의 순간적인 기분에 의한 응답보다 그들이 하는 일을 보는 것이 더 가치 있다. 근무 시간에 관한 종합 데이터는 매우 인상적이며 미국인이 일에 대해 꽤나 긍정적인 태도를 보인다는 사실을 알려준다. 예를 들어 미국인의 주당 근무 시간은 1950년 22.34시간에서 2000년 23.94시간으로 늘어났다. 이는 일하는 것이 유행에서 벗어나지 않았다는 신호다. 이 기간 동안 여성 취업자 수도 크게 늘었는데, 주로 일을 하며 스스로 수입을 올리고 싶어 했기 때문이었다.

실제로 일에 대한 선호도는 시사 해설자들이 20세기 초에 예견했었던 만큼 떨어지지 않았다. 돈을 벌고 쓰는 것은 즐거움이며 많은 일자리가 예전보다 많은 보상을 지급하고 보다 사교적이며 더욱 안전하다. 전쟁이 끝난 직후 시대보다 현재의 생활수준이 훨씬 더 높아졌지만 여전히 미국인들은 근본적으로 일을 하고 싶어 한다.[5]

경제학자 존 메이너드 케인스John Maynard Keynes는 1930년 쓴 저서에 2030년이 되면 대부분의 개인들이 일주일에 15시간 이상은 일하지 않을 것이라는 유명한 예측을 남겼다. 케인스는 인간의 욕구와 필요는 대부분 충족되고 일은 주로 걸리적거리고 지겨운 것이 되며, 이에 따라 생긴 여유 시간에는 사람들이 여가 활동을 더 많이 할 것으로 내다봤다. 하지만 케인스는 더 많은 돈이 주는 매력과 일의 즐거움을 과소평가했다. 부유한 케임브리지 학자였던 케인스는 적어도 미국 대중의 입장에서 보는 여가 생활의 가치를 과대평가한 것이었다.

스트레스에 관한 데이터도 일하는 것의 좋은 면을 부각시킨다. 사라 더마스키Sarah Damaske와 조슈아 M. 스미스Joshua M. Smith, 매슈 J. 자와드즈키Matthew J. Zawadzki는 한 연구에서 미국 북동쪽의 중형 도시에 거주하는 122명의 성인에게 하루에 여섯 번씩 면봉으로 볼을 긁어 샘플을 채취하도록 요구한 뒤, 이 샘플들에서 스트레스 수준을 나타내는 호르몬 지표인 코르티솔cortisol의 양을 측정했다. 이 측정은 직장과 가정 모두에서 실행됐다.[6]

결과는 상당히 명확했다. 조사 대상자들 중 대다수는 직장보다 가정에서 스트레스를 더 많이 받는 것으로 드러났다. 게다가 여성들이 직장에서 행복감을 더 많이 느낄 가능성이 높았는데, 이는 아무래도 많은 여성들이 가정에서 육아를 책임지고 있기 때문일 것이다(그렇긴 하지만 직장에서 스트레스를 덜 받을 가능성은 자녀가 없는 사람들에게서 더 높게 나타난 것으로 봐서, 아마도 자녀보다 배우자가 더 큰 문제인 경우가 많은 듯하다).

이 연구 결과에서 발견한 또 다른 놀라운 특징은 '직장을 안전한 안식처'로 생각하는 경향이 가난한 사람들에게서 더 강하게 나타났다는 것이다. 훨씬 더 많은 사람들을 대상으로 동일한 샘플 조사를 할 때에도 일반적으로 그런 결과가 나올지 모르겠지만, 이는 우리가 직장에서 이뤄지는 평등주의적 삶의 특성을 중요하게 여기지 않았을 수도 있다는 점을 지적한다.

현대 미국 사회에서 가난한 사람들은 사회에서 꽤 흔히 일어나는 다양한 문제뿐만 아니라 이혼이나, 배우자 학대, 가족 구성원의 약물 중독, 자녀의 학교 중퇴 등의 문제에 빠질 가능성이 매우 높다. 이런 문제들은 부유한 자와 가난한 자 모두를 똑같이 괴롭히지만 가난한 가정에서 더 빈번하게 일어나며 더 나아가 가난한 자들은 이런 문제에 대처할 능력이 부족하므로 문제가 생기면 더 크게 망가진다. 하지만 직장은 부분적으로나마 사람들을 평등하게 만드는 곳이다. 최소한 앞서 본 연구의 표본에서는 가난한 사람들이 부유한 자들보다 상대적으로 더 많은 위안을 직장 내에서 얻었다. 물론 가난한 직원들의 임금은 적었다. 하지만 수많은 기업들은 정신적 스트레스 측면에서 '안전한 공간'을 만들어 이런 곳이 없었더라면 꽤 심각한 나쁜 상황에 직면했을 수도 있는 직원들을 보호한다.

실제 측정 결과를 보면 코르티솔 분비량으로 측정한 스트레스와 직원의 사회경제학적 지위에 음의 상관관계가 있었다. 이 부분에서도 우리는 단 하나의 연구에서 도출한 결과의 정확성을 두고 주의를 기울여야겠지만 이런 결과는 직장이 종종 개인의 스트레스에 관한한 직원들을 크게 보호하고 대등하게 대하는 기능을 제공한다는 것을 보여주는 증거다.

더 나아가 앞서 소개한 카너먼과 크루거의 연구도 대체로 이와 비슷한 결과를 도출했다. 일에서 얻는 긍정적 영향은 우리가 일반적으로 '좋은' 일자리에 연관시키는 특성과 밀접한 관계가 없다(예를 들면 직장의 긍정적 영향과 '뛰어난 혜택' 사이의 상관계수는 약 0.10에 불과했다). 그러므로 질이 낮은 일을 하는 사람들도 일에 관련된 긍정적 영향을 통해 여전히 많은 혜택을 누릴 수 있다.

여기서 엘리자베스 번스타인 Elizabeth Bernstein이 〈월스트리트저널〉에 기고한 간단하면서 익숙할 법한 스토리 하나를 소개한다. 이 이야기는 일터가 피난처와 은신처로 얼마나 중요할 수 있는지 보여준다.

가족 가치의 옹호자이며 장난감 유통 회사의 소유주인 타라 케네디 클라인은 "오늘 저녁 메뉴는 뭐야?", "내 유니폼은 어디 있어?"라는 질문들과 함께 쏟아내는 가족의 요청 사항에서 벗어나려는 단순한 목적으로, 저녁때나 주말이면 회사 창고로 가서 운송용 컨테이너에 들어 있는 박스 1,500개를 다시 정리하는 사람으로 알려져 있다고 스스로 말한다.

미국 펜실베이니아주 슈메이커스빌에 거주하는 43세 여성 클라인은 이렇게 말한다. "나는 내 가정과 가족을 사랑합니다. 하지만, 자녀들의 숙제와 가라테 수업, 축구 활동, 피아노 교습, 롤러 스케이팅 활동에 데려다주고 데려오는 일, 저녁 준비, 빨래 개기 등에서 벗어나 비록 차가운 콘크리트 창고이기는 하지만 피신할 수 있는 일터도 내겐 소중합니다."[7]

수많은 업무 활동에 내재된 즐거운 속성을 알아보는 또 다른 방법은 근무 시간 중 얼마나 많은 시간 동안 '몰입'하고 있다는 느낌이 드는지 측정해보는 것이다. 헝가리 출신의 미국 심리학자인 미하이 칙센트미하이 Mihaly Csikszentmihalyi가 개발하고 활성화시킨 개념인 몰입concept은 자극에 대처하고 개발 과정에서 일어나는 변화에 대응하며 문제를 해결해 어느 정도 성공을 거두는 행동에서 비롯된, 완전히 융화되고 역동적인 느낌을 뜻한다. 테니스를 매우 잘 치거나 프로그래밍 문제를 깨끗이 해결하거나 직장에서 프레젠테이션을 완벽히 해냈을 때를 생각해보라. 마치 온 마음이(때로는 육체도 함께) 정말 중요한 뭔가에 영향력을 발휘하기 위해 완전히 집중되며, 결국에는 그 일을 완벽히 이뤄낸 것처럼 보인다. 정말 엄청나게 기쁘지 않을까?

실제로 몰입감은 보다 높은 수준의 동기 부여와 인지적 효율성, 활성화, 만족감과 상관관계가 있다. 나는 몰입 개념이 크게 성공한 많은 사람들에게 매우 인기 있다는 사실을 발견했다. 이 개념을 주창한 사람들 중에 한 명이 유기농 식품 전문 유통 체인인 홀푸드Whole Foods를 설립하고 성장시킨 존 맥키John Mackey였다. 짐작하건대 맥키는 홀푸드에 엄청나게 집중하는 동시에 정말 열심히 일했을 것이다.

나는 슈퍼마켓에서 농산물 담당 점원으로 일했을 당시를 떠올릴 수 있다. 어렵고 힘들고 짜증나는 일이 무척 많았지만 거의 매일 저녁 나는 자두 한 상자를 엄청나게 빠르게 효율적으로 포장하거나 바나나를 한가득 실은 카트를 크게 힘들이지 않고도 관리자가 적절하다고 여길 만한 속도보다 더 빠르게 냉장고 속으로 밀어넣는 내 모습을 보며 진심으로 기뻤다. 사실 나는 그 일을 평생하지는 않을 것임을 알았으며 그 덕분에 일이 더 쉬울 수도 있었지만, 그럼에

도 일하는 자체만으로도 즐거웠던 적이 많았고 그에 따라 몰입 상태에 서서히 이를 수 있었다.[8]

연구 조사로 얻은 데이터를 보면 일은 몰입 상태를 고취하는 경향이 있다. 한 연구는 시카고에 있는 대기업 5곳의 직원들을 관찰했다. 이들 중 약 27퍼센트는 관리와 엔지니어링 업무를 하고 있었고, 20퍼센트는 일반 사무직이었으며, 44퍼센트는 조립 라인에서 일했다(이 연구의 주 대상은 최고위층 CEO들이 아니었다). 그리고 조사 대상자의 37퍼센트는 남성이었고 75퍼센트는 백인이었다. 이들은 신호 발생기를 휴대하고 이를 통해 하루에 일곱 번씩 자신의 일에서 경험하는 수준을 포함해 지금 하고 있는 업무의 도전 과제와 기능에 대한 간단한 보고를 하도록 요청받았다. 또한 자신들의 여가 활동에 대해서도 보고할 것을 요청받았다.

연구를 통해 발견한 결과는 일에 대한 상당히 긍정적인 태도였다. 첫째, 직원들은 여가 활동을 할 때보다 일하는 동안 더 많은 시간을 몰입 상태에서 보냈다. 독서와 대화, TV 시청과 같은 많은 여가 활동은 정신적 몰입 상태에 도움이 되지 않아 보였다. 더 나아가 몰입 상태에 있는 동안 동기 부여와 활성화, 집중, 창의성, 만족감 등을 포함한 경험의 차원이 대부분 더 높았다. 이 연구는 분명히 하나의 특정 심리적 접근 방식에 불과하지만 그 결과는 사람들이 일을 할 때 상당한 만족감과 풍족함을 얻는다는 관점과 일치한다. 칙센트미하이는 주디스 르페브레Judith LeFevre 교수와 공동으로 실행한 두 번째 연구에서 '몰입 경험의 대부분은 여가 시간이 아니라 일하

는 동안에 이뤄진다'는 결론을 내렸다.[9]

생각해보면 일이 우리들 대다수에게 행복감과 만족감을 주며 우리가 스트레스를 덜 받게 해준다는 사실이 결코 놀랄 일은 아니다. 우선 일은 종종 상당한 수준의 사회적 인정을 받을 수 있게 해준다. "아빠는 정말 훌륭한 선생님이에요"라는 말과 함께 가족 구성원들에게서 인정받는 것이 중요하긴 하지만 가족의 수는 상당히 제한적이다. 게다가 배우자와 자녀와 그 외의 가족 구성원들이 모든 면에서 항상 전적으로 고마워하지는 않는다. 실제로 집 안의 허드렛일을 둘러싼 다툼은 아주 흔한 일이며 바깥에서 일하는 사람, 특히 여성들은 자신이 가족을 위해 집 밖에서 이미 얼마나 많은 기여를 했는지 다른 가족들에게 강조해야 한다.

이와 달리 일은 여러 가지 면에서 보다 많은 칭찬과 인정을 제공한다. 일터에서 자신을 인정해주는 사람의 수는 일의 종류에 따라 다르긴 하지만, 많은 미국인들은 수십 명 또는 수백 명과 함께 일하고 직장 외부에 있는 수많은 고객이나 공급자들과 접촉할 수도 있다. 언론이나 예술, 정치 분야 등에서 일하는 사람들의 경우 자신의 진가를 알아줄 수 있는 잠재적 인정자의 수가 수천 또는 어쩌면 수백만에 이를 가능성도 있다.

일은 또 사람들에게 만족감을 줄 수 있다. 일을 하면 그 대가로 돈을 받기 때문이다. 일이 항상 즐거운 것만은 아니기 때문에 우리는 일에 대한 대가로 돈을 받는다. 또 고용주는 조직 운영상의 목적이기는 하지만 정해진 시간에 직원이 반드시 나타나도록 해야 하기 때문에 직원들에게 일에 대한 대가를 지불한다. 그래도 많은 사람들이 여전히 자신의 노력에는 더 넓은 세계로 나아가게 해주는 돈을 받을 가치가 있다는 개념을 무척 즐기고 있다. 이런 개념 중 일부는 탐욕스럽거나 불편한 형태의 극단적 자기중심주의일지도 모르지만 대다수는 보상과 인정을 바라는 아주 건전한 욕구이며 급여 책정을 위해 만든 직무 평가 점수제는 아주 중요한 제도다. 즉 급여는 직무를 인증하고 이어서 직무는 급여를 인증하는 식이다. 이는 유쾌한 선순환이 될 수 있으며 이와 같은 즐거움을 근본적으로 만들어낼 수 있는 근원이 바로 기업이다.

우리가 2016년 트럼프의 선거 운동에서 터득했어야 할 것이 하나 있다면 바로 미국인들이 일자리를 원한다는 사실이다. 트럼프의 연설은 오직 일자리, 일자리, 또 일자리만 강조했으며 부의 재분배나 복지는 거의 언급하지 않았고, '경제'나 '불평등'도 거론하지 않았다. 트럼프를 지지하지 않았던 경제학자 마이크 콘잘Mike Konczal의 지적처럼 "트럼프는 끊임없이 늘 일자리에 관한 말만 했다".

트럼프에 대해 독자들이 어떻게 생각할지 모르지만 미국 중산층은 트럼프의 연설에 호응했다. 그들은 대부분 괜찮은 일자리가 행복과 만족, 사회적 지위의 주요 근원이라고 마음 속 깊이 느끼고 있기 때문이다. 이는 또한 내가 연봉 보장 아이디어를 접었던 이유이기도 하다. 만약 연봉이 꽤 높은 수준으로 보장되면 너무나 많은 사람들이 일을 하지 않아도 될 이유로 이것을 활용할 것이며 결국에는 많은 경우에서 장기적으로는 자신들에게 해를 입히는 꼴이 된다.[10]

일은 우리가 발전과 개선을 분명히 느낄 수 있게 해준다. 연봉이 인상되고 상여금을 받고 승진하며, 보다 나은 자리나 더 성공한 기업 또는 사회적으로 눈에 더 잘 띄는 직위로 옮길 때마다 우리는 우리의 노동에 대해 외부로부터 인증을 받는 셈이다. 이는 또 우리가 발전하지 못하고 있을 때에도 뭔가 열망할 수 있다는 희망을 준다. 한편 임금 정체에 관한 모든 말들을 놓고 보면 정체 현상은 일자리 전체에 대한 임금을 설명하는 것이다. 인플레이션을 감안할 때 향후 근로자 집단을 위한 신규 일자리들이 전반적으로 이전 근로자 집단의 예전 일자리보다 더 많은 임금을 지불하지 않는다는 뜻에 불과하다. 이는 현재 일하고 있는 사람들의 임금이 경력 궤도에 따라 지속적으로 인상되는 현상과도 완전히 부합된다. 경제 성장 속도가 느린 시기에도 근로자들은 일반적으로 50대 어느 시점까지 이어지는 직장 생활 내내 언제나 그렇듯 임금이 인상되고 승진한다(일할 수 있는 나이는 직업의 속성에 따라 다르다. 예를 들어 수학자와 농구 선수는 나이에 연관된 좌절감을 소설가와 간병인, 철학자보다 먼저 경험하는 경향이 있다).

일은 또한 사람들이 인간관계를 맺게 해준다. 우리는 일을 통해 지적인 인간들과 상당히 체계적인 환경에서 교류할 기회를 얻으며 그런 자들은 일반적으로 우리와 동일한 사명을 공유한다. 이와 같은 기회는 수많은 의미 있는 인간적 교류와 동지애 그리고 때로는 다른 기업에 대한 선의의 경쟁의식을 불러온다. 또한 중환자 집중 치료 시설intensive care unit, ICU과 같은 곳에서 총상을 입은 환자를 치료하거나 자선 단체에서 노숙자에게 음식을 제공하는 것처럼 중요한 사회적 문제를 향한 건전한 사명감을 불러일으킬 수 있는 기회를 만들어낸다. 한 연구 보고서를 보면 미국 근로자의 절반 이상이 직장 내에 매우 좋은 친구를 두고 있다.[11]

그러므로 기업은 사실상 우리의 중요한 관계 대부분을 책임지고 있는 셈이다. 더 나아가 기업은 우리가 삶의 다른 부분에서 찾을 수 있는 것과 다른 형태의 관계를 만들어낸다. 업무 규범을 지키기 위해 기업에서는 상호 교류의 형태와 방식이 제한되기도 한다. 예를 들면 직장 동료는 공개된 자리에서 다른 동료에게 크게 화를 내서는 안 되고, 울부짖지 말아야 하며, 자신을 위해 세상의 온갖 이해하기 힘든 일들을 해결해 달라고 요구하며 상대방에게 부담을 주면 안 된다.

하지만 수많은 직장 내 관계들이 이런 경계를 넘어서며 때로는 극단적이거나 불안한 방식으로 벗어나는 경우가 분명히 있다. 우리 모두는 고위 임원과 파멸을 불러오는 불륜 관계에 빠진 경영자나 스토커로 변신한 직장 동료에 관한 이야기를 들은 적이 있다. 그래도 전체적으로 보면 직장 내 통제는 잘 유지되고 보다 나은 쪽으로 향하고 있다. 이런 상황은 우리가 감정적 스트레스 대다수를 최소화하거나 그냥 가정에 남겨놓은 채 재미와 상호 협력을 바탕으로 많은 인간관계를 품위 있게 맺고 유지할 수 있는 옵션을 제공해준다.

때로는 직장 내 관계도 공동 관심사와 공감을 바탕으로 그 나름의 깊이가 생기기도 한다. 이는 그런 관계가 삶에서 받는 보다 끔찍하거나 유해한 감정적 스트레스 일부와 단절돼 있기 때문이다. 어떤 경우에는 직장 내 관계가 깊이 없이 그저 피상적일 수도 있다. 하지만 피상적이더라도 긍정적인 관계는 종종 우리의 기분을 북돋아주며 동기를 부여하기도 한다는 사실을 기억해야 한다. 실제로 수많은 사회비평가들이 피상적인 것을 과소평가한다. 하지만 특히 우리가 감정의 대역폭을 제한했고 때로는 직장에서 그저 평범하고 일상적인 인간관계의 즐거움을 원하기도 하므로 가식적이고 피상적이라는 평에 대해서는 할 말이 많다.[12]

급여와 위상 외에도 일은 다른 사람에게 도움을 주는 중요한 수단을 제공할 수 있다. 우리가 인류에 큰 혜택을 주는 후원자가 되고 싶어 한다고 가정해보자. 이럴 경우 일을 수단으로 삼지 않고서는 그렇게 하는 것이 정말 어렵다. 한 가지 방법은 수백만 또는 수십 억 달러를 벌어 기부하는 것이다. 물론 이것도 일을 통해야만 가능하다. 보다 일반적인 경우는 사람들이 남을 도울 수 있는 직업을 선택하는 것이다. 즉 뇌외과 의사나 의학 연구자, 소방관, 유치원 교사가 되거나, 자살 예방 전화 상담 서비스를 운영하고 자금을 지원하거나, 정부에 훌륭한 조언을 하거나, 아니면 미국의 최고 대통령이 되는 등 여러 옵션들이 많다. 일은 우리가 이타주의를 실천하는 주요 수단 중 하나이며 가족 간의 이타주의와 달리 일을 통한 이타주의는 잘 하면 수백, 수천 아니 수백만 명의 사람들까지 도울 수 있다.

일과 이타주의 사이의 연관성은 우연히 생긴 것이 아니다. 많은 기업주들은 자신의 기업을 직원들이 자존감과 만족감을 느끼는

'근원'으로 만들기 위해 특별한 노력을 기울인다. 대부분의 경우 직원들과 잠재적 직원, 특히 비교적 젊은 세대가 그런 감정에 가치를 두기 때문이다. 기업 이미지가 긍정적일수록 재능 있는 직원을 더 쉽게 채용할 수 있다. 인재를 불러오고 그들의 고용을 유지하려는 욕망이 바로 기업이 즐겁고 관대하며 활기찬 기업 분위기를 만들려는 가장 큰 이유다. 또한 이는 애덤 스미스Adam Smith의 '보이지 않는 손'이 어떻게 기업으로 하여금 많은 비용을 들여가며 사회적 관심사에 뛰어들게 만드는지를 설명해준다.

모든 것이 완벽할 수는 없다

내가 이 책을 쓰는 동안 직장 내 성희롱 및 성추행이 대중의 주목을 끄는 주요 이슈 중 하나로 떠올랐으며 기업계를 포함한 여러 분야에서 일어난 끔찍한 추문들이 온 세상에 점점 더 많이 드러나고 있다. 많은 여성들은 직장과 그 밖의 곳에서 발생한 괴롭힘 때문에 자신감을 잃거나 특정 직업이나 기관은 여성이 일할 수 없는 곳이라는 생각에 이르렀다고 토로했다. 이런 추악한 행동들의 끝이 어디일지 더 지켜봐야 하겠지만 이 시점에서 나는 아주 일반적이지만 중요한 두 가지 비교할 만한 주장을 하려 한다.

첫째, 가정을 벗어나 외부에서 일할 수 있는 기회는 여성들에게 독립성을 높일 많은 옵션을 제공했으며 연인이나 배우자에게서 당하는 것을 포함해 삶 전체에서 직면하는 괴롭힘의 양을 줄였다. 여성(또는 같은 이유로 남성)에게 일자리와 급여는 폭력적이며 상대방을 괴롭히거나, 그렇지는 않더라도 바람직하지 않은 연인이나 배우자를 떠날 수 있는 옵션을 의미한다. 단순한 질문 하나를 해보자. 직장과 가정 중 여성이 폭력을 당할 확률이 높은 곳은 어디일까? 우리는 그 답이 가정이라는 것을 알고 있다(물론 그녀가 복싱 선수라면 상황은 다르겠지만).

둘째, 괴롭힘은 기업 부문 외에서도 최소한 기업계에서만큼 흔히 일어나는 일인 것 같다. 예를 들면 성추행 스캔들은 학계와 정치계도 강타하고 있다. 그런데도 자리에서 물러나야 하거나 그러지는 않더라도 권력을 양도할 수밖에 없었던 최초 가해자들이 기업 부문에서 나왔다는 것은 놀라운 일이다. 그리고 대중 매체 부문의 꽤 많은 유명인들은 성추행 문제가 대중에게 폭로되고 난 뒤 거의 즉시 사임하거나 진행 중이던 영화 프로젝트를 포기해야 했다.

이와 대조적으로 너무나 많은 정치적 술책이 난무하는 정치계에서는 가해자들이 상대적으로 비난에서 벗어나 있다. 미국 정치계의 가장 중심부인 미국 의회를 기업과 대조해보면 효과적인 고소를 제기하기가 어렵다는 사실을 알 수 있다. 고용자인 의회는 피고용자들과의 관계를 관장하는 대부분의 법에서 면책돼 있다. 게다가 소송을 제기하려는 고소인은 누구라도 장기간에 걸친 일련의 상담과 중재 과정을 거쳐야 한다. 또한 사건을 법정 밖에서 해결하기 위한 특별 의회 사무국도 있다. 만약 합의 판정이 내려지더라도 해당

의회 사무국은 합의금을 낼 필요가 없다. 대신 미 재무부의 특별 기금에서 나온 돈으로 은밀하게 지불된다.

또 다른 예를 들면 상원의원이나 대통령은 보통 미국 경제와 사법 시스템 전체를 뛰어넘는 막강한 권력을 지니고 있다. 남성 지도자가 학대 행위로 기소당할 경우 시스템 내에 있는 다른 많은 사람들은 비록 마음속 깊은 곳에서는 보다 정확한 진실을 알고 있다 하더라도 그 남성 지도자의 말을 믿게 된다. 이런 상황들 중 어느 것이 성추행을 억제할 수 있을까?[13]

하지만 입법부와 사법부만 그런 것은 아니다. 워싱턴 정가 또한 성추행을 폭로하는 사람에게 기업계 내부보다 더 불리한 환경을 조성하고 있다. 정치계는 하나의 부족과 같은 속성을 지니고 있기 때문에 자신이 속한 '팀'의 구성원, 즉 의원이나 자신을 고용한 상사에 대항하는 발언을 하는 사람은 대중 홍보의 기회를 정적에게 선물로 넘겨준 것으로 간주된다. 이런 식으로 공개 발언을 하는 것은 궁극적으로 한곳에만 의존하는 도시 워싱턴에서 자신의 경력을 스스로 무너뜨리는 행동이 될 수 있다. '언론에 알리지 마라'는 말은 정부 기관에서 일하거나 정부에 관련된 일을 하는 거의 모든 사람에게 가장 중요한 계명 중 하나다.

할리우드와 달리 워싱턴에서 권력을 지닌 여성은 대부분 나이가 많은 사람일 가능성이 높으며 보다 젊은 여성들은 언론 매체의 주목을 끌거나 신뢰감을 주는 발언을 할 만한 목소리나 능력을 많이 갖추지 못하고 있다. 많은 경우 이들의 전략은 그저 입을 다문 채

참고 견디는 것이다.[14]

지금까지 내가 목격한 바로는 공공 부문보다 기업들이 성추행 문제에 훨씬 더 신속히 대처했다. 비록 기업들이 이 문제를 두고 너무 오랫동안 이상한 행동을 해왔지만 그래도 기업이 처해 있는 경쟁 상황이 기업 외 부문보다 기업 부문에서 보다 많은 제약을 가하는 장려책으로 작동한 것 같다. 예를 들면 여성 직원들을 괴롭힌 전력이 있는 기업은 여성을 계속 고용하기 위해서는 이들에게 더 많은 임금(경제학자들은 이를 '보상적 격차'라 부른다)을 지급해야 한다.

분명히 이런 제도가 충분한 장려책은 아니며 잘못된 행동에 대한 법적 처벌이 훨씬 더 일관성 있게 적용돼야 하겠지만 최소한 여성들을 보다 잘 대우하기 위한 하나의 경쟁적이며 상업적인 압박은 될 수 있다. 이 문제를 해결하기 위한 추가적 장려책으로서 수탁자 책임fiduciary responsibility 개념은 기업 경영자의 행동에 제약을 가하고(아니면 최소한 그렇게 하도록 권고하며) 기업은 구매 거부와 나쁜 평판, 소비자 불만족 등으로 공격을 당하기 쉽도록 만들었다. 또한 이 모든 요인들은 많은 기업들이 최상의 기업 관행을 추구하고 그에 따라 가해자를 해고하도록 이끌었다.

나는 기업이 동성애자 권리를 위해 종종 해왔던 것처럼 이 분야에서도 앞서나가며 이 문제에 관해 보다 진전된 모습을 보일 수 있을 것으로 기대한다. 지금까지 우리가 발견한 증거를 보면 지난 수십 년 동안 여성 일자리의 임금은 높아지고 스트레스는 줄어들었다.[15]

요약하면 괴롭힘은 인간 본성에서 비롯된 아주 심각한 문제다. 지금껏 나는 기업이 다른 부문들에 비해 이런 행동을 더욱 악화시키고 있다는 어떤 증거도 본 적이 없으며, 기업 구조 내에서 이를 바로잡고 개선할 가능성도 어느 정도 있다고 생각한다. 2장에서 이미 우리는 기업에 대해 가장 많이 언급되는 비난들의 다수가 사실 인간 본성의 일반적인 한계를 반영한 것이라는 사실을 봤으며, 경우에 따라서는 기업들이 실제로 인간의 근본적인 도덕적 결함을 개선하고 있다고 할 수 있다.

기업은 경제적 지배력을 통해 직원들을 압박하고 있을까?

직원들에 대한 기업 경영자의 경제적 지배력은 어떨까? 엘리자베스 앤더슨Elizabeth Anderson을 비롯한 많은 비평가들은 직장 내 관계는 근본적으로 권력과 압박이 지배한다고 비난하지만 나는 직원들을 보다 잘 대하라는 강력하고 경쟁적인 압력이 있다고 생각한다. 장시간 근무, 그저 그렇거나 형편없는 임금, 부당한 대우나 해고 등 직원들에게 안 좋을 수 있는 상황은 아주 많다. 하지만 조사 결과 데이터를 보면 직원들은 대체로 현 시대 미국에서 일하는 것을 경제적인 면과 정서적인 면 모두에서 아주 긍정적인 경험으로 받아들이고 있다.

최근 경제학자들 사이에서 보이는 한 경향은 '수요 독점monopsony'

으로 알려진 개념을 강조하는 것이다. 이 용어는 하나의 기업이 고용할 근로자들에 대해 막강한 시장 지배력을 행사하는 상황을 설명할 때 사용되는데, 소비자가 아니라 근로자에게 문제가 되는 '독점monopoly'으로 이해할 수 있다. 하지만 아직까지 이 개념은 낮은 임금을 뒷받침하는 중대한 문제나 강력한 세력으로 입증되지 못했다. 임금 상승이 지난 수십 년 동안 그렇게 저조했던 중요 원인은 고용주의 지배력이 아니라 상당히 느린 생산성 성장 속도였다.

한 연구는 심지어 오랜 기간 동안 미국의 민간 부문에서 직원을 가장 많이 고용했던 월마트도 일부 농촌 지역을 제외하고는 의미 있는 수요 독점력을 지니고 있지 않다고 결론 내린다. 상당한 수준의 수요 독점이 없으면 직원들의 이직 위협과 뛰어난 신규 직원을 고용하려는 기업의 욕구는 직원들에게 자유를 줄 수 있다. 또한 반대로 기업에게 직원의 자유를 강요할 수도 있다.

수요 독점 현상이 있기는 하지만 문제가 안 되는 경우도 있다. 예를 들어 나는 조지메이슨대학교에서 강의하는 것을 경쟁 관계에 있는 다른 많은 대학교에서의 강의보다 훨씬 더 선호하는데, 조지메이슨대학교가 나를 잘 대우해주기 때문이다(지금까지는 그렇다!). 직원들이 지금의 직장을 훨씬 더 선호하는 이유는 현재 소속된 기업이 비교적 자신과 잘 어울리기 때문이다. 다른 말로 하면 비록 용어자체가 약간 사악한 의미로 들리기는 하지만 수요 독점이 일종의 착취를 대신하는 단어로 사용될 필요는 없다.[16]

많은 직원들은 직장 내에 친한 친구가 있고, 상사와 관계도 좋으며, 통근도 수월하고, 멋진 소파를 갖추고 양면으로 창이 난 건물 모퉁이에 자리 잡은 개인 사무실이 있다는 이유 등으로 현재 소속된 기업에 애착을 느끼며 성장한다. 이런 장점은 직원들이 인지하는 회사 이직에 따른 기회비용을 높여주므로 많은 기업들이 직원을 고용하고 난 이후에 어느 정도의 지배력을 갖게 해준다. 하지만 직원들이 애초에 바라는 높은 연봉을 지급하면서 기업들이 얻은 것은 겨우 이 정도의 지배력에 불과하다.

세금 제도는 근로자의 이동성이 이상적인 수준까지 높아지는 것을 사악하지 않은 이유로 막는 또 하나의 수단이다. 임금에는 반드시 세금이 붙고 때로는 그 세율이 아주 높지만 직장에서 받는 임금 이외의 특전에는 그렇지 않다. 직장 상사가 직원을 위해 안락한 의자를 구입해주거나 직원에게 유연한 근무 스케줄을 마련해주는 것도 본질적으로 보상의 한 형태이지만 여기에는 소득세나 사회보장세가 붙지 않는다. 그러므로 지엽적이기는 하지만 경영자는 직원들에게 금전보다는 특전의 형태로 지급한다. 연봉 대비 특전 비율은 연봉과 특전에 동일한 세율이 적용된다면 있었을 법한 비율보다 상당히 높아질 것이다.

경제학자는 보상의 전체 수준을 놓고 볼 때 일부 특전은 실질적으로 세금 회피의 방편이므로 기본 급여 대비 특전이 너무 많다고 말할 수도 있을 것이다. 이처럼 경제적 측면을 더욱 유치하게 지적하는 말은 기업 경영자가 직원을 너무 잘 대우하지만 임금은 너무 적게 준다는 것이다. 시장이 근로자에게 직장에서의 자유와 즐거움은 충분히 주지 않는다는 말을 들으면 지금껏 설명한 사항들을 기억하기 바란다.

이 장을 마무리하기 전에 나는 고용 관계에서 발생하는 불평등의 일부는 적어도 기업의 잘못이 아니라는 사실을 언급하고자 한다. 많은 경우 근로자들은 이직하기가 정말 어렵다. 하지만 보다 나은 공공 정책이 수립되면 이직에 따른 근로자의 비용은 낮아질 수 있다. 의료보험, 퇴직 수당, 이민자 지위 등과 같은 독특한 요소들은 대개 규제나 세법과 같은 인위적인 형태로 특정 직업에 종종 너무 밀접하게 연계돼 있다.

기업은 직원에게 뭔가 가치 있는 것을 제공하며 이 때문에 직원은 그 기업을 떠나기를 주저하거나 두려워한다. 예를 들어 대다수 취업 비자는 비자를 최초로 보증해준 기업에 계속 고용된다는 조건으로 발급된다. 직원들이 경쟁 기업으로 이직하는 것을 막는 경쟁 금지 조항이 포함된 근로 계약도 너무 많이 허용되고 있다. 이는 직원의 이동성을 제한하며 임금 인상을 어렵게 만든다. 이런 법들을 더 나은 방향으로 개정하고 그에 따라 수많은 미국인의 삶을 개선하는 일은 그리 어렵지 않을 것이다.

잘못은 기업이 아니라 '다른 직원들'에게 있는 경우도 있다. 이와 관련해 나는 기업이 직원들에게 개인적 또는 지적 자유를 충분히 부여하지 않는다는 비난을 많이 듣는다. 예를 들면 비판자들은 기업이 페이스북 또는 다른 소셜 미디어 게시물을 이유로 직원들을 해고할 수 있다는 점을 지적했다. 분명 이런 점은 언론의 자유를 부당하게 침해하는 것처럼 들린다. 하지만 좀 더 자세히 들여다보면 종종 기업의 이와 같은 입장은 충분히 옹호할 만한 여지가 많다. 불행한 일이지만 페이스북이나 트위터, 또는 다른 소셜 미디어에 인종차별적, 성차별적, 아니면 다른 사람을 불편하게 만드는 글과 사진을 게시하는 직원들이 무척 많다. 기업이 이들을 해고하면 대개의 경우 이 조치는 '다른 직원들의 자유'를 보호하기 위한 것이다. 즉 다른 직원들이 괴롭힘과 위협이 없는 근무 환경을 누릴 수 있게 해주는 것이다.

이는 반드시 고용인 대 피고용인, 또는 흔히들 말하는 상사와 부하 직원 간에 일어나는 다툼의 문제만은 아니며, 심지어 그런 경우도 드물다. 오히려 경영자는 헛된 일로 끝나는 한이 있더라도 직장 내 자유를 놓고 직원들 사이에서 상충되는 개념의 옳고 그름을 판단해 결정하려고 노력한다. 즉 부분적으로 해고는 전체 직원들의 선호도를 고려하려는 고용주의 시도인 것이다. '직장 내 자유' 문제는 보통 직원 대 경영자가 아니라 한 집단의 직원과 또 다른 직원 집단과의 사이에서 발생하는 경우가 많다. 그리고 직원들은 종종 경영자보다는 또래 직원들에게 가장 큰 분노를 느낀다. 물론 경영자가 특정 의사 결정을 잘못 내리는 경우가 꽤 많기는 하지만 이와 같은 직장 내 딜레마에 관한 기업 측 입장이 항상 제대로 이해되고 있는 것은 아니다.

있는 그대로의 현실을 말하자면 대부분의 사람들은 경영자의 신뢰성을 매우 중요하게 여기기 때문에 자신의 동료가 궁극적으로 기업의 책임자가 되는 것을 원치 않는다. 어느 정도의 외부 통제가 필요한 직원들이 많고, 자신들도 그런 사실을 인정하므로 직원들이 실제로는 자신보다 경영자를 더 신뢰할 수도 있다.[17]

직장에서 일어나는 수많은 상황에 고용주인 기업의 재량권이 필요한 아주 단순한 이유가 있다. 바로 수많은 직원들의 규정 위반과 부당한 행동을 고용 전에 작성하는 서면 계약만으로 다룰 수 없기 때문이다. 경영자가 개별 사항에 따라 판단을 내려야 한다. 또는 문제를 일으키는 모든 직원을 곧바로 해고할 수 없는 법률적인 한계도 있다. 한편 기업은 다른 직원들을 보호하기 위해 문제 있는 직원들의 의사나 감정 표현을 제한하려 들 수도 있다. 지엽적이기는 하지만 기업에 부여된 재량권은 남용으로 이어질 수 있다. 실제로 아무런 이유 없이 큰 소리로 폭언을 듣는 일부터 발표된 이유와 달리 특정 정치적 운동에 참여했다는 이유로 해고를 당하는 일까지 그런 남용 사례는 언론 보도를 통해 많이 볼 수 있다. 그래도 '기업이 지닌 상당히 높은 수준의 해고 재량권으로 기업뿐만 아니라 직원과 소비자가 얻는 이득'이 그에 따른 비용보다 더 크다는 사실을 나타내는 증거들도 여전히 있다.[18]

비교법적 관점도 고려해보자. 소속 근로자가 소유하고 운영하는 조합이나 직원이 경영하는 기업을 볼 수 있는데, 이런 조직 형태가 때로는 경쟁 시장에서 실현 가능하고 그럴듯하기 때문이다. 하지만 그런 구조는 사실 직원들에게 상당히 더 많은 자유를 제공하지 못한다. 한 가지 문제를 보면, 이런 조직들은 수익이 더 낮고 효율성도 떨어지며, 이로 인해 조직에 속한 직원들이 더 높은 임금을 받거나 더 나은 환경에서 일하기 어려워진다. 또 다른 문제는 전통적인 고용주들이 늘 염려하는 것처럼, 직원들이 표면상으로라도 통제권을 확보하면 자신이 아닌 다른 직원들을 일하게 만들려고 하는 문제에 빠질 수 있다는 것이다.

자본주의 논리는 대체하기가 그리 쉽지 않으며 비록 더 나은 것처럼 들릴지는 몰라도 일반적으로 다른 조직 형태는 직장을 지배하는 기본적인 트레이드오프 trade off, 즉 상호 보완적인 반대급부를 개선하지 못한다. 오히려 이런 조직들은 트레이드오프 현상을 더 악화시키거나 능숙하게 관리하기 어렵게 만드는 경우가 많다.

또 다른 사례를 살펴보면 노동자가 경영하는 파트너십 형태의 합자회사는 보통 근로자에게 더 적은 개인적 자유를 부여한다. 옛날 스타일의 은행과 법률 기업은 소유권을 보유한 기업 구성원이 기업 안팎에서 상당히 엄격한 사회적, 전문가적 규정을 철저히 준수할 것을 요구한다. 바로 복장과 행동과 공중 예절에 관한 규정 등이다. 보다 일반적인 경우 구성원들이 지분 보유를 통해 서로를 감시할 동기가 생기면 관리하기가 보다 용이하고 그에 따라 기업은 이를 더욱 강화하게 된다. 다시 얘기하지만 여기서 핵심은 통제를 확보하려는 기업과 자유를 추구하는 직원 간의 다툼이 아니다. 한 직원의 직장 내 자유를 제한할 가능성이 가장 높은 사람은 다른 동료 직원인 경우가 아주 많다.[19]

달리 설명하면 직원들이 권한을 갖고 도맡아 할 수는 있지만 직원들은 시장 경쟁 상황에서 강력히 요구되는 생산적이고 성공적인 기업 운영의 기본적 제약에서 벗어날 수 없다.

CHAPTER

5

대기업은 과연
독점적일까?

대기업은 과연 독점적일까?

최근 미국 기업을 두고 가장 흔히 하는 비난 중 하나는 매우 독점적이며 그 정도가 점점 더 심해지고 있다는 것이다. 나는 이 비난이 비판자들에 의해 어느 정도 부풀려지기도 하고, 특히 그 피해는 심하게 과장되고 있지만 어떤 면에서는 맞다고 생각한다. 집중 현상이 심화된 일부 시장은 소비자에게 혜택을 제공하기도 했다. 하지만 보건의료와 교육과 같은 부문의 독점은 기업 자체보다는 규제에서 비롯된 것이었다. 이 장에서 나는 미국에서의 독점과 시장 지배력에 관한 기본 사실을 자세히 살펴볼 예정이다(기술 기업은 미국 기업계에서 일어나고 있는 일, 즉 시장 집중도는 높지만 소비자에게 미치는 피해는 상대적으로 적으며 오히려 아주 실질적인 혜택을 제공하는 전형적인 사례다. 기술 기업에 관해서는 다른 장에서 더 자세히 다룬다).

먼저 독점의 광범위한 역사를 살펴보자. 비록 독점을 뒷받침하는 정부의 지원이나 진입 제한이 일부 있다 하더라도 대부분의 독점은 그렇게 오래 지속되지 못한다. 예를 들어보자. 코닥Kodak, IBM, 마이크로소프트, 팜Palm, 블랙베리Black Berry, 야후Yahoo, AOLAmerica Online, DECDigital Equipment Corporation, GM, 포드 등은 내가 성인이 된 이후로 줄곧 독점 또는 난공불락의 시장 지배권을 지닌 기업으로 불려왔다. 이들 중 GM과 포드는 여전히 대기업으로 남아 있기는 하지만 언제나 심한 경쟁에 직면해 있다. 한 예로 토요타Toyota는 미국 내수용 자동차 시장에서 중요한 생산 기업의 지위를 오랫동안 유지해왔다. 나는 어쩌면 GM이 테슬라의 폭주에 제동을 걸며 붕괴시킬지도 모른다는 말에 기분이 좋아지지만 그 말은 GM이 얼마나 약체로 변모했는지 보여주는 증거이기도 하다.

위에 나열한 기업들 중 마이크로소프트만 여전히 지배적인 존재로 남아 있다. 하지만 오늘날 독점의 중대한 근원으로 간주되거나 두려움의 대상이 되는 일은 거의 없다. 때로는 관료주의적이기도 하지만, 많은 미국인들에게 유용한 서비스를 제공하는 거대한 소프트웨어 기업일 뿐이다.

가장 규모가 크고 오래된 기업을 포함해 모든 기업은 어느 정도의 취약성을 지니고 있다. 그들은 점점 더 관료적으로 바뀌며 새롭고 중요한 제품을 예측하는 데 실패하거나, 시장 상황이 그들에게 불리해지거나, 외국 경쟁 기업들이 시장에 진출하거나, '모든 것을 바꿔놓을' 수 있는 파괴적 기술이 등장하거나, 기업의 활력이 줄어들면서 비용이 상승할 수도 있다. 자본주의에서 오랫동안 회자된 이야기 중 하나가 시장의 지각 변동에 관한 것이다. 얼마 전만 하더라도 노키아Nokia가 앞으로 오랜 기간에 걸쳐 휴대폰 시장을 지배할 것이라는 두려움이 있었지만 현재 노키아는 주요 공급 기업 축에도 끼지 못하고 있다. 소셜 네트워킹 웹사이트인 마이스페이스Myspace도 새로운 분야를 개척하며 시장을 선도하는 퍼스트 무버first mover의 이점을 안고 시장을 지배할 것으로 생각하는 사람들이 많았다. 달리 설명하면 독점을 이루고 유지하기 위한 비용은 많은 사람들의 생각보다 훨씬 더 빨리 기업의 자산을 탕진시킨다. 초기 경쟁은 항상 곧바로 눈에 띄지 않더라도 강력한 법이다.

이 장의 뒷부분에서 독점이 더 심해진 사례들을 살펴보겠지만 먼저 좋은 소식으로 시작해보자. 미국 경제의 대부분 분야에서 소비자들의 선택의 폭은 적어도 시장이 형성되고 운영될 수 있는 곳에서는 과거보다 크게 넓어졌다. 대부분의 소매 부문에서 그렇듯이 시장 집중도 지수가 상승한 시기에도 기존 업체를 벗어나는 선택이 훨씬 더 수월해졌다.

한 예로 책을 구입하는 경우를 생각해보자. 내가 이전에 가장 선호했던 미국 내 대형 서점 체인인 보더스Borders는 사라져버렸고, 내가 살고 있는 버지니아주 북부에는 새책을 판매하며 활발하게 영업하는 독립 서점들이 그리 많지 않다. 하지만 나는 아마존을 통해 많은 출판사의 새책 또는 중고 서적을 여전히 구입할 수 있다. 이베이eBay에서도 살 수 있으며, 구글에서 책 제목을 검색하면 또 다른 판매자를 많이 찾을 수 있다. 그런데도 내가 계속 아마존을 활용하고 있다면, 주변에서 일어나는 이 모든 경쟁 때문에 아마존이 계속 저렴한 가격을 유지하며 훌륭한 서비스를 제공하기 때문이다. 비록 아마존이 '시장을 지배하는 것'처럼 보일지 모르겠지만 책 구입자로서 나의 선택은 지금보다 더 좋은 적이 없었다. 내가 직접 그런 행동을 하거나 용납하지는 않지만 서적 PDF 파일의 불법 다운로

드도 시장에서 일어나는 또 다른 형태의 경쟁 압박일 수 있다.

정보 기술은 의류 시장의 구조를 새로운 형태로 바꿔놓는 데에도 기여하고 있다. 소매 의류 분야에서는 특정 브랜드와 체인점이 보다 오래 지속되면서 교체되는 기업이 예전보다 줄어든 것처럼 보이는데, 이는 아마도 의류 기업들이 정보 기술에 효과적으로 투자한 것이 부분적인 이유일 것이다. '소비자와 동떨어져 있었던' 예전의 주요 대형 의류 체인점들과 달리 지금의 의류 소매 기업들은 소비자의 수요를 자세히 추적할 수 있고 일부는 값싼 제품을 취급하는 아웃렛 스토어를 운영하며 저가 시장을 유지하고 있다. 이는 시장 집중도가 늘어났어도 소비자의 선택은 더 많아졌다는 의미다.

더 나아가 인터넷을 사용하면서 거리에 상관없이 다른 장소에서 의류를 구입하는 것이 훨씬 더 쉬워졌다. 모든 사람이 이렇게 하는 것은 아니지만, 시장 내 잠재적 경쟁과 경합 가능성은 지배적인 기존 기업도 가격과 품질 모두에서 소비자의 선호도를 매우 세밀하게 충족시켜야 한다는 점을 다시 한 번 시사한다. 이는 또 잠재적 경쟁을 놓고 볼 때, 시장 집중도 상승을 너무 염려할 필요가 없다는 것을 보여주는 또 다른 사례다.

보다 일반적으로 많은 미국인들은 국내 또는 해외여행을 그 어느 때보다 더 많이 해왔다. 이를 통해 예전보다 더 많은 제품을 접할 수 있었으며 더 많은 지역에서 직접 구매할 수 있는 능력은 미국 경제를 언뜻 보이는 것보다 더욱 경쟁적으로 만드는 또 다른 (측정되지 않은) 방식이다. 예를 들어 현재 사는 지역에서 판매하는 바비

큐 음식이 마음에 들지 않는 사람은 다음에 텍사스주를 여행할 때까지 기다릴 수 있다. 또는 다음번 홍콩 여행 때 새로운 의상을 주문할 수도 있다. 이처럼 국경이나 주 경계를 넘나들며 더 나은 것을 찾는 거래는 수십 년 전만 하더라도 무척 어려운 일이었다.

현재 미국 내 소비 환경은 예전보다 가격 차별화가 훨씬 더 심해졌으며, 이는 주로 기업들이 데이터 활용에 보다 능숙해졌기 때문이다. 이에 따라 한 기업이 거의 비슷한 수준의 의류를 다양한 계층의 구매자에게 서로 다른 가격으로 판매할 수 있으며 때로는 가격 격차가 매우 큰 경우도 있다. 이 말은 지역 내에 있는 니먼마커스Neiman Macus 백화점 아웃렛 스토어를 찾아가는 수고를 마다하지 않거나 많은 정보를 갖춘 웹사이트를 효과적으로 검색할 수 있는 사람들은 훨씬 더 싼 가격에 구매하며, 대형 쇼핑몰에 가서 자신의 필요를 만족시키는 물건을 보자마자 주저 없이 구매하는 사람은 더 높은 가격을 지불한다는 의미다(혹시 누가 그렇게 할까 의심스럽다면 나 같은 사람을 그렇다고 해서 생각하면 된다).

이런 상황이 모든 사람에게 혜택을 주는 건 아니지만 그렇다고 해서 강력한 독점으로 보기도 어렵다. 더 나아가 이런 불균형적 이익은 시간을 들여 검색할 성향이 높은 사람들과 아웃렛몰이나 저렴한 옷가게를 애용하려고 더 많이 노력하는 사람들, 유명 백화점 노드스트롬Nordstrom을 방문해 매장에 진열된 기성복을 거리낌 없이 사지 않는 사람들에게 돌아간다. 가격 차별화는 일반적으로 평등주의의 발전을 가져온다.

나는 또 핵심 소매 시장에서 승자독식 현상이 늘어나는 모습을 본다. 예를 들어 1982년 상위 4대 브랜드의 시장 점유율은 평균 15퍼센트였지만 2012년에는 30퍼센트로 늘어났다. 일부 선도 기업들은 대대적인 마케팅과 제품 개발로 무장한 전국 단위의 유명 브랜드를 출시할 역량과 의도를 갖추고 있다. 규모가 작은 기업으로서는 선도 기업의 속도를 따라갈 수 없다. 나는 그런 형태의 발전이 이상적이라고 생각하지는 않지만 선도 기업들도 온라인 공급 업체를 포함해 소매 시장의 주변부에서 점점 더 늘어나는 경쟁으로 압박받고 있다. 가격과 제품 선택의 측면에서 보면 시장 집중도 지수 하나만을 볼 때보다 현실은 훨씬 더 긍정적이다.[1]

아주 평범하고 저렴한 제품을 판매하는 달러 스토어dollar store(한국의 천원 숍과 같은 형태-옮긴이) 체인 중 미국에서 가장 규모가 큰 달러 제너럴Dollar General과 달러 트리Dollar Tree를 살펴보자. 2017년 당시 두 체인은 2만 7천 465개의 매장을 보유하고 있었다. 이는 CVS와 라이트에이드Rite Aid, 월그린Walgreens의 매장 전체를 합친 수보다 더 많은 것이다. 여기서 얻는 한 가지 교훈은 초저가 경쟁이 너무나 심해 미국 소매업이 가격 부풀리기에 뛰어들 수 없다는 사실이다. 보다 신기한 점은 달러 스토어업계 내에서도 상위 기업들이 어느 정도의 시장 집중도를 보인다는 데 있다. 하지만 이 점은 집중도 지수에 오해의 소지가 있을 수 있는 이유를 알아볼 수 있는 또 다른 방법이다. 즉 '그들이 전국 달러 스토어의 상당 부분을 차지했다'라는 사실이 반드시 고가를 유지하는 비결은 아닌 것이다.[2]

소매업계에 관해서는 이른바 수직적 제한에 전적으로 초점을 맞춘 독점금지법이 있었다는 사실을 기억해야 한다. 수직적 제한의 한 본보기는 재판매 가격 유지resale price maintenance, RPM로서, 이는 소매 기업이 합의된 고정 가격 또는 최소 가격으로 재판매해야 한다는 조건으로 생산자가 소매 기업에 제품을 판매하는 방식이다(때로는 '소매 기업'이 담합해서 높은 가격을 유지하기 위해 이런 방식을 요구한다는 사실에 주목하라). RPM이 적용되는 전형적인 사례는 여러 분야 중에서도 특히 약품과 일용 잡화를 함께 판매하는 드러그스토어drugstore의 치약, 서점의 책, 슈퍼마켓의 통조림 제품 등이다. 하지만 오늘날 완전히 고정된 소매 가격을 보기는 어렵다. 물론 특정 브랜드의 치약이나 특정 서적과 통조림 제품 라인에서는 그럴 수도 있지만 비슷한 대체품을 종종 더 싼 가격에 구할 수 있는 방법은 거의 항상 있다.

월마트, 이베이, 아마존은 높은 가격 유지가 아니라 가격을 낮춤으로써 놀랄 만큼 많은 양의 제품을 판매하고 있다. 구글 검색을 활용하면 보다 좋은 가격을 다른 곳에서 찾을 수도 있고 이 모든 방법으로도 좋은 가격을 찾지 못하면 중국의 유명 전자상거래 사이트인 알리바바Alibaba에서 주문할 수 있다. 대부분의 수직적 가격 제한은 소비자의 최소한의 노력만으로도 회피할 수 있기 때문에 더 이상 의미가 없다.

나는 재판매 가격 유지에 관한 대부분의 법률과 법률 집행이 이제 쓸모가 없을 것이라는 의견을 제시한다. 관련된 법은 여전히 존재하고 학계에서도 연구하고 있지만 그것들은 과거의 염려를 반영하는 진기한 골동품에 불과하다.

보다 일반적으로는 가격을 담합해 조정하는 수많은 책략이 더이상 통하지 않거나 소비자에게 중대한 영향을 미치지 못하는 두 가지 주요 이유로 아마존과 월마트를 생각해볼 수 있다. 아마존과 월마트는 미국에서 가장 규모가 큰 소매 기업들이고 두 기업 모두 저렴한 가격으로 경쟁을 벌이고 있으며 앞으로도 영원히 그럴 것 같다. 그들의 목표는 매우 다양한 제품들의 지배적인 판매 플랫폼 으로 자리 잡고, 저렴한 가격을 활용해 사람들이 반드시 쇼핑을 가야 할 장소로 명성과 지위를 끌어올리는 것이다.

이제 두 기업의 전략은 옛날 뉴스처럼 누구나 아는 사실이며 그들의 전략이 궁극적으로 시장을 지배하고 나서 언젠가는 초고가 독점 가격을 형성하는 것이라고 주장하기는 점점 더 어렵다. 그 대신 엄청나게 많은 제품을 사들이고 축적된 데이터를 활용해 낮은 비용과 높은 품질을 유지하고 이를 바탕으로 경쟁자를 앞서나가며 영구히 낮은 가격을 유지하는 것이 그들의 전략처럼 보인다. 낮은 가격, 많은 수량, 그리고 높은 품질까지 한꺼번에 다 잡는 바로 그 전략이며, 이는 전형적인 가격 부풀리기를 추구하는 과거 독점 기업들의 전략과 정반대되는 것이다. 두 기업은 우리에게 만족스러운 거래를 제공할 뿐만 아니라 그들의 존재 자체는 높은 가격으로 시장을 지배할 수 있다고 생각하는 잠재적 독점 기업을 공포에 떨게 만든다. 과연 어느 기업이 아마존과 월마트와 가격 경쟁을 벌이고 싶어 할까?

오늘날 독점력이 그리 큰 공포감을 유발하지 못하는 또 다른 주요 이유는 아주 많은 종류의 제품과 함께 거의 전 세계에서 보편적으로 새롭게 부상한 경쟁자, 즉 보다 새롭게 향상된 여가 시간이다. 예전에는 사람들이 줄을 서서 기다리면서 보통 아무것도 하지 않았다. 하지만 오늘날 줄을 서 있는 사람들은 스마트폰을 보며 문자 메시지를 확인하고, 페이스북을 비롯해 모바일 기기와 인터넷으로 온갖 활동을 하고 있다. 게다가 사람들은 이런 활동에 전혀 싫증을 내지 않는 것처럼 보인다. 나는 때때로 경제학적 용어를 적용해 이런 모바일 웹을 '보편적 대체재'라 부르기도 한다.

　이런 상황에서 일부 공급자가 예를 들어 사과나 영화, 스키 부츠의 시장을 독점하려 한다면 어떤 일이 일어날까? 모르긴 해도 소비자들은 그런 독점 시장에서 고통받는 대신 편안히 앉아 휴식을 취하며, 필요하다면 페이스북을 하며 더 많은 시간을 보낼 수도 있고, 또 이런 활동만으로도 충분히 좋은 결과를 얻는다. 여기서 '페이스북을 하는 시간'으로의 전환이 실제로 반드시 일어나야 하는 것은 아니며 그 대신 다수의 잠재적 독점 기업에 제약을 가하는 암시적 위협이라는 사실을 기억해야 한다. 문자 전송과 소셜 미디어 활동이 모든 것에 대한 훌륭한 대체재는 아니며 당장 필요한 심장 이식을 대신해주거나 먹을 음식이 떨어지기 직전의 상황을 해결해줄 수는 없다. 하지만 일상생활의 수많은 부분에서 일어난 대규모 전환을 근거로 그런 활동이 우리의 일상적 활동을 얼마나 많이 대체할 수 있는지 생각해보면 정말 놀랍다.

그리고 그것은 모바일 인터넷에서 기대하지 않았던 뜻밖의 큰 장점이다. 이런 활동은 즐거움을 줄 뿐만 아니라 눈에 보이지 않는 무형의 방식들로 거의 전 세계에서 독점력을 제한하는 일종의 소비 활동 대체재 역할을 한다. 사람들은 모바일 기기와 인터넷을 활용하는 활동을 '중독'이라 부르기도 하지만 나는 독점을 위한 기업 결합, 즉 '트러스트trust 파괴자'라 부르고 싶다. 오늘날 거의 모든 공급자들은 그들이 인식하든 못하든 페이스북과, 소셜 미디어, 문자 메시지와 경쟁하며 정말 이기기 힘든 전투를 벌이고 있다.

미국 경제 전반에 걸쳐 시장 집중도가 높아지고 있다는 점을 보여주는 수치들도 있지만 우리는 이들을 보다 비판적인 관점에서 철저히 검토해볼 필요가 있다. 2007년까지 거슬러 올라간 수치들에 따르면 당시 가장 규모가 컸던 4대 기업은 미국 제조업의 약 40퍼센트에 달하는 분야에서 시장의 절반 이상을 지배하고 있었으며, 이는 1992년의 30퍼센트에서 상승한 수치. 하지만 제조업의 독점이나 과점이 주요 문제가 되고 있다는 신호가 정말 있을까? 보다 광범위한 증거들을 보면 미국의 생산량은 일정 속도로 상승했으며, 생산 제품의 소매 가격은 현저히 낮아졌고, 최근 제조업 비용을 절감하는 자동화에 관한 뉴스는 물밀듯이 쏟아져나오며, 생산재에 대한 해외 경쟁은 훨씬 더 심해지고 있다.

독점을 두고 내가 미국 경제에서 전혀 염려하지 않는 한 분야가 있다면 그건 바로 제조업이다. 미국 제조업계에서 정말로 독점화가 늘어났다면 우리는 자동화와 중국 제품 수입이 미국의 일자리를 빼앗는다는 모든 논리와 연구를 폐기해야 한다. 모든 비난이 곧 진리일 수는 없으며, 사람들이 미국 기업들을 두고 말할 때 이런 사실을 너무나 자주 잊고 있다는 것을 명심해야 한다. 실제 현실을 보면 생산량은 늘어나고 인플레이션을 감안했을 때 제품 가격은 낮아졌으며 일부 분야에서는 인간의 노동에 따른 수익이 줄어들었다.[3]

한편 시장 집중 비율의 상승은 정부의 늘어난 기업 규제와 상관관계가 있다는 증거들도 있다. 기업에 대한 정부 규제 강화는 상당한 규모의 법무 및 준법 부서를 갖출 만큼 거대한 기업에 유리하게 작용한다. 규제는 사업을 운영하는 데 필요한 일종의 고정 비용 역할을 하고 시장 진입 의욕을 좌절시킨다. 높은 규제 증가율만 시장 집중 비율의 상승과 밀접한 관계가 있는 것이 아니라 높아진 시장 집중도 1990년에서 2000년에 이르는 상당한 규제 강화에 영향을 미쳤다. 이런 상관관계에 따른 피해는 입증된 것이 없지만 적어도 정부 규제가 시장 지배력의 상승을 뒷받침하는 주요 동력이 될 가능성은 있다.[4]

실제 독점 문제가 존재하는 분야는 어디일까?

제조업과 소매업이 그런대로 잘하고 있고, 더 나아가 경쟁과 독점 측면에서도 아무런 문제가 없다면 미국에서 시장 지배력이 정말 집중된 곳은 어디일까?

이미 언급했듯 오늘날 미국 경제는 상당히 주목할 만한 슈퍼스타급 거대 기업들이 있다. 내가 이 책을 쓰는 시점에서 여기에 해당하는 몇몇 기업들의 이름을 대면 구글과 페이스북, 아마존, 월마트, 애플, 엑손Exxon, 주요 자동차 대기업들, 유나이티드 헬스United Health, CVS, AT&T 등이다.

하지만 이 기업들은 대부분 전통적인 독점 이론으로는 제대로 이해할 수 없다. 오히려 이들은 시장 상황을 추적하고 혁신을 거듭한 끝에 아주 다양한 기존 제품과 신규 제품을 제공하기에 이르렀다. 또한 이들은 다른 이들의 발전을 발판 삼아 성장하며 다른 기업에서 기술을 습득하는 재능이 매우 뛰어나다. 보다 기술적인 용어로 설명하면 이 조직들은 정보 기술에 관한 전문성뿐만 아니라 건전한 기업 문화의 형태로 수많은 무형의 자본을 아주 낮은 비용으로 받아들이고 있다. 이런 이유로 이 기업들은 대개 높은 가격을 매기지 않고도 많은 수익을 올린다.

게다가 경쟁자들이 이들을 모방하기는 무척 어렵다. 개별 제품은 모방할 수 있을지 모르겠지만 강력한 학습 조직으로서 슈퍼스타급 대기업의 아이디어를 보면 이들의 근간을 이루는 방식이 꽤 복잡하며 인재를 찾고 채용하며 양성하고 유지하는 전문성을 포함하고 있다는 사실을 알 수 있다. 이런 기능들은 아무리 열망에 찬 경쟁 기업이라 하더라도 하룻밤 사이에 쉽게 습득할 수 있는 것이 아니다. 그러므로 미국의 슈터스타 기업들은 무엇보다도 인간적 측면에서 생산에 필요한 중요 요소들에 이미 통달한 기관이라 할 수 있다.[5]

이런 배경을 고려해볼 때 우리에게는 보다 많은 슈퍼스타급 기업들이 진정으로 필요하다. 주장하건대 많은 특정 기업들은 기업의 본질에 충실하지 못했다. 보다 많은 수익을 위해 야심차게 혁신을 추진하고 인재를 육성하기는커녕 현재에 너무나 안주한 나머지 해야 할 일들을 소홀히 했다.

오늘날 미국 경제에서 정말 가장 큰 시장 지배력 문제를 생각해본다면 나는 보건의료 분야부터 먼저 떠올릴 것이다. 예를 들면 주요 의료보험 기업의 수는 합병을 통해 5개에서 3개로 줄어들었다. 미국 내 많은 지역에서는 오바마 대통령의 오바마케어에 의해 각 주에서 정부의 규제를 받는 의료보험 거래소health insurance exchange를 통해 보험을 판매하는 보험 기업의 수가 하나 내지 두 개에 불과하며 전반적으로 이 거래소는 많은 사람들이 희망했었던 치열한 경쟁 시장으로 발전하지 못했다. 아마도 더 중요한 문제는 병원들도 상당한 수준의 통합 과정을 겪어왔으며, 이는 장기적으로 보다 심한 시장 집중화와 가격 상승으로 이어지는 경향일 것이다. 미국 내에는 하나의 병원 체인이 지역 의료 시장 대부분을 담당하는 지역들도 많다. 이와 같은 시장은 의료비 상승을 초래할 뿐만 아니라 많은 미국인들이 그렇듯 병원 서비스의 질에 불만을 느끼더라도 다른 병원으로 가기 어렵게 만든다.[6]

나는 이와 같은 상황 전개가 오늘날 미국에서 가장 심각한 시장 집중 문제이며, 이 부분에 대한 비난은 올바른 방향으로 향하고 있다고 생각한다. 하지만 이런 시장 집중은 기업의 본질에서 비롯된 자연스런 전개가 아니라 어느 정도 정부의 엄격한 규제에서 나온 결과라고 주장하고 싶다. 오바마케어를 비난해야 할지, 또는 오바마케어를 적절히 지원하지 않는 공화당을 비난해야 할지(아니면 양측 모두 조금씩 비난해야 할지)를 두고 비평가에 따라 의견이 다르겠지만 그래도 의료보험업계가 이렇게까지 집중화돼야 할 시장 논리적 이유는 없다. 보험 기업들은 비용이 많이 드는 규제에 대처하기 위해 합병을 해왔으며, 이는 대형 보험 기업에 더 용이한 일이고 정부를 상대로 로비를 펼칠 때 활용할 수 있는 규모의 경제 때문에 미국의 정치화된 보건의료 분야에서 합병의 중요성은 점점 더 높아지고 있다. 또한 보험 기업의 합병은 병원 합병에 대한 부분적 대응이기도 하며 의료보험 환급률을 결정할 때 대항 가능한 가격 결정력을 확보하려는 시도로 볼 수 있다. 이뿐만 아니라 의사와 의료 보조원의 수는 규제와 제한적 이민 정책 때문에 상당히 한정돼 있다. 나는 미국 노년층이 정부 지원 의료보험을 멕시코에 가서 사용하고 이에 따라 절감한 의료비의 절반을 그들이 가질 수 있게 하는 새로운 정책 도입도 고려해볼 만하다고 생각한다.

부분적으로 병원 합병은 새로운 정보 기술에서 얻을 수 있는 규모의 경제와 강력한 규제 및 위험 부담에 대처할 필요성이라는 두 가지 요인에 의해 촉진된다. 이 요인들은 모두 신규 병원 설립 비용을 증가시키고 법무와 준법 부서를 이미 완벽히 갖춘 대형 조직에 유리하게 작용한다. 여기서 핵심은 규제를 없애자고 주장하는 것이 아니라 현재의 병원 집중 수준이 본질적으로는 정치와 법에 의해 이뤄졌다는 점에 주목하자는 것이다. 우리가 병원 시스템이 더 안전해지기를 바랄수록 병원은 더욱 대형화되며 그 수는 결국 더 줄어들 것이다. 하지만 의료 비용은 더 낮추고 질은 개선하려는 경쟁의 힘을 감안할 때 나는 이런 병원 시스템이 장기적인 관점에서 실제로 더 안전하고 효과적인지는 공개 토론에서 다룰 문제로 남겨둔다.

의료계에서 가장 강력한 규제를 받는 분야에 속하지 않는 보건의료 공급자들을 보면 집중화 정도가 놀랄 만큼 낮아졌다. 흔히 동네 병원이라고도 부르는 소규모 개인 병원들은 한때 그리 많지 않았지만 지금은 대형 드러그스토어와 월마트를 포함한 전국의 많은 쇼핑몰과 번화한 상가에서 쉽게 볼 수 있다. 개인 병원은 의료계의 주요 성장 트렌드 중의 하나였으며 이제는 개인 병원이나 약국에 가서 의료 서비스를 곧바로 받는 일이 예전보다 훨씬 쉬워졌다. 이런 개인 병원들은 대부분 진료비를 내리고 문턱을 낮추고 있다. 진료 예약이 어렵거나, 의사와의 정식 진료 예약에 비용이 너무 많이 든다고 생각하거나, 진료 예약 없이 응급실을 찾는 게 부담스러운 많은 환자들의 스트레스를 덜어줬다. 이는 시장 집중도를 낮추기 위한 큰 진전이며 자유 경쟁 시장의 직접적인 결과다.

만약 미국의 노인의료보험제도인 메디케어Medicare가 해외 의료관광에 대한 보험금 지급을 허용하고, 이를 통해 보험 환급금을 낮추고 환자의 선택권을 늘리며, 절감된 보험금의 일부를 환자가 의료 기관 선택을 위해 발품을 팔게 만드는 적절한 장려책으로 환자에게 지급한다면 의료 공급은 보다 경쟁적인 상태에 이를 수 있다. 사람들이 이런 정책을 좋아할 수도, 싫어할 수도 있지만, 이는 공급자 측면에서 시장 집중도가 높아지는 현상이 일부 의도적인 정책 결정에 따른 결과라는 것을 보여준다.

독점과 강력한 가격 결정력이 존재한다는 중요한 징후가 나타나는 또 다른 분야는 어디일까? 휴대전화 서비스와 케이블 TV는 미국이 다른 많은 선진국에 비해 높은 가격과 시장 집중화를 보이는 분야다. 휴대전화 서비스를 놓고 보면 미국 규제 기관들이 시장 진입을 더욱 독려하는 추가 조치를 실행했더라면 좋았을 것이다. 내가 이 책을 쓰는 시점에서는 버라이즌과 AT&T가 가장 지배적인 두 공급자이며 비록 규모가 이들보다 작기는 하지만 티모바일 T-Mobile과 스프린트Sprint도 같은 서비스를 제공하고 있다. 이 기업들이 드러내놓고 결탁하지는 않겠지만 때로는 비교적 높은 소매 가격으로 서로 통일하고, 결과적으로는 소비자 비용으로 상당히 높은 수준의 이익을 누리며 자신들의 입지를 견고하게 만들었을 수도 있다.

나는 이런 가격들이 시장 경쟁의 자연적 확산을 통해 더 낮아질 것으로 어느 정도 기대한다. 한편 미국 법무부가 2011년 AT&T와 티모바일의 합병을 막았을 때처럼 훌륭한 정책 조합은 독점 금지를 위한 경계병 역할을 할 수 있다. 정부는 또 정부 소유 주파수 대를 민간 부문에 더 많이 매각해야 하며, 이는 보다 확장된 역량과 궁극적으로는 더 낮은 가격으로 이어질 것이다. 각 지역에서 님

비NIMBY, 즉 지역 이기주의에 따른 규제가 줄어들면 이동통신 기지국 설치가 더 쉬워지고, 이에 따라 사용료가 낮아지며 신규 경쟁 기업의 시장 진입도 용이해진다. 휴대전화 서비스 기업의 입장을 공평하게 말하자면 일부 문제는 국가의 크기에서 비롯된 것이다. 즉 전국 네트워크는 엄청나게 먼 거리와 수많은 시골 지역까지 감당해야 하며, 이는 비용 상승과 결국 그에 따른 가격 상승으로 이어진다. 그럼에도 미국에서의 휴대전화 연결이 보다 더 저렴해 질 수 있고 또 그렇게 돼야 한다는 것이 보편적인 생각이다.

최근 들어 휴대전화 요금이 상당히 낮아졌다는 좋은 소식이 들린다. 예를 들어 2016년 4월부터 2017년 4월까지 무선 통신 서비스 요금은 가격 전쟁과 데이터 무제한 요금제에 힘입어 12.9퍼센트 하락했다. 이런 경향이 계속될지는 모르겠지만 미국의 높은 무선 통신 서비스 요금을 경제 전망의 본질적 특성으로 생각해서는 안 된다. 공급자들이 소비자에게 더 나은 거래를 제공할 수 있는 길을 계속 찾아나설 가능성이 높다. 이는 물론 경쟁적인 이유에서 비롯된 것이다.[7]

고속 데이터 통신망인 브로드밴드broadband와 때로는 가정용 전화의 도관 역할도 하는 케이블 TV에 관해서 미국은 다른 많은 국가들과 마찬가지로 반송파 공동 방식common carrier system(라디오, 텔레비전 및 전신, 전화와 같은 무선 통신에서 정보를 전송하는 데 쓰이는 고주파 전류를 반송파라고 하며, 통신 방식에 쓰이는 반송파의 발생 방법 중 공동 공급용 펄스파의 고주파를 써서 각 통신로에 중복 공용하는 방식을 공동 방식이라고 한다-옮긴이)을 채

택해야 한다. 본질적으로 이와 같은 개혁을 하려면 연결관 역할을 하는 '파이프'(여기서는 케이블)를 소유한 기업 또는 통제권을 가진 기업이 경쟁 관계에 놓인 기업들에 이 파이프를 거의 같은 조건으로 개방해야 한다. 가입자망 공동 활용 제도local loop unbundling의 한 형태인 이 개혁은 소비자를 위해 경쟁을 강화하며, 가격을 낮추고, 품질을 개선시킨다. 하지만 불행하게도 미국은 이런 개혁을 지금껏 하지 못했으며 부분적으로는 케이블 TV 기업들이 경쟁을 제한하기 위해 지역 정부에 로비를 펼쳤기 때문이다. 이는 기업이 직접 정부에 치명적인 영향력을 발휘한 사례다.

하지만 케이블 TV의 경우도 시장 집중을 다른 관점에서 봐야 한다. 케이블 TV 가입은 꽤 비싼 것처럼 보이며 그런 이유로 수백만 명의 미국인들은 '케이블을 끊었다'. 하지만 내가 자랄 때에는 시청자들이 주요 네트워크 채널 몇 개에만 크게 의존했으며, 다양성과 프로그램의 질도 별 볼일 없었다. 고속 인터넷은 꿈조차 꿀 수 없었다. 1970년대에는 괜찮은 케이블 TV의 시청료는 사실상 무한대라 할 수 있었으며 고속 인터넷 사용료도 마찬가지였다.

오늘날 우리는 수백 개의 채널을 시청하고 꽤 빠른 인터넷에 접속하는 서비스를 그 당시보다 훨씬 더 저렴한 가격으로 구매할 수 있다. 수많은 혁신이 일어나는 상황에서 현재의 높은 가격에만 주목하는 것은 사람들의 생각을 잘못된 길로 이끌 수 있다. 현재 가격이 상대적으로 높기는 하지만 시간이 지나면서 품질에 비해 현저히 낮아질 것이기 때문이다. 그러므로 30년이 넘는 기간의 관점에서 볼 때 케이블 TV가 품질과 다양성 측면에서 정말 엄청난 발전을 이뤘다는 보다 폭넓은 인식에 따라 케이블 TV 업계의 독점에 관한 어떤 비난도 그 수위를 낮춰야 한다.

경제적 집중이 심한 것처럼 보이는 또 다른 분야는 항공업계다. 2015년부터 2017년까지 미국의 주요 항공사는 9개에서 4개로 줄어들었다. 이에 따라 미국 항공업계가 매우 심각한 독점 체제로 변했을 것처럼 생각될지 모르겠지만 독점의 전형적인 경제적 징조는 산출량의 제한이다. 미국 내에서 이들 항공사가 운항한 총 거리는 실제로 꾸준히 증가해왔으며 대부분의 항공편 가격은 전반적인 인플레이션을 감안할 때 계속 낮아졌다. 부분적으로 이런 현상은 훨씬 작은 규모와 초저가 항공권으로 시장의 주변부에서 경쟁을 펼치며 주요 항공사의 항공권 가격 하락을 압박하는 새로운 부류의 항공사들 때문에 일어났다. 또 한 번 얘기하지만 총 시장 집중도 비율로는 실상을 알 수 없다. 실제로 개별 항공사의 집중도는 전혀 높아지지 않은 것 같다. 굳이 문제를 찾자면 미국의 일부 중소도시로 향하는 많은 항공편의 운항 중단이 문제이지만, 이는 독점 이슈와 상관이 없다. 대신 이 항공편들에서 수익이 나지 않는다는 단순한 논리에서 비롯된 것이다.[8]

더 나아가 미국 국내 항공 시장의 가장 큰 문제 중 하나는 법률적으로 외국 항공사가 미국 국내선을 운항할 수 없다는 데 있다. 이 법을 폐지하면 경쟁이 훨씬 더 심해지고 저가 항공편의 새로운 시대가 시작될 것이다. 독점이나 부분적인 독점 현상은 사실상 잘못된 규제에 그 원인이 있는 경우가 많다. 외국계 항공사의 진입도 혁신을 통해 비용을 낮추는 데 도움을 줄 수 있으며 또 현재 운항이 중단된 중소도시로 향하는 항공편을 늘리는 결과로 이어질 수 있다는 사실에 주목해야 한다.

지금껏 독점의 부정적 측면을 놓고 나는 이미 병원과, 케이블 TV, 휴대전화 업계를 언급했는데, 이들은 우리가 보다 나은 정책으로 해결할 수 있고 또 그렇게 해야 한다. 그 외에 어떤 분야가 있을까?

이 질문의 답을 찾는 한 가지 방법은 일반 시민이 사용하는 가구 예산의 관점에서 접근하는 것이다. 분명히 엔터테인먼트와 정보, 대부분의 소매 상품, 전기 등의 가격은 급속도로 하락했으며 선택의 다양성은 계속 풍성해졌다. 그렇다면 문제가 되는 주요 비용들은 무엇이며 시장 지배력과 어떤 연관성이 있을까?

앞서 언급했듯 보건의료비는 확실히 문제다. 임대료나 주거 비용도 문제이기는 하지만 본질적으로 독점으로 인한 문제는 아니다. 구입할 수 있는 집과 임대할 수 있는 아파트는 많으며 우리가 독점 기업에 지나치게 많은 돈을 지불할 필요는 없다. 대신 경쟁적이지만 규제가 심한 시장에서는 과도하게 높은 가격을 지불한다. 건물에 부과된 법적 규제는 임대료와 주택 가격을 크게 상승시키며 심각한 경제적, 사회적 문제를 일으킨다. 그래도 이는 시장 지배력 문제가 아니며 여기서 대부분의 악당은 지역 이기주의를 부추기는 지역 내 주택 소유주들과 규제이지 대기업은 아니다. 샌프란시스코와 오클랜드, 보스턴, 뉴욕이 결코 완전히 개발된 상태는 아니기 때문에 미국의 주요 도시와 근교에 보다 밀집되고 저렴한 주택을 공급하는 일은 분명 훨씬 더 쉬워야 한다.

다음으로 고등 교육과 관련된 비용을 들 수 있는데, 이 또한 알려진 비용만 보더라도 최근 수십 년간 극적으로 올랐다. 하지만 이것도 이 책의 범위를 벗어나는 경제적, 사회적 문제다. 어쨌든 부동산의 경우와 마찬가지로 문제는 독점이 아니라 교육 비용 그 자체에 있다. 고등 교육을 제공하는 곳은 아주 많으며 이들은 서로 치열하게 경쟁한다. 사람들이 아이비리그Ivy League를 비롯해 학생 선발이 매우 까다로운 대학들에 담합이나 입학 제한이 일부 있을 것으로 생각할 수도 있다. 실제로 장학금을 최우수 학생들에게만 준다는 사실을 근거로 일류 대학에 제기한 독점 금지법 소송이 성공한 적도 있었다.

그래도 일반 가구가 그 비용을 수용할 수 있느냐의 관점에서 고등 교육을 본다면, 대부분의 학생들이 그 학교에 가지 않거나 심지어 입학 신청조차 고려하지 않는다는 이유만으로도 여전히 고등 교육 기관들은 독점을 일으키는 범인이 아니다. 대부분의 사람들에게 비용 수용 가능성 문제는 주로 중위권 교육 기관이나 규모가 큰 주립학교에서 생기며, 학생들은 대부분 주정부의 계획적인 보조금을 통해 비용 대비 가격이 현저히 낮은 주립학교에 다닌다. 사람들이 장려금 지급 거절이나 비용 부풀리기에 대해 불만을 토로할 수 있지만 그 자체를 독점이라고 비난할 수는 없다. 아마도 주립학교는 지금 학생들이 받는 교육의 질에 비해 훨씬 낮은 가격으로 교육 서비스를 제공하고 있기 때문일 것이다. 예를 들어 주립대학교가 주 내에 하나밖에 없는 경우에도 교육 공급자가 현행 가격보다 50 퍼센트 낮은 가격에 서비스를 공급한다면 독점은 아니다. 게다가 지역 전문대학교community college급 교육 기관의 수업료는 최소한 학자금 융자와 수업료 우대 정책만 감안하더라도 상당히 안정적이었다. 실제로 모든 혜택을 고려하면 지역 전문대학의 실질적인 순 수업료는 1992년 이후 낮아졌다.[9]

유치원에서 12학년(한국의 고교 3학년-옮긴이)까지 이어지는 초중등 교육은 분명히 심각한 독점 문제의 한 본보기이지만 물론 이것도 기업의 잘못은 아니고 정부 규정과 일부 의도적인 정책 결정에 의한 결과에서 비롯된 것이다.

요약하면 미국 경제에서 기업이 촉발한 독점 문제는 꽤 쉽게 식별될 수 있으며 그 수도 상당히 적다. 우리는 이 문제들을 해결할 수 있으며 또 그렇게 해야 한다. 나는 미국 경제의 많은 부분에서 시장 집중 비율이 상승하고 있다는 점이 약간 염려스럽기는 하지만 이 시장들의 대부분은 상당한 경쟁 상태를 형성하며 소비자에게 많은 선택권을 부여한다. 결론은 이런 문제를 제기하는 분석가들이 대개의 경우 문제를 과장하고 있으며 소비자에게 미치는 피해는 찾아보기 힘들다. 미국 시장에서의 경쟁은 여전히 살아 있고 또 활발하다.

기술 기업은 정말
악마 같은 존재일까?

기술 기업은 정말 악마 같은 존재일까?

구글을 많은 괴짜들로부터 사랑받게 만든 최초 모토는 '악마가 되지 말자Don't be evil'였다. 실제로 오랫동안 구글은 이와 같은 열망을 실현한 것처럼 보였다. 현재 30세가 안 된 사람들은 구글 이전의 웹 검색이 얼마나 허술했으면 검색 성공을 그저 운에 맡길 수밖에 없었는지 모를 수도 있다. 구글은 링크를 바탕으로 한 블로그 활동을 훌륭히 수행할 수 있는 수단을 제공할 뿐만 아니라 우리가 제대로 된 레스토랑 이용 후기를 찾고, 의료 정보를 알아보며, 데이트나 비즈니스 파트너를 검색하고, 옛 친구를 추적하는 능력을 향상시키는 등 웹 검색 부문에서 수많은 발전을 이뤘다. 때로는 중대한 의학적 조언을 검색 결과로 대체하려는 잘못된 사용도 있지만 구글은 우리의 삶을 훨씬 더 나은 방향으로 변화시켰다. 그리고 어떠한 비용도 받지 않고 이런 서비스를 제공해준 구글을 우리는 오랫동안 존경해왔다.

하지만 이 과정들 어딘가에서 얘기가 달라졌다. 구글은 여전히 고품질 검색 기능을 무료로 제공하고 있지만 구글을 비롯한 많은 주요 기술 기업들을 악마라고 믿는 사람들이 점점 더 늘어나고 있다. 그들은 구글이 보다 나은 데이터 확보에 엄청난 투자를 하며 어느 경쟁자도 따라오지 못하게 만들고 이에 따라 온라인 광고 시장에서 지배적인 위치를 차지하는 기업이라고 묘사한다. 그리고 구글의 이른바 무료 서비스 제공은 사용자가 사생활을 침해당하고 감시에 대한 취약성을 드러낸 대가로 이뤄진다고 말한다. 한편 내가 종종 약간은 먼 과거를 언급하기 때문에 2015년 이후 알파벳Alphabet의 자회사가 된 구글과 모회사인 알파벳을 한데 합쳐 이 책에서는 대부분의 경우 '구글'로 지칭할 것이다.

또 다른 방향에서 니콜라스 카Nicholas Carr는 구글이 우리의 기억력 감소에 일부 책임이 있다고 주장하는 책을 썼다(마음만 먹으면 검색할 수 있는 사실을 왜 기억해야 할까?). 카는 구글이 사람들을 더 바보로 만든다고 노골적으로 주장했다. 보다 최근에는 소셜 미디어 기업들이 트럼프의 취임과 인종차별주의의 부활, 가짜 뉴스, 적절한 민주적 담론의 붕괴로 비난을 받아왔다. '훌륭한 제품을 무료로 제공한다'는 구도는 '우리 자체가 제품이다'라는 말로 바뀐 셈이다.

미국 대기업을 향한 적대감이 새로운 것은 아니지만 여기서 핵심은 그와 같은 비난이 어느 정도까지 사실인가라는 데 있다. 미국 기업에 보내는 러브레터를 이어가기 위해 나는 대부분의 경우 기술 기업, 특히 거대 기술 기업을 강력히 변호하려 한다. 그들은 주로 소셜 미디어를 통해 인간을 정서적이나 지적으로 그 어느 때보다 더 가깝게 접촉할 수 있게 만들었다. 또한 전 세계의 많은 정보를 우리가 손가락만 까딱하면 곧바로 이용할 수 있게 했으며 대개의 경우 1분 또는 심지어 몇 초 만에 정보에 접근할 수 있다.

발전되는 과정에서 어떤 문제를 남겼는지 모르겠지만 이와 같은 발전들은 그 무엇과도 비교할 수 없는 엄청난 업적이며 현대 세계의 위대한 진전임에 틀림없다. 순전히 개인적인 바탕에서 얘기하면 나는 제대로 작동하고 검색과 공유가 가능하며 이동성을 갖춘 인터넷의 존재가 나의 기대를 훨씬 뛰어넘는 엄청난 수의 일반 청중들을 내게 보내줬다는 사실을 발견했다. 거대 기술 기업 덕분에 편리해진 인터넷은 지금껏 나의 경력에서 일어난 가장 위대한 혁명의 원동력이었다.

그런데도 사랑하지 않을 이유가 있을까? 안타깝지만 일부 결점들도 있다. 이 장의 후반부에서는 미래와 현재의 문제, 즉 사생활 보호 등의 문제가 어느 부분에 있는지 집중적으로 살펴볼 것이다. 기술 기업들이 정보를 저장하는 것을 내가 반드시 꺼리는 건 아니지만 페이스북에서 일어난 여러 형태의 불법 정보 유출은 물론이고 2013년 야후 이메일을 대상으로 한 대대적인 정보 해킹, 기술 기업은 아니지만 소비자 신용평가 기관인 에퀴팩스Equifax에 대한 2017년의 해킹을 포함한 다수의 해킹 사건들에서 보듯 저장 기간이나 활용 방안들은 투명하지 않고, 빠져나오기가 늘 쉬운 것도 아니며, 기업들이 항상 개인정보를 충분히 비공개적으로 안전하게 저장하는 것은 아니다.

이런 비난들을 보다 자세히 살펴보겠지만 일단 나는 기술 기업의 혜택이 여전히 그들이 끼치는 손해보다 훨씬 더 많다고 생각한다. 이 말은 기술 기업이 제공하는 서비스에서 탈퇴하려고 크게 애쓰는 미국인들이 그리 많지 않다는 사실로도 입증된다.

어쨌든 나는 먼저 독점 기업의 출현과 이에 따른 경쟁 실종에 대한 비난을 먼저 살펴보려 한다. 현대 기술 산업계에서는 특정 분야를 지배하는 것으로 추정되는 많은 기업들을 아주 쉽게 볼 수 있다. 여러 기업들 중에서도 특히 구글과 페이스북, 이베이, 넷플릭스, 애플, 스냅챗Snapchat, 트위터, 마이크로소프트가 대표적이다. 하지만 우리는 이 기업들을 어떻게 생각해야 할까? 이들은 가격을 부당하게 올리는 예전의 독점 기업만큼 악한 새로운 기술 독점 기업일까? 적어도 지금까지는 그렇게 보기 어렵다.

이들에게 '독점 기업'이라는 단어가 어울리는지 모르겠지만 설사 그렇다 하더라도 이들 기업은 인터넷 이전 시대의 독점 기업들보다 훨씬 낮은 수수료를 부과하거나 아예 무료로 서비스를 제공한다. 이베이는 수수료를 받고 있으며 무료 거래 모델을 제시한 적도 없지만, 이베이에 다량의 물건을 등록하는 방법이 물건들을 싣고 직접 소매점이나 골동품 상점을 돌아다니며 위탁 판매 또는 완전 매각 형태로 처분하는 것보다 훨씬 싸다. 마이크로소프트는 소프트웨어를 유료로 판매하지만 원본에 딸려오는 다수의 복사본과 교육용 제품 할인, 불법 복제 등을 감안하면 마이크로소프트를 착취자로 보기는 정말 어렵다. 마이크로소프트 워드 프로그램이 하나 팔릴 때마다 여러 개의 불법 복제가 이뤄지며 이럴 경우 마이크로소프트는 정상 가격으로 판매될 때 얻는 수익을 얻지 못한다.

애플은 위에 언급한 목록에 포함된 기업들 중에서 적어도 자사의 하드웨어에는 사치스러운 가격을 부과하는 기업이다. 하지만 아이폰이 출시되기 전에는 어떤 가격을 주더라도 그와 비슷한 물건을 구입할 수 없었다. 그리고 아이폰이 등장하고 몇 년 내에 저렴한 스마트폰 모델이 시장에 많이 나왔고 그때부터 저가 모델들이 대부분의 시장을 점유해왔다. 이 글을 쓰는 시점에도 스마트폰은 중국산 제품 때문에 점점 더 싸지고 있으며 기기 품질은 급속도로 개선될 가능성이 크다. 애플은 자신이 원했든 아니든 이와 같은 저렴한 제품이 나오는 데 도움을 줬으며 이 과정 내내 애플은 궁극적으로 경쟁자를 만들어내는 결과로 이어질 것이라는 사실을 알고 있었다. 무엇보다도 이 기술 기업들이 존재하지도 않았던 시기의 독점 기업들이 제시했던 가격을 현재 기술 기업들도 제시할 것이라는 가설을 근거로 이들을 공격하는 것은 부정확하며 불공평하다.

하지만 다른 방향에서 새로운 종류의 비난들이 나오고 있다. 즉 거대 기술 기업들이 자신들의 플랫폼을 지배하고 이에 따라 혁신을 억제할 수도 있다는 것이다. 예를 들어 구글이 검색 분야를 장악하고, 페이스북이 소셜 네트워킹의 한 부분을 지배한다면 이 기업들은 어쩌면 신규 서비스를 도입하려고 그렇게 많은 노력을 기울이지 않을지도 모른다. 게다가 성공을 거둔 거대 기업들이 사람들을 무능력하게 만드는 관료주의에 빠지고, 새로운 아이디어가 시장을 완전히 바꿔놓으며 자신들의 지배 상태를 위협하는 상황을 두려워할 수도 있다. 예를 들어 소셜 네트워킹이 인공지능AI에 접근하는 주된 수단이 되면 페이스북은 시장 지배적 위치를 AI 분야가 뛰어난 다른 기업에 뺏길 수도 있으며, 이에 따라 페이스북이 현재 위치를 보호하기 위해 시장을 AI에서 멀어지는 쪽으로 조정할 수도 있다.

독점화되고 있는 거대 기술 기업들이 갑자기 떠오르는 잠재적 경쟁 기업을 인수해 경쟁 가능성을 아예 봉쇄하려는 것도 이에 관한 두려움에서 나온 현상으로 볼 수 있다. 실제로 구글은 데자뉴스DejaNews, 유튜브, 안드로이드Android, 모토로라 모바일Motorola Mobile, 웨이즈Waze를 포함한 190개가 넘는 기업을 인수했다. 페이스북은 인스타그램Instagram, 스풀Spool, 스레드시Threadsy, 왓츠앱WhatsApp 등을 비롯해 여러 기업들을 인수했고 예전 라이벌이었던 프렌드스터Friendster의 지적 재산권도 사들였다.

이론상으로는 이런 비난들이 어느 정도 의미가 있다고 상상해볼 수 있다. 하지만 실제로는 주요 기술 기업들이 활발하게 혁신을 추구하는 자들로 판명됐다. 더 나아가 구글과 같은 거대 기술 기업에 인수될 가능성은 다른 기술 기업들의 혁신 동기를 끌어올렸고, 어려움을 겪는 기업들에게는 자본과 전문성에 접근할 수 있는 기회를 제공했으며, 그러지 않았더라면 이 기업들은 사업을 접거나 애초에 시작조차 할 수 없었을 것이다.

경쟁은 정말 사라졌을까?

먼저 나는 다수의 비판가들이 제시했던, 기술 시장에서 경쟁이 사라졌다는 전제를 반박하려 한다. 최근 알렉스 셰퍼드Alex Shephard는 〈뉴 리퍼블릭〉 매거진에 "구글, 페이스북, 아마존 같은 거대 기업에 대항할 만한 경쟁자는 없다"라고 썼다. 또한 〈뉴욕타임스〉의 기술 부문 칼럼니스트 파하드 만주Farhad Manjoo는 "스마트폰과 소셜 네트워크가 세상을 망치고 있을지 모른다"라고 말했다. 이는 그들의 영향에서 우리가 쉽게 벗어날 방법이 없다는 억지스런 추측에서 나온 말이다. 모든 사례나 비난을 다룰 수는 없지만 때때로 가장 지독한 독점 기술 기업으로 지명받기도 하는 구글과 페이스북을 살펴보자.[1]

먼저 구글의 경우다. 상위 8개 검색 엔진에 순위를 매긴 리스트 중 하나는 다음과 같다.

- 구글
- 빙 Bing
- 야후
- 에스크닷텀 Ask.com
- AOL
- 바이두 Baidu
- 울프럼알파 WolframAlpha
- 덕덕고 DuckDuckGo

이 리스트를 보면 실제로 선택할 곳이 많으며 여기에는 완전한 비밀 보장과 가입자의 검색 기록을 저장하거나 판매하지 않는 장점을 가장 강조하는 덕덕고도 포함돼 있다.[2]

사람들은 어쩌면 구글이 검색 엔진 기업들 중 최고이며 오랜 기간에 걸쳐 축적한 데이터 덕분에 자연적 독점 상태를 유지한다고 비난할지도 모르겠다. 그럴듯한 비난이지만 높은 서비스 품질에 바탕을 둔 자연적 독점은 수많은 시장에서 당연히 일어나는 현상이다. 구글은 적어도 사용자 대부분의 마음속에서 최고로 인정받는 제품을 보유하고 실제로 이메일과 채팅 서비스, 문서 작성 프로그램 구글 독스Google Docs 같은 최상의 관련 제품 종합 세트를 마련함으로써 이와 같은 선도적 지위를 유지하고 있다.

더 나아가 데이터를 통한 자연적 독점이 영원히 지속될 개연성은 낮다. 애플을 비롯한 여러 경쟁자들이 노키아 휴대폰을 무너뜨린 것처럼 시간이 지나면 검색 엔진은 지금까지 예상하지 못한 새로운 차원에서 경쟁을 치르게 될 것이다. 구글이 그와 같은 새로운 차원의 경쟁도 지배할 것으로 생각할 특별한 이유는 없으며, 실제로 구글이 그동안 이룬 성공에 취한 탓에 새로운 패러다임이 나타나더라도 그것을 인식하지 못할 수도 있다.

내가 마치 새로운 차원의 경쟁이 어떤 것인지 아는 사람처럼 행동하는 건 아니지만 가상 또는 증강현실을 통한 검색이나 어떤 식으로든 오프라인의 '실제 세상'을 활용하는 검색은 어떨까? 사물인터넷을 통한 검색이나 인공지능 역량을 한데 모아 실행하는 검색은 또 어떨까? 아니면 먼 미래의 일이긴 해도 뇌에 칩을 삽입하는 브레인 임플란트brain implant 또는 유전자 정보를 통한 검색도 가능하지 않을까? 나는 정말 모르지만 그래도 내가 아는 사실은 제품 품질의 새로운 차원이 항상 생겨나며 이른바 말하는 자연적 독점 기업은 자신의 독점 상태가 결국 그렇게 자연스럽지 않다는 사실을 발견한다는 것이다. 인터넷은 여전히 초기 단계에 머물러 있으며 지금부터 10년 또는 20년 뒤 성공을 위해 필요한 것은 현재 필요한 것과 상당히 다를 가능성이 높다. 그러는 동안에도 구글은 검색과 광고에서 뛰어나게 잘하고 있으며 그것이 바로 구글이 관련 시장들을 선도하고 있는 이유다.

검색 시장의 독점 대신 구글(또는 같은 의미에서 페이스북)이 광고 시장을 지배하는 일종의 독점력을 보유하고 있는 건 아닌지 의문을 품는 사람들이 있을 수도 있다. 구글이 검색 서비스는 무료로 제공하지만 구글 플랫폼에서 이뤄지는 광고는 유료로 진행된다. 이미 알고 있겠지만 광고는 구글의 주요 수익원이며 우리가 구글에 게재한 광고를 클릭한 검색자에게 물건을 판매하면 구글은 판매 수익의 일정 몫을 받는다. 예를 들어 2017년 구글의 모회사인 알파벳은 광고와 검색 광고 서비스로 950억 달러의 수익을 올렸다. 페이스북을 제외하면 온라인 광고 시장에서 구글에 비슷한 규모로 근접하는 경쟁자는 없다.[3]

그럼에도 나는 이런 맥락에서의 독점을 크게 염려하지 않는다. 그 이유를 든다면 첫째, 구글은 여전히 페이스북과, TV, 라디오, 광고 전단, 각 가정으로 발송되는 광고용 우편물, 여러 다양한 형태의 정보 공급원과 경쟁을 벌이고 있으며 여러분이 원한다면 경쟁자 목록에 이메일과 입소문도 포함시킬 수 있다. 나는 어디서 사야 할지 검색하는 대신 친구에게 이메일을 보내 물어보는 경우가 아주 많다. 둘째, 구글이 지금껏 광고 시장의 큰 부분을 점유해온 이유는 구글 광고가 대안 매체에 비해 더 저렴하고 타깃 설정을 더 잘하기 때문이다. 보다 장기적으로 보더라도 구글은 지금이나 이전보다 더 높은 광고비를 받을 수 없다. 만약 광고비를 올리면 사용자가 TV나 라디오와 같은 예전 광고 방식으로 돌아가거나 어쩌면 뭔가 더 나은 방식을 시도할 수 있기 때문이다. 이 때문에 구글의 독점력은 제한되고 구글은 낮은 광고 가격을 유지할 수밖에 없다. 다른 말로 하면 기업의 주 수익원인 광고에 관한 한 구글은 예전에 있었던 매체보다 더 나은 조건을 제공해야 하고 실제로 지속적으로 그렇게 해왔기 때문에 광고 수익이 기업 전체 수익의 대부분을 차지한다.

그렇다면 페이스북은 어떤가? 소셜 네트워크 부문에서 일종의 독점을 하고 있지 않을까? 내가 가입해 있거나 가입을 고려했던 소셜 네트워크는 링크드인LinkedIn, 트위터, 스냅챗, 이메일, 다양한 채팅 서비스, 휴대전화 연락처, 핀터레스트Pinterest, 인스타그램, 왓츠앱이며, 이들 중 마지막 두 개만 페이스북이 소유하고 있다(이 부분은 나중에 다시 설명할 것이다). 페이스북의 개인별 메인 페이지는 이 모든 서비스들과 경쟁해야 한다. 나 또한 블로그를 소셜 네트워킹의 한 수단으로 활용하고 있으며 여러분이 믿거나 말거나 때로는 오프라인 공간에서 블로그 내용을 돌리기도 한다.

페이스북은 위에서 언급한 목록에서 가장 강력한 서비스 제공자이기는 하지만 여기서 얻는 단순한 교훈은 누구라도 사용자에게 유용한 뭔가를 제공하기만 하면 새로운 소셜 미디어 서비스를 시작할 수 있다는 것이다. 또 다른 교훈은 비록 사용자가 자신의 사진과 이전 게시 글들을 함께 가져갈 수 없다 하더라도 현재 페이스북에서 이뤄지는 수많은 소통이 다른 소셜 네트워크로 빠르게 옮겨갈 수 있다는 것이다. 사람들은 여러 소셜 네트워크를 사용하는 것에서 아주 편안함을 느끼는 듯하며 그 네트워크들이 유용성과 편리성을 두고 서로 경쟁한다고 생각한다.

실제로 사람들이 미래의 어느 시점에서 사용하는 주요 소셜 네트워크 목록에서 페이스북이 덜 중요한 위치로 떨어지는 상황을 상상하기가 그리 어렵지는 않다. 사람들이 링크드인을 자신의 주된 소셜 네트워킹 수단으로 활용하지 않으면서도 단순한 친목 목적 등의 구체적인 이유로만 사용하는 것처럼 페이스북 사용자들도 페이스북에 올린 예전 사진들만 찾아볼 목적으로 접속할 수도 있다. 다시 한 번 강조하지만 이 시장에는 치열한 경쟁과 라이벌 관계가 존재하고 있다.

여기서 나는 페이스북이 소유한 인스타그램과 왓츠앱을 잠시 살펴보려 한다. 두 서비스 모두 페이스북의 서비스 질을 개선할 수 있는 방식을 내세우며 페이스북의 주요 핵심 서비스와 경쟁하고 있다. 페이스북은 두 서비스 중 어느 것도 페이스북 메인 페이지의 진정한 부속물로 전환하지 않았다. 부분적인 이유는 사용자들이 두 서비스의 지금 버전 그대로를 가치 있게 생각한다는 것을 페이스북이 인식했기 때문이다. 두 서비스를 페이스북과 너무 비슷하게 바꾼다면 잠재적 경쟁자가 어떻게 해서든 인스타그램과 왓츠앱이 원래 가지고 있었던 모습을 베끼거나 보다 개선할 수 있게 만드는 셈이며, 이처럼 소셜 네트워크 부문에서 무섭게 성장하는 신흥 라이벌은 페이스북이 가장 꺼리는 존재다. 그래서 두 서비스는 페이스북 메인 페이지의 대안으로 계속 존재하며 이 때문에 그들은 '페이스북의 소유인데도' 페이스북 메인 페이지와 간접적으로 경쟁을 벌이고 있다.

예를 들어 내가 여러 지역에 흩어져 있는 다수의 친구들과 동시에 채팅할 수 있는 왓츠앱의 기능은 페이스북이 개인별 메인 페이지에 올리려는 광고나 여러 다른 형태의 잡동사니 정보의 수를 제한한다. 앞으로 어느 정도 시간이 지나면서 페이스북이 인스타그램과 왓츠앱의 서비스 품질을 낮추더라도 내가 그리 놀라지는 않겠지만 그렇게 하는 것은 본질적으로 그 서비스 분야에 새로운 경쟁자를 불러오게 될 것이다. 사실 나는 보다 나은 왓츠앱 버전을 사용할 수 있다면 매우 행복해할 것이며, 왓츠앱이 페이스북 기업에 연관이 있든 없든 상관하지 않는다.

나는 페이스북이 방 안에 있는 코끼리처럼 외면하고 싶어도 그럴 수 없는 존재라는 사실을 정말 인정한다. 그럼에도 상당히 실용적인 기능을 갖추고 보통 무료로 제공되는 수많은 고품질 서비스들 중에서 선택할 수 있는 환경이냐는 좀 더 현실적인 질문을 내게 한다면, 그 대답은 분명히 '그렇다'이다. 이 또한 경쟁에서 나온 결과다.

거대 기술 기업들은 정말 혁신을 멈췄을까?

세상에서 가장 뛰어난 무료 검색 외에 구글이 우리에게 도움을 주는 일은 무엇일까? 나는 세계 최고, 최대 이메일 서비스 중 하나인 지메일Gmail을 완전히 무료로 사용하고 있다. 누구라도 지메일 계정을 만들 수 있으며 그 즉시 사용할 수 있다. 이와 같이 할 수 있는 기능은 1980년대만 하더라도 사람들을 깜짝 놀라게 했다.

구글은 또 자율주행 자동차 개발에서 선도자 역할을 해왔다. 나는 구글이 자율주행 자동차의 주요 생산자가 될 것으로 예상하지 않지만 구글은 자율주행 자동차의 근원이 되는 인공지능과 스캐너, 도로 지도 작성, 프로그램을 비롯한 여러 부분에서 핵심 업무를 수행하고 있다. 또한 운전자가 없는 구글 자동차로 몇 년 동안 사람들을 출근시키는 등 자율주행 자동차 아이디어가 대중에게서 인정받게 하는 데 일조했다. 무인 자동차와 트럭, 버스가 정확히 언제 일반적으로 사용될 수 있는지를 두고 논쟁이 진행되고 있지만 이제는 상용 가능성이 아니라 시기에 관한 논쟁이다. 20년 전 또는 심지어 10년 전만 하더라도 자율주행 자동차를 기대했던 사람들은 거의 없었지만 구글은 이와 같은 진전의 토대를 마련하는 데 기여했다.

자율주행 자동차는 분명히 인터넷 이후로 가장 거대하고 중요한 획기적 기술 발전이 될 것이다. 또한 이를 통해 자동차 사망 사고는 크게 줄어들고, 통근과 통학은 수월해지며, 많은 노년층과 장애인, 어린이들이 보다 자유롭게 이동할 수 있을 것이다.

정확히 말하면 구글이 아니라 알파벳이 진행하고 있는 또 다른 혁신은 열기구를 활용해 인터넷을 사용할 수 없는 지역에 인터넷을 보급하는 프로젝트 룬Project Loon이다. 이 방식은 2017년 허리케인 마리아가 휩쓸고 간 푸에르토리코의 인터넷 접속을 복구하기 위해 사용됐으며, 추후에 아프리카의 오지에서도 중요하게 활용될 수 있을 것이다. 이 프로젝트의 가치 제안value proposition(상품 구입으로 얻을 수 있는 고객의 편익과 비용 간 차이를 설명하는 일을 뜻하는 마케팅 용어-옮긴이)은 여전히 불확실할지 모르지만 전 세계의 취약한 일부 계층에게 인터넷에 접근할 수 있는 환경을 만들어주려는 대담한 시도임에 분명하다. 비록 우리가 이 프로젝트에 필요한 기술의 비용과 지속 가능성을 아직 모른다 하더라도 기술 자체는 제대로 작동하는 것 같다. 구글과 알파벳은 로봇 공학에 관한 연구도 진행해왔지만 아직까지 외부인들이 인식할 수 있을 정도의 성과는 보이지 못했다.

심지어 구글의 실패 일부도 활용 가치가 있는 것으로 판명될 가능성이 높다. 웨어러블 기기인 구글 글라스Google Glass는 안경을 통해 인터넷 접속과 영상 시청 등을 할 수 있게 할 목적으로 만들어졌지만 실패했다. 그래도 이 시도는 웨어러블 기기의 보다 광범위한 개발에서 하나의 학습 과정이었으며 다른 기업 또는 구글과 알파벳 자신들의 성장을 향한 디딤돌이었다.

구글은 유튜브를 인수한 뒤 크게 개선했다. 인수 당시만 하더라도 유튜브 인수는 매우 위험한 것으로 여겨졌으며 많은 비판가들은 당시 수익이 거의 없었던 기업을 16억 5천만 달러에 매입한 구글을 미쳤다고 비난했다. 게다가 유튜브는 저작권 위반 소송으로 온갖 비난의 구렁텅이와 바닥이 안 보이는 나락에 빠져 있었다.

구글은 이런 상황에 어떻게 대처했을까? 그들은 자사의 발달된 소프트웨어 기능을 활용해 저작권을 위반할 가능성이 있는 부분을 정확히 찾아내서 법적 문제를 깨끗이 처리했고 불법 영상 삭제 요청을 강력히 시행했다. 또한 유튜브의 검색 기능도 강화했다. 아마 가장 중요한 점은 현재 인터넷에서 유튜브 영상을 광범위하게 활용할 수 있는 기술에 구글이 막대한 투자를 했다는 것이다. 구글이 유튜브를 인수했을 때만 하더라도 인터넷상의 영상 전송 속도가 느리고 재생할 때 끊기는 현상이 자주 일어나 사용자들은 버퍼링 과정을 겪어야 했다. 이 말은 사용자가 영상을 미리 올려놓거나 재생과 끊김이 반복되는 상황을 참고 견뎌야 했다는 뜻이다. 영상 전송 경로를 단축하는 방법들을 파악하고 그곳에 투자함으로써 구글은 인터넷을 통한 영상 시청을 훨씬 더 효율적으로 바꿔놓았다. 이와 같은 발전 덕분에 인터넷의 다른 많은 부분도 혜택을 입었다.

오늘날 유튜브는 학술적인 영상과 온라인 교육 부문에서 구글 인수 이전에 비해 훨씬 앞서나가는 선두 주자이기도 하다. 알렉스 태버럭Alex Tabarrok과 내가 온라인 경제학 교육 사이트인 '마지널 레볼루션 유니버시티Marginal Revolution University, RUniversity.com'를 시작했을 때 우리는 이 콘텐츠를 어디에 올리려 했을까? 다들 짐작한대로 바로 유튜브다. 구글은 이 서비스에 대해 우리에게 얼마를 청구했을까? 단 1달러도 요구하지 않았을 뿐만 아니라 사용자에게도 요구하지 않고 우리 제품(콘텐츠)이 구글이나 우리 자신 또는 제3자를 위한 광고에 연결되는 일도 없다. 이 말은 검열이 있는 국가를 제외한 전 세계의 사용자가 모든 종류의 영상 교육 자료에 무료로 접속할 수 있다는 것을 의미한다.

오랜 기간 동안 구글과 휴대전화는 그리 어울리는 조합으로 보이지 않았다. 하지 만 2005년 구글은 안드로이드를 인수하고 이 기업의 오픈 소스 체계를 전 세계에서 가장 일반적으로 사용하는 휴대전화 소프트웨어로 향상시켰다. 그 이후로 다른 기업들도 이 소프트웨어를 수정하고 확실히 개선했기 때문에 어쩌면 구글이 자신들의 행동에 따른 가장 큰 수혜자가 아니었을 수도 있다. 하지만 구글과 안드로이드의 조합 덕분에 수억 명의 사람들은 보다 좋은 스마트폰을 더 저렴한 가격으로 사용할 수 있었다. 보다 일반적으로 구글은 자신들의 소프트웨어 대부분을 오픈 소스화함으로써 다른 사람들이 이를 더욱 발전시킬 수 있게 했다. 심지어 다른 기업들이 구글의 오픈 소스 소프트웨어를 기반으로 성장할 수 있게 도움을 주는 일만 하는 기업까지 있을 정도다.

이 모든 것들이 이제 겨우 20년 된 기업에서 나왔다. 내가 보기에 정말 놀랄 만한 것은 너무나 많은 사람들이 구글을 공격하고 비난한다는 사실이다. 내가 독점 규제 당국이 구글을 조사해서는 안된다는 글을 쓴 뒤 한 비판가가 내 블로그 '마지널 레볼루션'에 이런 불만 가득한 글을 남겼다. "이를테면 구글은 연간 일정표 쇄신에는 전혀 관심이 없고 반으로 나뉜 할 일 목록 제품밖에 없지만 이들은 모두 지메일의 통합 기능으로 보호받고 있다." '이게' 불만이라고? 그런 말 하지 말기 바란다. 그것들은 꽤 수준 높은 제품들이다.

이제 구글이 혁신을 꽤 강력히 추진하는 기업임을 알았다. 페이스북은 어떨까? 페이스북은 창업 이래 자사 제품의 품질과 다양성을 지속적으로 업그레이드해왔다. 2006년 야후가 페이스북을 10억 달러에 인수하겠다고 제안했으며 당시 많은 비평가들은 페이스북 CEO 저커버그가 이 제안을 별 고민 없이 받아들일 것으로 생각했다. 하지만 그는 당연히 이 제안을 거절했고 계속해서 더 많은 투자를 진행하며 페이스북의 가치를 제안보다 몇 배나 더 끌어올렸다. 2017년 기준 페이스북의 가치는 500억 달러가 넘었다. 분명히 저커버그는 미국의 최근 CEO 그 누구보다도 기업 내 자본 배분을 잘했다. 페이스북의 가치 상승 대부분은 당시에 도입된 서비스 및 품질 업그레이드와 혁신에서 비롯됐다.

예를 들어 사용자가 지정한 친구의 프로필 변경이나 활동을 자동으로 업데이트해주는 뉴스피드News Feed 아이디어는 2006년 도입됐으며 현재 뉴스피드는 페이스북의 표준이며 핵심 특성으로 간주된다. 페이스북은 또 특정 대상을 목표로 하는 타깃 광고 개발의 선두 주자 역할을 해왔고 현재 페이스북과 구글은 광고 시장 점유율이 가장 높은 기업으로서 다른 기업들과 점유율 격차는 크다. 페이스북의 큰 장점은 사용자가 특정 분야에 관심을 지닌 계층이나 개인을 접촉할 수 있다는 것이다. 이를테면 자신의 제품이나 서비스를 경제학에 관심 있는 사람을 타깃으로 삼아 광고하고 싶은 경우를 생각해보자. 예전에는 그렇게 하기가 어려웠지만 페이스북은 이 일을 적은 비용으로 쉽게 할 수 있게 만들었다. 우리가 광고를 게재하면 페이스북은 그 광고가 경제학에 관심을 보이는 개인에게 분명히 전달되도록 한다. 이는 기업이 자신의 제품에 관한 정보를 개인들에게 전달하는 방식을 획기적으로 바꿔놓았다. 더 나아가 페이스북은 광고 시장이 모바일에서도 운영될 수 있게 했다. 페이스북이 상장 당시에는 모바일 광고를 안 하고 있었으며 많은 산업 전문가들은 모바일 광고가 과연 성공할 수 있을지 의문스러워했다. 하지만 오늘날 모바일 광고는 단연코 페이스북 수익 흐름의 가장 큰 부분을 차지하고 있다.

페이스북은 또한 미디어 기업들이 독자에게 기사를 보내는 방식에 대변혁을 일으켰고 실제로 짧은 기간 만에 세계에서 가장 거대하고 중요한 미디어 기업으로 우뚝 섰다. 나는 그와 같은 발전에 대해 약간의 의구심이 있고 그 내용을 나중에 다시 살펴보겠지만 혁신만을 놓고 보면, 이는 중대한 사례임에 틀림없다. 마지막으로 페이스북은 인공지능 서비스의 품질을 개선하고 이 서비스를 페이스북 페이지에 접목시키려 한다. 이러한 노력이 얼마나 성공할지는 두고 봐야겠지만 최소한 그들은 인공지능 분야의 경쟁을 더욱 치열하게 만드는 데 일조하고 있다.

나는 솔직히 말해 개인적인 삶 속에서 구글만큼 페이스북을 좋아하지는 않는다. 물론 페이스북이 정말 놀랄 만큼 훌륭한 기업이고 저커버그가 우리 시대의 가장 인상적인 CEO 중 한 명이라고 여기지만 그래도 내게는 두 가지 불만 사항이 있다. 첫째는 매우 개인적이고 주관적인 것이다. 페이스북 페이지는 보기에도 그렇고 사용하기에도 혼란스러우며 페이스북이 지금껏 해온 페이지 구성 변경도 나를 혼란스럽게 만들었다(새롭게 만들려는 의도였겠지만 내가 보기에는 너무 과한 변경이었다). 그렇긴 하지만 나는 대부분의 사용자가 페이스북 페이지를 그런대로 잘 사용하고 있다는 사실은 인정한다.

페이스북에 관한 나의 두 번째 불만은 미국 대중이 일상적으로 접하는 뉴스의 질을 페이스북이 향상시키지 않고 있다는 내 믿음에서 비롯된 것이다. 점점 더 많은 사람들이 뉴스를 접하고 이들을 친구들과 공유하는 수단으로 페이스북을 활용하고 있다. 이런 상황에서 뉴스 제작자들에게는 편파적이거나, 인물 중심적이거나, 너무 감상적이거나, 겉만 번지르르하거나 이런 속성을 일부 섞어놓은 뉴스처럼 대중이 원하는 것만 제공하려는 경향에 훨씬 더 쉽게 빠질 수 있는 기본적인 동기가 생긴다. 뉴스를 제작하는 조직들은 상당히 품위 없는 방식으로 이런 고객들의 흐름을 가능한 한 빠른 속도로 쫓아다니며 시장 수요에 부응해왔다.

한 전문가는 전형적인 소셜 미디어가 다음과 같은 기사를 공유한다고 설명했다. "맙소사! 이런 일이 정말 가능하다니! 당신은 물을 처음 본 새끼 오리가 한 일을 과연 믿을 수 있을까요?" 사실 새끼 오리들이 하는 일은 연못에서 물을 한 모금 마시는 것일 테지만 실제로 이 기사가 무엇을 얘기하려는지 알아보려면 기사를 클릭해 봐야 한다.

직설적으로 말하면 페이스북으로 시간을 낭비하는 건 정말 쉽다. 이와 반대로 구글 서비스는 정보를 찾거나, 영화 티켓을 사는 방법을 검색하거나, 구글 지도를 활용해 길을 찾는 것과 같은 특정 용도에 보다 잘 맞춰져 있다. 과제 해결의 시작과 끝이 보다 명확하므로 나는 구글이 문화적 피해를 끼치는 것보다 사회적 선을 더 많이 행하는 한 가지 이유가 바로 여기에 있다고 생각한다.

페이스북의 뉴스 스토리에 관해서는 러시아가 조작한 콘텐츠가 최근 많은 주목을 받았다. 나는 이를 사소한 문제로 본다. 이런 콘텐츠에 붙은 광고에 사용된 돈이 당시 페이스북의 '하루' 광고 수익의 약 0.1퍼센트에 불과하며 매우 적었기 때문이다. 2016년 대선 이후 불거진 '가짜 뉴스'에 관한 많은 보도는 내게 오보처럼 느껴진다. 우리들 대부분은 완전히 잘못된 기사를 얼마나 많은 사람이 클릭하고 좋아했는지를 표시하며 자극적인 제목으로 사용자의 클릭을 유도하는 쓰레기 같은 기사를 페이스북에서 본 적이 있을 것이다. 하지만 이런 기사에 대한 클릭 수는 페이스북에서 일어나는 사용자 활동 전체의 비율로 보면 아무리 후하게 가정해도 0.0006퍼센트에 불과하다. 안타까운 일이지만 우리는 TV와 타블로이드 신문, 전달된 이메일, 저녁 식사 자리에서 오가는 대화, 개인 사생활에 관한 가십에서도 수많은 오보를 접하며 살고 있다. 페이스북에서 일어난 러시아의 활동이 선거 결과에 영향을 미쳤다는 사실을 보여주는 믿을 만한 증거는 정말 없었다.[4]

'보다 심각한' 문제는 힐러리 클린턴Hillary Clinton의 이메일 스캔들을 두고 별로 중요할 것도 없는데 엄청나게 많은 기사를 게재한 주류 언론 매체에 있으며, 이런 기사들은 아마 페이스북에 올라온 어떤 스토리보다도 힐러리의 대권 기회에 더 많은 악영향을 미쳤을 것이다. 각 기사가 사실에 기반을 둔 정확한 것일 수도 있지만 전반적인 인상은 적절하다기보다는 부정적이었다. 진짜 뉴스를 보도해서(또는 보도하지 않아서) 빈번하게 여론을 호도하는 것이 노골적인 거짓말과 허위사실보다 언론에서 더 큰 문제가 되는 경우가 많다. 〈컬럼비아저널리즘리뷰〉의 한 평가에 따르면 〈뉴욕타임스〉는 모든 정책 이슈에 관해 선거 직전 69일간 보도한 횟수만큼 클린턴의 이메일에 관한 기사를 선거 운동 막바지 6일 동안 1면에 실었다.[5]

나는 지난 대통령 선거 기간 동안 가짜 뉴스가 미친 영향력을 우리가 분명히 알 수 있을 것으로 생각하지는 않지만 미국인들 중 14퍼센트만 소셜 미디어를 선거 관련 뉴스의 주요 공급원으로 생각했다는 사실을 명심하기 바란다. 선거에 관한 여론을 놓고 보면 페이스북은 가족이 미치는 영향과 사적인 대화, 케이블 뉴스, 라디오 대담 프로, 이메일, 책 등을 비롯한 수많은 여론의 근원과 경쟁을 벌이기 때문에 결코 독점이라 할 수 없다. 아니면 선거 양상을 보다 폭넓게 살펴보라. 민주당은 주지사와 주의회 선거에서 형편없는 성적을 거뒀는데 페이스북의 가짜 뉴스와 러시아에서 들여온 허위 정보가 이들 선거에 중요한 역할을 한 것 같지는 않다. 최근에 실행된 한 연구는 정치적으로 가장 편향된 미국인이 노년층이라는 결과를 보여주는데, 이들은 소셜 미디어에서 뉴스를 접할 가능성이 가장 낮고 케이블 TV 뉴스를 가장 많이 보는 계층이다. 다양한 방향으로 전개되는 언론의 편파성과 양극성의 문제는 실제로 존재하지만 페이스북의 러시아산 콘텐츠에 관한 것들만 문제가 있는 것은 아니다.[6]

이 문제로 페이스북이 받아왔던 모든 비난들과 관련해, 우리는 영리를 추구하는 출판사들이 수백만 명을 죽음으로 몰아넣은 마르크스Marx와 마오쩌둥Mao Zedong, 히틀러Hitler, 스탈린Stalin 같은 사상가에 관한 책을 오랫동안 출판해왔다는 사실을 명심해야 한다. 이 책들은 여러 세대에 걸쳐 수많은 서구 지식인들의 창의력과 충성심을 지배했기 때문에 서방 세계에 중립적인 영향을 미쳤다고 말하기 어렵다. 나는 이 책들에 담긴 사상을 인정하지는 않지만 '언론의 자유' 측면에서 볼 때, 이들이 여전히 공개 시장에서 팔리고 있다는 것에 대해서는 기쁘게 생각한다. 나는 나쁜 사상에 대해 비난하지만 이를테면 펭귄랜덤하우스Penguin Random House와 같은 출판사나 출판사 소유주를 비난하지는 않는다.

하지만 페이스북은 만만한 희생양이 돼버렸다. 이는 아마도 페이스북이 우리의 삶에서 너무나 눈에 잘 띄는 부분이기 때문일 것이다. 그런데 실상은 개방된 출판 환경이 그야말로 수많은 나쁜 사상의 소통으로 이어진다는 것이다. 물론 이것도 언론의 자유의 한 부분이며 이와 같은 딜레마는 늘 있어왔다. 하지만 이를 놓고 페이스북이 독점이라는 이유로, 아니면 기사를 주문하는 알고리즘을 활용한다는 이유 등으로 이번에는 정말 다른 기준이 페이스북에 적용되는 것 같다. 나의 순진하고 오랫동안 품어온 역사적 관점에 비춰볼 때 출판사(또는 라디오)가 파시즘과 마르크스주의, 공산주의 사상 등을 전파하며 끼친 피해에 비하면 페이스북에 의한 피해는 아무것도 아니었다.

여기서 나는 개인적으로 페이스북에 '선동적인' 유료 광고를 한 적이 있다는 사실을 실토해야겠다. 바로 앞에서 유튜브와 관련해 언급했던 온라인 무료 교육 프로그램 '마지널 레볼루션 유니버시티'를 소개하는 광고였다. 광고의 목적은 경제학에 관심을 보이거나 대학교와 관련이 있는 페이스북 사용자들을 타깃으로 우리 프로그램의 영상을 클릭하도록 유도하는 것이었다. 이들 광고가 실제로 우리 사이트에 대한 방문을 유발했기 때문에 내가 이와 같은 광고비 지출에 불만족스럽다고 말할 수는 없다. 하지만 우리는 좀비처럼 반쯤 죽어 있고 무기력한 사람들을 이 광고만으로 조정할 수는 없었고 비록 초기에는 광고 덕을 많이 보았지만 얼마 지나지 않아 유료 광고를 중단했다. 이것이 오늘날 우리가 듣는 것보다 훨씬 더 전형적인 페이스북 광고 사례다.

인터넷 정보 제공자가 이용자 맞춤형 정보를 제공해 이용자가 걸러진 정보만 접하게 되는 '필터 버블filter bubble'은 페이스북을 비난하는 또 다른 이유이지만, 이는 사실에 근거를 둔 것이 아니다. 나는 페이스북이나 다른 소셜 미디어가 보수주의자는 보수적인 정보에, 진보주의자는 진보적인 정보에만 귀를 기울이는 세상을 만든다는 비난이나, 같은 성향의 사람들끼리만 의견을 주고받고 다른 목소리에는 귀를 닫는 에코 챔버echo chamber 효과에 관한 비난을 너무나 많이 들어왔다. 어쩌면 때로는 그 말이 사실처럼 느껴지기도 하지만 데이터 수치를 보면 최소한 지금까지는 이런 염려가 괜한 것으로 생각된다.

우리가 아는 한 보수주의자들이 꽤 좌파 성향을 띠는 뉴스 공급원을 많이 방문하며 좌파 성향의 사람들도 보수적인 언론을 상당한 수준으로 이용한다는 점을 고려할 때 온라인 뉴스에서의 이념적 분리 현상은 그리 많지 않다. 예를 들어 이용 가능한 최상의 데이터를 보면 보수주의자는 인터넷상에서 보수적인 언론에 평균 60퍼센트 노출되는데, 이를 압도적으로 높은 수치로 보기는 어렵다. 진보주의자도 비교적 보수적인 사이트에 약 53퍼센트 노출된다. 이 데이터를 보면 이념적 분리는 온라인이 아니라 가족과 친구, 동료들과 얼굴을 맞대고 교류하는 곳에서 더 많이 일어난다는 사실을 알 수 있다.[7]

나는 페이스북에 대해 아주 특별한 염려가 하나 있는데, 바로 페이스북이 우리를 약간은 지나치게 사교적으로 만들며(물론 온라인상에서) 배우자나 자녀들과 대화와 같은 다른 일을 할 시간을 부족하게 만든다는 점이다. 사용자들이 원하는 것이 바로 사교성이라는 데에는 의심의 여지가 없지만, 우리의 관심을 정말 효과적으로 지배하는 페이스북의 능력이 인간의 관심을 우리가 노력해야 할 일에서 다른 쪽으로 향하게 할 수도 있다. 내가 보기에는 항상 보다 나은 쪽으로만 향하는 것은 아니다.[8]

이런 염려는 비교적 개방된 언론에서 비롯된 광범위한 문제와 관련이 있다. 페이스북은 전달용 매체로서 사용자가 선호하는 사항을 여러 측면에서 전달한다. 이를테면 친구에게 보내는 추잡한 쪽지, 인종차별적인 의견, 유해하거나 비효율적인 정치적 명분 조성 등이 여기에 포함된다. 크게 성공한 어떤 매체라도 좋은 정보뿐만 아니라 나쁜 정보도 많이 전달하기 마련이며 페이스북도 예외는 아니다. 이런 현상에 대한 나의 비난 대부분은 페이스북 사용자에게 집중되며 어느 정도는 페이스북에 몰려드는 사용자들을 너무 열심히 뒤쫓는 언론 기업을 향한 것이다. 여전히 나는 너무나 많은 원리와 지극히 따분한 직감이 너무 효과적으로 전달되게 만드는 매체에 완전히 만족해야 한다고 생각하지는 않는다. 이 문제를 해결하려면 페이스북에 훨씬 더 가부장적이고 빅브라더와 같은 통제가 필요하다는 것을 알고 있지만 어쩌면 치료가 병보다 더 나쁠 수도 있다.

내가 이 장을 쓰면서 생각하는 가장 큰 논란은 페이스북과 유튜브가 논쟁의 여지가 있는 뉴스와 정보 공급원을 강력히 검열할 것인가 하는 데 있다. 전반적으로 좌익보다는 우익 성향의 사람들이 이에 대해 더 많이 염려한다. 거대 기술 기업에 좌파 성향의 직원들이 너무 많으며 이들이 어떻게 해서든 반대쪽의 의견을 불리한 처지에 놓이게 만들 것이라고 염려하는 보수 우파, 즉 공화당을 지지하는 사상가와 분석가들의 말을 나는 자주 듣는다.

내가 이 책을 쓰는 동안에도 이 이슈는 점점 계속 진전되고 있어서 여러분이 이 책을 읽을 때쯤이면 이런 논의가 이미 시대에 뒤떨어진 일이 될지 모르겠지만 그래도 몇 가지 사항을 주장하려 한다. 첫째, 대부분의 주요 기술 기업들은 콘텐츠 검열을 원한 적이 없었다. 비용도 많이 들며 검열 분야에서 명확한 잣대를 찾아내는 것이 얼마나 어려운지 누구보다도 잘 알고 있다. 검열이 이슈로 떠오른 것은 대중과 일부 정치인이 대책을 요구하고 기술 기업 직원들도 어느 정도 압력을 행사했기 때문이다. 그러므로 우리의 불평은 어쩌면 기술 기업 자체가 아니라 문제의 본질적인 어려움을 향해야 할지도 모르겠다.

둘째, 페이스북과 유튜브가 엄청난 양의 콘텐츠를 전달하므로 그들의 삭제 결정 일부가 잘못된 것으로 판명되더라도 우리는 전혀 놀랄 필요가 없다. 이 책을 쓰는 동안 일부 사람들이 입증되지 않은 실수의 증거를 두고 아무리 심하게 아우성을 치더라도 페이스북과 유튜브의 전반적인 기록은 아주 좋아 보인다. 일부 소셜 네트워크에서 방문과 게시 금지 조치를 받은 소수의 파시스트와 인종차별주의자를 제외한 나머지는 자신이 적절하다고 생각하는 의견을 자유롭게 게시할 수 있다.

마지막으로, 우리는 현재와 과거를 비교해야 한다. 페이스북과 유튜브가 우리를 부당하게 그들의 플랫폼에서 쫓아내고 다시 들어오지 못하게 하는 경우를 가정해보자. 이는 정말 나쁜 상황이다. 하지만 우리가 기본적으로 3개의 주요 방송 네트워크나 거대 라디오 방송국에 참여하거나 주요 신문사에 글을 올릴 기회가 전혀 없었던 그 '옛 시절'이 우리에게 훨씬 더 좋았을까? 일부 반대 목소리가 거대 기술 기업에서 엄격하게 다뤄지기는 하지만 현재 이런 의견을 발산할 수 있는 수단은 그 어느 때보다 많다.

전체적으로 볼 때 지금은 우리가 조심스럽게 행동할 필요가 있는 시기이며 나는 실제로 대중의 압력 때문에 주요 기술 기업이 너무 많은 삭제를 요구하거나 '서비스 불가' 결정을 내리지 않을까 염려하는 사람들의 생각에 공감한다. 하지만 이것도 쉽게 해결할 수 있는 문제는 아니다. 처참한 이미지와 아동 포르노그래피를 게재하지 않을 권리가 거대 기술 기업들에 있다고 우리가 이미 인정한 마당에 우리는 사실상 그들의 일부 재량권을 부정할 수 없다.

페이스북이나 유튜브를 두세 개의 보다 작은 조직으로 분리하면 도움이 될까? 나는 그렇게 생각하지 않는다. 이는 단지 몇 개 더 늘어난 기업들이 동일한 대중의 압력에 직면하고 지금과 거의 유사한 콘텐츠 처리 결정에 이를 가능성이 아주 크다는 의미에 불과하다. 우리에게 주어진 진정한 옵션은 인터넷상에서 우리의 아이디어에 관심을 보일 만한 곳을 찾고 그에 맞춰 조정하는 것이다. 그래도 지금은 얼마 전까지 우리가 알고 있었던 시대보다 지식인들이 훨씬 더 자유롭게 의견을 발산할 수 있는 세상이다.

페이스북과 유튜브 외에 또 하나의 거대 기술 기업으로 애플을 들 수 있다. 반대되는 평판이 있기는 하지만 애플 또한 지속적으로 중요한 혁신을 이룬 기업이다. 애플은 개인용 컴퓨터와 스마트폰, 스마트 테블릿이라는 정말 중요한 세 가지 개발을 이미 이뤘을 뿐만 아니라 보다 새로운 기술 발전을 추구하려고 계속 노력한다. 애플워치Apple Watch의 미래는 여전히 불확실하지만 적어도 보다 높은 품질과 실용적인 인터넷 기반의 웨어러블 기기 개발로 이어지는 중요한 성과임에는 틀림없다. 이미 수백만 명의 사용자들은 애플워치를 통해 편리하게 메시지를 주고받으며 자신들의 특정 행동 방식을 쉽게 추적하고 측정할 수 있다는 사실을 발견하고 있다. 애플페이Apple Pay는 핀테크fintech 환경에서 중요한 역할을 수행하며 수백만 명의 사용자들은 자신의 스마트폰을 단말기에 단순히 갖다 대는 것만으로도 상품과 서비스 대금을 지불할 수 있다. 비록 이것이 최종 승리를 가져다주는 기술이 아니라 하더라도 이후 다른 기술 향상으로 이어지는 징검다리 역할을 하고 있다.

또 다른 예로 아마존을 살펴보자. 아마존은 서적 판매로 시작해 다른 소매 분야까지 진출했다. 중고 책을 새책과 함께 판매하는 방식도 의미가 있으며 이를 통해 중고 책을 사고 싶어 하는 수백만 명의 소비자에게 가격 인하 효과를 가져다주는 혁신에 성공했다. 아마존은 분명히 세상에서 가장 훌륭한 물류 네트워크를 구축했으며 지금은 드론을 이용한 물품 배송 방식을 연구하고 있다. 드론 배송

이 성공하든 실패하든 또 규제 당국에서 승인을 받든 못 받든 이 시도는 대담한 혁신이다. 아마존의 클라우드 컴퓨팅 진출 시도는 이 시장을 활성화시켰으며 다른 혁신 기업들이 보다 쉽게 사업을 급속히 확대할 수 있게 했다. 아마존은 알렉사Alexa를 통해 가정용 인공지능 제품 개발의 선구자 역할을 했다. 알렉사에게 명령하면 알렉사는 내장된 소프트웨어가 허용하는 한 이 명령을 수행하며 앞으로 더 많은 업그레이드도 기대된다.

그리고 아마존의 또 다른 혁신으로 전자책 단말기인 킨들Kindle도 있다. 아마존의 휴대전화는 제대로 통하지 못했지만 다른 기술 기업들과 마찬가지로 아마존의 전체 기록은 아마존이 보다 나은 제품으로 우리의 삶을 개선하기 위해 얼마나 많은 노력을 기울이고 있는지 보여준다. 혁신이라는 단어가 여기에도 어울릴지 모르겠지만 현재 아마존은 재래식 서점이 여전히 충분한 경제적 의미를 지닐 수 있다는 사실을 증명하는 혁신을 추진하고 있다. 아마존이 서적을 선택하고 진열할 때 사용하는 원칙은 아마존을 통해 생성된 데이터에 더 많이 의존하므로 전통적인 서점 방식과 크게 다르다. 우리는 아마존의 새로운 서점이 성공하면 이 방식을 보게 될 것이다.

전체적으로 볼 때 나는 거대 기술 기업들이 지금껏 이룬 정말 다양한 혁신에 감탄을 금치 못한다. 그들은 초창기에 성공을 이뤘던 특정 사업 분야를 넘어 인간의 재능을 한데 모으고, 발휘할 동기를 부여하며, 조정하는 핵심 역량을 보유하고 있는 것 같다.

기술 기업은 우리를 바보로 만들까?

기술 기업에 대한 또 다른 비난은 인터넷을 '얕은 지식'의 산실로 지칭하는 것이다. 이는 구글이 우리를 바보로 만들고 있다고 주장했던 니콜라스 카와 같은 사상가들에게서 나온다. 이 비난은 기술 기업 자체가 아니라 광범위한 사회적, 기술적 영향력을 정확히 집어 지적하므로 이 책의 초점에서 약간 벗어난 것으로 생각된다. 하지만 오늘날 지적 환경의 한 특성은 기업들에 대한 비난이 하나 만들어지면 어느 정도까지는 이 비난이 인정받는다는 것이다.

신기술에 대한 이런 비난은 그 기술이 인간에게 미치는 효과를 지적한다. 즉 기술 기업이 인간의 주의 집중 시간을 단축시키고, 기억력도 줄어들게 하며, 광범위한 세계를 피상적으로만 이해하는 새로운 세상을 열었다는 것이다. 인터넷 중심의 새로운 세상이 시작된 지 10년에서 15년밖에 안 된 시점에서 평가하기가 쉽지는 않지만 그와 같은 비난에 대응할 만한 몇 가지 주장은 있다.

첫째, 보다 길어진 장편 작품과 연재물에 대한 관심은 줄어들기는커녕 오히려 늘어나고 있다. 《해리포터》 시리즈는 당시 최고의 베스트셀러였으며, 《왕좌의 게임》은 책과 TV 연속극 모두에서 인기가 높았다. 문화적 소비 측면에서 보면 시청자가 많은 시간을 들여 연속해서 봐야 하고 상당한 시간과 주의를 기울여야 하는 TV 시리즈물이 많은 인기를 끄는 경향이 있다.

출판되는 책의 평균 길이는 짧아지는 게 아니라 점점 더 길어지고 있다. 베스트셀러와 널리 논의되는 책들에 관한 한 조사를 보면 책 한 권의 평균 길이는 1999년 320페이지에서 2014년 400페이지로 늘어났다. 물론 트위터와 짧은 페이스북 게시물도 많지만 실제로 긴 작품에서 멀어지고 있다는 주장은 분명히 사실이 아니다. 설사 그렇다 하더라도 그건 아마도 독자들이 완전히 흥미롭지 않은 일부 장편 작품들을 포기하는 현상일 것이다.

나는 전 세계를 휘젓고 다니는 인터넷 비판가들 대부분이 무려 4시간 이상이 소요되는 마이스터징거Die Meistersinger 오페라의 새로운 공연 영상을 찾아보거나, 펭귄 출판사에서 5권으로 출간한 18세기 중국 소설《홍루몽》을 읽었다고 생각하지는 않는다. 그들이 그랬을 수도 있지만 인터넷은 이와 같은 작품에서 사람들을 멀어지게 하는 것만큼 이 작품들에 대한 관심도 불러일으킬 가능성이 높은 것 같다. 물론 이런 취향은 소수에게 한정된 것이지만 인터넷이 정말 잘하고 있는 한 가지는 개인의 취향에 정확히 들어맞는 잘 알려지지 않은 작품을 소개해 결국 사람들이 그런 작품을 진정으로 좋아하게 만드는 것이다.[9]

둘째, 인터넷과 다소 애매한 의미로 확대하면 기술 기업까지도 사람들이 생각하는 방식과 주의를 기울이거나 때로는 기울이지 않는 방법을 실제로 바꿔놓았다. 나는 우리가 인터넷의 장기적 영향력과 결과까지 지금 알 수 있다고 생각하지 않는다. '어쩌면' 많은 문제를 일으킬지도 모르지만 인터넷은 사람들을 다양한 사상과 문화, 새로운 음악을 접할 수 있게 한다. 그리고 블로그와 유튜브를 비롯한 온라인 생활 곳곳에서 발견할 수 있는, 놀랄 만한 수준의 양과 질의 지적 담론에 노출시켜준다는 측면에서 아주 멋진 영향력을 발휘했다. 인터넷이 재앙을 불러왔다고 결론 내리기에는 아직 너무 이르며 실제로 보다 광범위한 시기에 걸친 역사를 보면 다양한 정보를 많이 보유하는 것은 일반적으로 인류에게 매우 유리한 방향으로 작용했다.

인터넷에 관한 지금의 비난은 예전에도 오페라와 소설, 문고본 서적, TV, 로큰롤 음악 등에 대해 다양한 형태로 나타났다는 사실을 여러분이 알고 있는지 모르겠다. 이를테면 18세기와 19세기에 소설은 건강 악화와 부모에 대한 불복종, 계급의식의 붕괴, 여성의 자립 의지 상승 등을 포함한 여러 형태의 '죄'와 연관지어졌다. 한 비평가는 이렇게 언급했다. "소설을 읽는 것이 정신에 미치는 영향은 술 한 모금 마시는 것이 육체에 미치는 것과 같다." 당시에는 예전부터 내려온 매체가 보다 새로운 형태의 매체와 경쟁하는 것을 좋아하지 않았으며 이에 따라 이념적 전쟁은 다양한 매체들 사이에서 벌어졌다.

이런 얘기들은 이미 들어봤을 것이다. 하지만 세계 대부분 지역과 특히 미국에서 삶은 일반적으로 점점 더 나아지고, 언론 매체는 보다 유용하고, 더 많은 정보와 즐거움을 제공하는 존재로 계속 성장해왔다. 어쩌면 '지금'이 정말로 문화적, 지적 종말의 시기라고 주장할지도 모르겠지만 이와 같은 주장에 대한 근거는 최소한 아직까지는 없다. 오늘날 전자 기기에 의존하지 않으면 기억할 수 있는 미국의 주 수도와 전화번호가 별로 없다는 것이 그렇게 끔찍한 일일까?[10]

어쩌면 약간은 겁이 날 수도 있지만 생각해볼 만한 미래의 시나리오도 있다. 즉 인터넷이 보다 강력하고 대중적인 방식으로 대체되기 때문에 인터넷 시대가 매우 한시적일 수 있다는 것이다. 한 가지 가능한 방식을 예로 들면 일부 가상현실을 활용해 정보와 오락물에 연결하는 것이다. 그런데 앞으로 어떻게 될지 누가 알 수 있을까? 더 나아가 아이디어를 생각하고 제시하는 인터넷 특유의 방식이 있다고 가정해보자. 그런데 인터넷이 잠재적으로 멸종 위기에 처한 존재라면 그와 같은 사고와 소통의 방식들이 사라지기 전에 이들을 최대한 찾아내서 활용하고 전파하는 것이 우리의 문화적 의무일 것이다. 비록 '인터넷 스타일'을 선호하지 않는다고 하더라도 이런 형태의 시점 간 대체는 꽤 타당할 수 있다. 예를 들면 17세기와 18세기에 유행했던 바로크 음악이 내가 선호하는 스타일은 아니지만 그 시기가 보다 클래식한 음악 작품 형태로 넘어가기 전에 새로운 시도를 해볼 수 있는 가장 좋은 시기였다는 사실에 여전히 만족한다. 그러므로 '인터넷 사고방식'을 어떤 의미로 받아들이든 우리는 분명히 그 방식에 몰두하기 위해 더 많은 노력을 기울여야 한다.

최근의 또 다른 비난은 실리콘밸리가 하찮은 일에만 집중한다는 것이다. 2017년 일부 비난은 와이파이를 통해 작동시킬 수 있는 400달러짜리 주스기로 '실리콘밸리의 오만함을 그대로 드러낸 황당한 아바타'로 불렸던 주세로Juicero를 향해 쏟아졌다(이 주스기를 만든 기업은 이후 파산했다). 내가 선호하는 블로거 중 한 명인 스콧 알렉산더Scott Alexander는 이 비난에 반박하기 위한 일에 착수했다. 그가 발견한 내용을 소개한다.

나는 실리콘밸리의 전설적인 스타트업 인큐베이터, 와이컴비네이터Y-Combinator에서 최근 배출된 52개의 스타트업을 조사했습니다. 이들 중 13개는 이타적이거나 국제적 개발에 초점을 맞추고 있었습니다. 여기에는 은행을 이용할 수 없는 가난한 사람들이 금융 서비스를 접할 수 있게 도움을 주는 애플리케이션인 니마Neema와 의사의 도움을 못 받는 아프리카인들에게 온라인 의료 서비스를 제공하는 캉페Kangpe, 인도에서 개인 사용자간 대출 서비스를 가능케 하는 크레디Credy, 위험한 환경에 처한 환자들을 위한 자동 유전병 상담 도구인 클리어 제네틱스Clear Genetics, 인도에서 월 1달러짜리 과정을 통해 글을 읽고 쓰는 기술을 가르치는 도스트 에듀케이션Dost Education 등이 포함돼 있었습니다.

이들 중 또 다른 12개 스타트업은 최첨단 기술에 정말 몰두하고 있는 것처럼 보였습니다. 스스로를 '인간 인체공학 플러그앤플레이(주변 기기를 본체에 연결하면 바로 쓸 수 있는 기기)'로 묘사하는 CBAS, 식물에 든 당분에서 과산화수소를 만들어내는 방법을 보유한 솔루젠Solugen, 산업용 3D 프린터를 생산하는 AON3D, 새로운 유전 공학 시스템을 구축한 인디Indee, 방사선학에 인공지능을 적용한

알렘헬스Alem Health 등이 이 부류에 속하며, 물론 스타트업계의 필수 항목인 드론 배송 시스템도 여기에 포함됩니다.

인큐베이터에서 지원을 받은 스타트업 중 9개가 실제로 '멍청한' 곳으로 분류될 수도 있다는 사실을 알렉산더가 발견하기도 했고 앞서 언급한 스타트업들도 물론 모두 다 계속 성공할지는 모르지만, 전체적으로 볼 때 그렇게 나쁜 기록일까? 미래를 생각해보면 어떤 어처구니없는 혁신이 때로는 획기적인 선구자로 판명될지 늘 쉽게 알 수 있는 것은 아니라는 사실을 명심해야 한다.[11]

어쨌든 나는 인터넷을 비난하는 자들이 자신의 말을 정말 확실히 믿고 있는지 의문스럽다. 나는 또 구글이 사람들을 바보로 만드는지를 두고 니콜라스 카와 TV 토론에서 논쟁을 벌인 때를 기억한다. 나의 첫 번째 질문은 카에게 이 토론을 준비하면서 내가 누구인지를 알기 위해 구글을 검색했는지 묻는 것이었다. 나는 바로 그 즉시 토론에서 이겼다고 생각했다. 또한 그의 저서처럼 지적인 책이 서점보다 온라인상에서 턱없이 적게 판매됐을 것으로 생각하지 않는다. 비판가들에게는 인터넷이 '다른 사람들'을 주로 바보로 만든다고 생각하는 강한 경향이 있을 뿐이다. 사실상 우리 모두는 매우 정기적으로 검색하고 있으며 그러는 이유는 인터넷이 엄청나게 유용한 정보를 많이 제공하기 때문이라고 말하고 싶다.

지속되는 사생활 노출

거대 기업들의 다양한 부분을 모두 고려해볼 때 나는 전반적으로 기술 기업에 대해 찬양할 것이 너무 많다는 사실에 몹시 놀란다. 믿기 힘들 정도의 혁신들 외에도 기술 기업들은 보다 포용성 있는 미국의 새로운 비전을 표현하는 데 앞장서고 컴퓨터만 아는 괴짜들이 멋진 사람들로 거듭나는 데 도움을 줬다. 또한 캘리포니아주 북부 지역을 세계에서 가장 역동적인 지역(그리고 슬픈 일이긴 하지만 값비싼 지역)으로 바꿔놓았다. 지난 20년 동안 실리콘밸리는 실제로 세계의 역사가 새로 쓰이는 중요한 지역이 됐으며 아마 앞으로도 더 많은 역사가 생겨날 것이다.

거대 기술 기업의 또 다른 좋은 점은 최소한 초창기에는 워싱턴 정가를 향한 로비에 거의 관심을 보이지 않았다는 것이다. 대부분의 경우 그들은 초기에 워싱턴에 아주 작은 사무실만 두거나 아예 두지 않고, 정부에 간청하는 일도 그리 많지 않으며, 주로 간섭받지 않기를 원하고, 경쟁 기업에 대한 법적 규제도 요청하지 않았다.

이미 알고 있겠지만 정부의 업무와 정책에 대한 이런 관심 부족은 1998년 마이크로소프트를 상대로 한 독점금지법 소송 등 일부 부정적인 결과로 이어지기도 했다. 오바마 대통령 재임 시 백악관을 가장 빈번하게 방문한 인사들 중 실리콘밸리의 CEO는 일부에 불과했으며, 지금은 트럼프의 정통적이지 않은 대통령직 수행에 대처하고 있다. 물론 그들도 대통령의 환대를 받고 싶어 할 뿐만 아니라 좋은 관계를 유지하는 것이 기업을 제대로 운영하는 데 극히 중요하다는 사실을 어렵게 깨달았다. 그런데도 그들의 애초 성향은 뛰어난 제품을 제공하고 최선을 다해 경쟁에서 앞서나감으로써 성장하고 번성하는 것이었다면 이는 정말 칭송할 일이 아닐까?

그렇다면 거대 기술 기업에 숨겨진 문제점은 무엇일까? 이들의 부정적인 면은 개인의 사생활 노출이었으며 이와 관련해 나는 실제로 중요한 문제 또는 최소한 미래의 잠재적 문제를 볼 수 있다. 단순한 진실은 기술 기업들이 점점 더 정교해지는 통계 기법에서 추론한 빅데이터로 불리기도 하는 정보를 포함해 사람들의 삶에 관해 자신들이 보유한 모든 정보를 기록하고 저장하며 때로는 거래한다는 것이다.

이 문제에 관한 많은 비난들과 달리 나는 '지금까지' 사생활 침해가 용납할 수 없거나 세상의 종말을 가져올 정도로 심각했다고 생각하지 않는다. 각 개인은 소셜 네트워크에 가입하거나 온라인 매장에서 쇼핑을 하면 자신에 관한 정보가 수집되고 저장된다는 사실을 알고 있다. 물론 이렇게 수집된 정보가 어떻게 유통되고 사용되는지 정확히 알 수는 없다. 개인들은 거래에 대한 대가로 자신의 정보를 제공하는 셈이며 대부분은 이런 형태의 거래를 기꺼이 계속해왔다. 더 나아가 페이스북 이용자들은 이 서비스에 오히려 열광적으로 참여했다. 그들은 이를테면 자동차를 살 형편이 안 돼서 버스만 타고 다니는 것처럼 페이스북 서비스 이용을 마지못해 한다는 인상을 주지 않는다.

그렇다고 문제가 전혀 없다는 말은 아니다. 대신 나는 사생활 침해에 관한 비난이 인터넷 사용자의 딜레마를 과장하고 있는 모습을 자주 본다. 페이스북이 정말 끔찍하다면 더 많은 사람들이 왜 이메일 주소 목록을 대안으로 삼지 않을까? 물론 그렇게 하는 사람들도 많으며 이런 사실은 앞서 언급했던 소셜 네트워크 사이의 경쟁이 보기보다 더 치열하다는 것을 다시 한 번 보여준다.

나는 현재가 아니라 앞으로 일어날 가능성을 더 많이 염려한다. 이와 같은 사생활 침해 문제가 앞으로 10년에서 20년 뒤에 더 심각해질 것이라는 상상은 쉽게 할 수 있다. 현재 우리는 일종의 경사진 비탈길, 즉 파멸로 떨어지는 길에 서 있다. 지금은 수용할 수 있는 문제라 할지라도 어쩌면 미래에는 우리가 훨씬 더 나쁜 곳으로 미끄러져 내려갈지도 모르겠다. 게다가 민간 부문이 보유하고 있거나 앞으로 보유할 개인정보들 중 많은 부분이 소환 영장, 강제 정보 공유, 행정 당국의 사찰 또는 해킹 등을 통해 정부의 수중에 들어갈 수도 있다. 그러므로 우리가 개인정보를 갖고 있는 기업을 믿는다 하더라도 그 정보가 여전히 그곳에 있을 것이라는 보장은 없다.

그렇다면 사생활 침해 분야는 어떻게 더 악화될 수 있을까? 첫째, 안면 인식 기술이 확산되기 시작했으며 점점 더 정확해지고 있다. 최근 한 보고서에 따르면 이 기술의 정확도는 70퍼센트에서 80퍼센트이지만 그런 정확성이 나올 수 있는 조건에 대한 의문이 제기되고 있기 때문에 나는 이 수치가 그렇게 의미 있다고 생각하지는 않는다. 그래도 앞으로 몇 년 내에 슈퍼마켓 출입처럼 정상적이

고 통제된 상업 환경에서 안면 인식이 대부분의 고객들을 식별할
가능성은 꽤 높아 보인다. 실외와 공공장소에서의 안면 인식은 시
시각각으로 변하는 상황과 각도 그리고 훨씬 더 다양한 공간 형태
때문에 더 어렵다. 하지만 이 부분에서도 이미 상당한 발전이 이뤄
졌으며 앞으로 더 있을 것이다.

중국에서는 안면 인식 기술이 이미 많이 적용되고 있으며 두바
이 국제공항 같은 공공장소에도 이 기술을 활용한 시스템이 더 많
이 설치될 예정이다. 이런 시스템이 범죄를 저지하는 역할도 하지
만, 동시에 반체제 인사를 추적하는 데 얼마나 많이 활용되고 있는
지 의문을 품지 않을 수 없다. 중국 상하이시가 무단 횡단자를 발견
하면 국가 데이터베이스를 통해 개인 신원을 확인해 벌금을 부과
할 뿐만 아니라 그 사람의 사진을 버스 정류장에 게시해 창피를 준
다는 뉴스에 우리는 과연 기분이 좋을까?[12]

가까운 장래에는 우리가 공공장소를 방문하면 방문 사실이 기록
되고 더 나아가 우리의 동선 중 많은 부분에 관한 데이터를 분석하
고 추적할 방법이 있을 것으로 가정하는 것이 안전한 생각이다. 이
런 상황을 두고 우리는 먼저 안면 인식에 관해 보다 활발하게 공개
적으로 토론하고, 기본 규칙 및 거부할 수 있는 방법에 대해서도 면
밀히 검토하며, 시민들에게 자신의 초상권과 어쩌면 걸음걸이 형태
에 대한 소유권까지도 더 많이 인정해줄 방법을 고려해야 한다.

음성 녹음은 미래에 대한 또 다른 걱정거리다. 기술 발전에 힘입
어 이제 어느 정도 떨어진 거리에서도 사적인 대화를 녹음하는 게

더 쉬워지고 있다. 물론 이런 대화 내용은 온라인에도 쉽게 올릴 수 있다. 녹음 장비의 감도가 매우 좋아서 밀폐된 방만 정말 안전하다고 하면 어떻게 될까? 공원에서 늘 해오던 산책마저도 음성 녹음의 위험에 노출될 수 있다. 현재 사람들이 이메일에 쓸 내용을 두고 매우 조심스러워하는 것과 마찬가지로 미래에는 꽤 먼 거리에서 또는 곤충 모양을 한 초소형 드론에 의해 녹음될 수도 있다는 두려움 때문에 사적 대화에서 하는 말을 조심해야 할지도 모른다.

미국의 많은 주에서 이처럼 동의를 받지 않은 녹음을 불법으로 규정한 것이 다행이긴 하지만 여전히 녹음한 사람과 업로드한 사람의 이름을 밝히지 않은 채 인터넷과 트위터에 떠돌아다니는 녹음된 대화는 한 사람의 경력까지 망칠 수 있다. 나는 이런 일이 앞으로 더 많이 일어날 것으로 예상한다. 우리는 여기에 관련된 법을 더욱 강화하고 모든 주에서 일관되게 적용해야 하며 전반적으로 우리가 하는 말을 늘 조심해야 한다. 이런 현상을 보면 오늘날 무엇보다도 정중함과 예의가 사라졌으며 앞으로 다가올 신세계에서는 더욱더 그럴 것이다.

일상적인 가정생활에서 사물인터넷을 사용하는 경우가 늘어나면서 집 안 공간도 완벽하게 안전한 곳이 아닐 수 있다. 차고 문과 음향 기기, TV에 말로 명령을 내리고 이들이 명령에 즉각 반응하는 모습을 보면 정말 굉장하다. 물론 이는 그런 사물들이 가족 간의 말다툼, 아이들을 나무라는 소리, 직장 동료에 대한 험담, 침대에서 일어나는 일 등에 항상 귀를 기울이고 있다는 뜻이기도 하다. 어떤 이들은 이렇게 말할지도 모르겠다. "아니에요, 우리 집에 있는 기기들은 내가 하는 말을 항상 듣고 있지는 않을 겁니다. 내가 '수리수리 마수리! 내 말을 들어라!'라고 소리치기 전까지는 아무 말도 듣지 않습니다."

뭐, 그럴지도 모르겠다. 하지만 그 기기들은 언제 작동을 시작해야 할지 알기 위해 일종의 백그라운드 듣기 기능background listening을 실행해야 한다. 우리는 이렇게 입력된 미가공 데이터에 어떤 일이 일어나는지 정말 알고 있을까? 이들이 안전하게 보관되며, 집에서 했던 대화를 있는 그대로 복원하는 데 사용되지 않는다고 '확신'할 수 있을까? 자동차를 포함한 '모든' 기기를 믿을 수 있을까? 미국 국가안보국National Security Agency이 접근할 수 있는 데이터가 얼마나 많은지 알고 있었던 사람들이 얼마나 될까? 아마존에서 출시한 인공지능 스피커 알렉사의 듣기 기능이 사용자의 동의 없이 작동하도록 해킹당한 적이 없다고 확신할 수 있을까?

나는 정말 모르겠다. 물론 그 기기가 시장에 출시된 후 오랜 시간 동안 검증되기 전까지는 그 누구도 알 수 없다. 한편 나는 그런 기기들을 원하지 않지만 언젠가는 시장에 등장하는 보다 새로운 세대의 가전 기기와 주택들에 이들 기기가 필요할지도 모르겠다. 그런 유감스러운 시대가 오면 나는 내가 하는 말에 더욱 조심할 것이다. 주로 말하는 사람이 누구인지 분명히 드러나는 내 집 안에서는 특히 더 그럴 것이다.

그저 공상 과학 소설에서나 일어나는 일이 아니다. 이미 사법 당국이 아마존의 또 다른 인공지능 스피커 에코Echo에 녹음된 살인 용의자 관련 내용을 확인하기 위해 아마존에 소환장을 발부한 사례가 있었다. 2015년 미국 아칸소주 벤톤빌에서 한 남자가 온수 욕조에 빠져 죽은 사건이 발생했고, 경찰은 에코의 백그라운드 녹음에 추가 단서가 있는지 확인하고 싶어 했으며 수색 영장이 있든 없든 해당 기기를 해킹할 수 있었다(이 책을 쓰고 있을 때 이들 문제의 최종 처리는 혼란스러운 판결들과 함께 여전히 미결 상태로 남아 있었다). 아마도 우리가 살인을 저지를 일은 없겠지만 얼마나 많은 사람과 심지어 법을 철저히 지키는 사람조차도 자신의 세금에 대해 배우자와 나눈 대화가 녹음된 데이터를 미국 국세청 요원이 듣기를 바랄까? 소환장이 아니더라도 우리는 거의 모든 것이 해킹당할 수 있는 시대에 살고 있으며 이런 사실은 앞서 말한 기기들의 녹음에도 적용될 수 있을 것이다.

해커들이 할지도 모르는 일들 중 하나는 기기가 작동 지시에만 수동적으로 반응하기로 설정돼 있는데도 기기를 작동시키는 것이다. 어쨌든 사용자의 작동 명령을 인식하려면 일종의 마이크가 사용자의 목소리를 듣고 일정 방법으로 그 내용을 판단하도록 설정돼야 한다. 이런 상황에서 의도하지 않은 녹음이 이뤄질 가능성을 완전히 없앨 수 있다는 말을 믿기는 어려워 보인다. 만약 실제로 알렉사라는 이름을 가진 친구가 있다면 어떻게 될까? 또는 사용자가 수학적 문구(미시경제학에서 자주 등장한다)인 '사전식 배열a lexicographic ordering'이라는 단어를 말하면 녹음 기기가 때로는 이 문장의 첫 부분 영어 발음을 '알렉사'로 인식하는 오류를 범하지 않을까? 아니면 해커들이 어떻게 하든 이런 시스템들에 침입할 방법을 찾아낼 수도 있다.

빅데이터에 대한 관심이 높아진 것도 또 다른 사생활 침해로 이어질 수 있으며, 이들은 대부분 추론적 또는 확률적 데이터에 근거한 사생활 침해라 부를 수 있다. 한 소프트웨어가 당신의 일반적인 쇼핑 습관을 알고 있다고 가정해보자. 이 소프트웨어는 매장에서 매트리스를 구입하는 사람을 발견하고 그 사람이 당신일 확률이 60%라고 판단했던 안면 인식 프로그램과 대화, 즉 정보 교환을 시작한다. 또 다른 소프트웨어는 당신이 얼마 전 이사했다는 정보를 보내온다. 그러면 '전체 시스템'은 당신이 정말 매트리스를 구입한 확률이, 이를테면 최소한 83퍼센트라고 판단하고는 침구에 관한 광고를 당신에게 보낼 것이다.

이와 같은 상황에서 실제로 당신이 어디에 있었는지 누구라도 알 수 있다고 말할 수는 없지만 그 '시스템'이 꽤 괜찮은 아이디어를 갖고 있을 가능성은 높다. 물론 이와 유사한 과정은 소프트웨어가 특정 아이패드, 스마트폰, PC의 소유자가 같은 사람인지의 여부를 판단하면서 이미 일어나고 있다. 대개의 경우 소프트웨어는 그 기기들의 소유자가 동일인인지 아닌지 알고 있으며 그에 따라 그 사람이 보유한 모든 기기를 타깃으로 특정 광고를 보낼 수 있다.

추적 기술이 발달하고, 우리의 삶이 점점 더 온라인화되고, 빅데이터에 대한 관심이 높아지면서 이와 같은 확률적 지식의 확장 현상은 쉽게 상상할 수 있다. 쉽게 말하자면 나는 사람들의 모든 성격상 결함과 불완전함을, 단지 일부 수치를 근거로 전체를 추정하는 방식을 통해 누구나 쉽게 알 수 있을까봐 염려스럽다. 만약 누군가가 스카치위스키를 너무 많이 주문했거나 '의료용 대마'에 조금 과한 관심을 보였다면 어떻게 될까? 어느 정도 안정돼 있고 지루한 삶을 사는 나 같은 사람들에겐 그리 나쁜 영향을 미치지 않겠지만 이제 막 직장 생활을 시작한 사람이라면 어떨까?

전자 의료 기록은 또 하나의 염려스러운 분야다. 비록 많은 보건의료 개혁가들이 이런 방식을 크게 칭찬하고 있지만 나는 이 방식이 남용될 가능성을 걱정한다. 완전히 통합된 전자 의료 기록을 소유한 어느 미국인이 다른 모든 이들의 보건의료 이력을 추적하는 상황을 상상해보자. 더 나아가 일부 개인들 또는 외국의 적대적 세력이 데이터베이스를 해킹해 그 내용을 전 세계나 특정 국가들에 알리는 시나리오를 생각해보자. 이는 심각한 개인 사생활 침해일 것이다.

정신 질환(내가 좋아하는 표현은 아니지만, 내가 무엇을 지칭하는지 여러분이 알 것으로 생각한다) 때문에 잘못된 행동을 했거나 몇몇 심각한 질병이나 불행한 상황을 겪었던 사람은 누구라도 그 기록이 평생 동안 남을 것이다. 이에 따라 이런 범주에 바탕을 둔 통계적 차별이 늘어나고 인생에서의 '두 번째 기회'는 줄어들며, 결국 더 많은 사람들이 전문적인 도움을 구하는 데 주저하는 결과로 이어질 것이다. 일부 부모들은 자녀를 보건의료 시스템에서 완전히 벗어나게 하거나 최소한 정신 건강 질병 부문에 관련되지 않게 할지도 모른다. 자녀의 질병 기록이 특정 직업을 구하는 데 어려움을 줄 수도 있기 때문이다. 그리고 모든 의료 진단, 특히 확인하거나 정의 내리기 어려울 수밖에 없는 다양한 정신적 상태에 대한 진단에서 건강한 사람을 환자로 판단하는 잘못된 경우도 많다는 사실을 기억해야 한다.

의료 사생활 침해 상황은 이미 많은 사람들이 인식하는 것보다 더 안 좋다. 예를 들면 2015년 720건의 의료 자료 누출이 발생했고, 이들 중 가장 많은 데이터를 누출한 7건은 거의 200만 건의 개인 의료 기록을 사기 행위와 개인 신원 도용의 위험에 노출시켰다. 2014년 초 의료보험 기업 앤섬Anthem에서 약 8천만 명에 이르는 고객들의 계좌 정보가 도난당했고, 훔친 도둑들은 이 정보를 이용해 주로 허위 세금 신고서를 제출하며 세금 환급을 신청하거나 위장된 신분으로 대출을 신청할 수 있었다.

확인 가능한 증거들을 보면 아직까지는 이런 해킹들이 환자의 사생활 침해가 아니라 사회보장번호(주민등록번호)와 같은 금융 관련 정보를 얻기 위해 일어나고 있지만 앞으로는 의료 기록 자체가 누구나 다 아는 공공 지식이 되거나 그에 가깝게 되는 상황을 어렵지 않게 상상할 수 있다. 정신 질환을 이미 앓고 있던 누군가가 의료 기록을 해킹당한 뒤, 가상화폐 1만 달러를 보내지 않으면 기록을 공개하겠다는 협박 메일을 받는다고 상상해보자. 여러분이 이 책을 읽을 때쯤이면 이런 일이 신문에 보도되든 안 되든 이미 발생했을 것으로 나는 확신한다.[13]

현재 해커들이 실제로 병원과 전자 의료 기록을 '타깃'으로 삼고 있다는 사실은 그렇게 잘 알려져 있지 않다. 해커들은 병원 데이터 베이스에 침입해 의료 정보들을 입수하고 병원이 접근할 수 없는 방식으로 저장한 뒤 자신이 민감한 정보를 보유하고 있다는 사실을 병원에 증명하고는 돈을 요구한다. 해킹한 의료 기록은 암시장에서 신용카드 정보보다 10배 많은 돈을 벌어들일 수 있다. 일반적으로 병원은 해커가 요구한 돈을 지불하며 해킹 사실이 너무 크게 부각되지 않게 한다. 결국 비즈니스를 중시하는 의료 기관이 자신의 취약성을 공개적으로 드러낼 이유가 없기 때문이다. 그래도 나는 그런 사고가 항상 조용히 처리될 것으로 가정해서는 안 된다고 생각한다. 어느 시점이 되면 협박범들이 환자에게 직접 요구하려들 것이다. 어쩌면 이미 그런 일이 일어났을지도 모르겠다. 아니면 해커들이 마지막에는 보상금을 요구하는 대신 정보를 그냥 공개해버리거나 또 다른 해커에게 해킹당할 수 있다. 또는 정보가 어차피 공개될 것이라고 생각하거나 요구하는 액수가 너무 크다고 여긴 병원이 보상금 지불을 거절할 수도 있다. 이때 해커들은 정보에 대한 대가로 돈을 갈취하기 위해 계속 노력하다가 결국 거래가 결렬되고 정보가 공개되는 결과로 이어질지도 모르겠다.

사람을 대상으로 한 납치가 늘 피해자의 무사 귀환으로 끝나지는 않듯이, 모든 정보 탈취가 평화로운 합의로 해결된다고 기대할 수는 없다. 다시 말하지만 지금은 신용카드 번호와 주민등록번호가 가장 취약하지만 앞으로는 의료 정보도 암거래와 보상금 목적으로

보유하는 중요한 상품이 된다는 것을 쉽게 상상할 수 있다.[14]

여기서도 우리는 이런 문제를 전체적인 관점에서 바라봐야 한다. 대다수 의료 기록 누출 사례의 핵심 문제는 범죄자들이다. 기술 기업이 아니다. 게다가 사이버 보안 분야의 기술 발전이야말로 이와 같은 정보 누출에 대한 가장 효과적인 '보호 장치'다. 하지만 비록 기술을 혁신하는 기업 자체가 도덕적으로 책임질 일은 아니라 하더라도 새로운 기술이 등장할 때마다 이를 뚫기 위한 보다 강력한 신종 범죄가 생겨나며, 이에 따라 염려는 점점 더 커진다.

또 다른 잠재적 문제는 유전자 검사와 그 검사 결과에 담긴 정보에서 생길 수 있다. 지금은 면봉으로 볼을 문질러 DNA 샘플을 채취한 뒤 몇몇 기업에 보내 유전자 검사를 신청할 수 있는 시대이며, 이 기업들 중 가장 대표적인 기업은 23앤드미23andMe다. 이 기업은 신청자의 특정 질병에 대한 민감성(이 부분에는 어느 정도 법적 제한 조치가 내려졌다)과 인종적 배경에 관한 정보, 인척 관계에 있을 법한 다른 사람들에 관한 정보 등을 검사 신청자에게 보내준다. 이와 같은 검사 결과에는 개인 정보 문제가 일부 포함될 수 있지만 아직은 관리할 수 있는 정도로 보인다. 더 나아가 기업이 보유한 정보는 공공 영역에 유출된 적이 (아직까지는?) 없었다.

하지만 유전가 검사가 보다 정밀해지는 미래를 생각해보자. 한 개인의 유전체 판독이 그 사람의 성실성과 지능 지수, 기질, 우울증에 대한 민감성을 비롯해 잠재적 고용주와 미래의 배우자도 관심을 둘 만한 다양한 개인적 요소들을 보여줄 수 있다. 이들이 개연적 정보일 가능성이 아주 높지만 여전히 가치 있는 정보임에 분명하다. 그럼에도 잠재적으로는 부담스러울 수 있다.

단지 추측일지 모르지만 그럴 경우 사생활 침해 가능성이 크게 높아질 수도 있다. 즉 각 개인을 향해 이런 정보를 등록하라는 압박이 아주 심해질 수 있다. 어느 기업의 취업 면접에 가서 자신의 유전자 정보 제출을 거부하는 경우를 상상해보자. 해당 기업은 그런 사람을 고용하지 않을 수도 있다. 아니면 면접관이 커피 한잔을 제공하고는 그 컵에서 면접자의 DNA 샘플을 채취할 수도 있다. 누군가와 데이트를 한다면 자신의 모든 유전자 정보를 자신만 아는 비밀로 간직하기가 매우 어려워질 것이다. 일단 유전자 정보가 어떤 방식으로든 '어딘가에' 공개된다면 이들은 온 사방에 퍼져나간다고 봐야 한다. 좋은 유전자 특성 또는 그런 것으로 인식되는 특성을 지닌 개인은 자신의 정보를 오픈 데이터베이스에 자발적으로 공개할 것이다. 이런 과정을 따르지 않는 개인들은 공개를 거부한 사실에 따른 당연한 추측으로 종종 '열등한' 사람으로 간주될지도 모른다 (전과 기록과 법적 문제에 관련된 이력 공개로 위험에 처할 수 있는 경우를 상상하며, 동일한 논리를 유전자 정보 공개를 거부하는 자에게 적용해보라). 또는 유전자 관련 데이터가 해킹을 당해 위키리크스WikiLeaks와 같은 곳에 공개될 수도 있다. 이럴 경우에는 뇌물을 주더라도 이 정보를 영원히 비밀로 남겨두지는 못할 것이다.

1998년 데이비드 브린David Brin은 유명한 책《투명한 사회The Transparent Society》를 출간했다. 그는 이 책에서 개인들이 사생활을 잃고 있지만 전체적으로 볼 때 좋은 일일 수도 있다는 의견을 제시하며 부패 감소와 우리 자신의 참모습에 대한 개방성, 평판 및 경쟁력 점검 강화가 이런 현상의 전개를 환영할 이유로 꼽았는데, 이는 실제로 단순한 '사생활 상실'이 아니라 '보다 위대한 투명성'으로 묘사될 수 있다. 당시 나는 브린의 주장을 꽤 설득력 있는 비전으로 봤지만 시간이 흐르면서 그 효력은 그렇게 잘 유지되지 못했다고 생각한다. 먼저 한 가지 이유를 들면 우리는 개방성과 투명성이 우리가 생각했던 것만큼 진실을 드러낼 가능성이 높지 않다는 사실을 깨달았기 때문이다. 모든 또는 대부분의 정보가 인터넷에 드러나는 세상에서 일부 정치인들은 오히려 더 많은 거짓말을 하며, 이와 같은 거짓 주장을 뒷받침하는 데 관심을 보이는 개인이나 기관들은 무수히 많다. 투명성의 반부패 효과는 알려진 것보다 훨씬 약해 보인다. 예를 들어 트럼프를 보면 이해가 충돌할 때 쓰는 그의 주요 전략은 단순히 부인하거나 거짓말하는 것이며 지금까지는 그런 방법으로 잘 빠져나갔다. 다시 강조하지만 완전히 투명한 세상에는 그에 맞서는 또 다른 '진실'의 근원이 늘 있기 마련이며 누가 가장 중요한 정보 관리자가 돼야 할지 결정하기 어려운 것 같다.

긍정적으로 보면 미래에는 사생활 보호 기술이 사생활 침해 기술을 앞지를 가능성이 충분히 있다. 기술 분야를 포함한 민간 기업들은 이미 사생활 보호를 강화하기 위해 많은 일을 해왔다. 이제는 개인의 메시지를 암호로 쉽게 바꿀 수 있다. 이런 암호화는 미국 국가안보 기관의 반대만 아니었더라면 훨씬 더 빨리 실현될 수 있었다.

테러리스트와 여러 다른 범죄자의 남용 가능성을 감안할 때 사람들이 암호화 확산을 좋아하거나 좋아하지 않을 수도 있지만 암호화 기술은 기술 세계가 단지 사생활 침해에만 관련이 있다는 생각이 잘못됐음을 보여준다. 이와 비슷하게 사람들은 일회용 또는 임시 휴대전화인 일명 버너폰burner phone이나 임시 이메일 주소를 구입할 수 있으며 이들이 바로 기업이 제공하는 사생활 보호의 또 다른 두 가지 본보기다.

사생활 보호를 강화하는 많은 기술들은 이미 오랫동안 우리 곁에 있었다. 우리는 자동차 유리창이나 외딴 곳에 떨어져 있는 주택 창문에 틴팅 필름을 붙여 내부가 밖에서 보이지 않게 할 수 있으며, 나 자신을 알아보는 사람이 있을 가능성이 낮아 사업이나 개인 생활을 누구의 방해도 없이 조용히 할 수 있는 쇼핑몰과 영화관, 식당을 찾기가 훨씬 더 쉬워졌다. 가끔씩 나는 향이 강하고 볼품없고 민족 특성이 강하게 나타날수록 더 좋다고 평가받는 각 민족 고유의 음식을 파는 에스닉 식당ethnic restaurant이 이런 민족 그룹에 속하지 않는 사람들에게 사생활을 보호해줄 가능성이 다른 무엇보다도 높은 곳으로 생각한다.

현대 미국 도시와 도시 근교의 사생활을 작은 시골의 사생활과 비교해보자. 인구 밀도가 높은 지역 사람들이 인터넷을 더 많이 사용하면서도 더 많은 프라이버시를 누리는 것 같아 보이는데, 이는 대부분 이 지역의 높은 밀도와 식당, 정치 집회 장소, 슈퍼마켓을 비롯한 다양한 형태의 물리적 공간으로 이뤄진 방대한 네트워크 덕분이다.

대개의 경우 기업과 상업적 활동의 높은 밀도는 도시와 도시 근교의 프라이버시를 높여준다. 아니면 보다 극단적인 경우로, 미국 현대 도시의 프라이버시와 인터넷이 전혀 없는 인디언 원주민 마을의 프라이버시를 비교해보자. 여기서도 그 결과는 꽤 명확하다. 즉 상업과 기업이 미치는 순 효과가 개인의 프라이버시를 높여왔다. 이런 경향이 언젠가 뒤바뀔지도 모르지만 지금까지는 상업과 기업이 사생활을 침해하는 경우보다 보장하는 경우가 더 많았으며 당분간은 계속 그럴 것 같다.

최종적으로 얘기하자면 기업이 우리 사생활을 침해하는 주요 적이라고 분명히 말할 수는 없다. 일반적으로 대부분의 사람들에게는 친구와 인척, 동료, 지인들과의 대화나 수다가 구글 또는 소셜 네트워크에서 얻는 정보보다 더 사생활을 침해할 위험이 크다. 인터넷에 의한 사생활 침해와 인터넷과 상관없는 침해의 상대적 범위를 어떻게 가늠할지 모르겠지만, 터무니없이 떠돌아다니는 소문, 즉 가십은 아주 오래된 문제이며 심지어 오늘날에도 가장 심각한 사생활 침해의 대다수는 아주 전통적인 경로를 통해 이뤄지고 있다.

직장에서는 한 직원이 상사에게 다른 동료가 열심히 일하지 않고, 늦게 출근하며, 술을 너무 많이 마시고 사무실 내에서 또 다른 직원과 부적절한 애정 행각을 벌인다고 고자질할 수도 있다. 소셜 미디어에 쏟아진 그릇된 비난들과 달리 대개의 경우 등 뒤에서 은밀하게 퍼져나가는 험담에 반격할 수 있는 방법은 없다. 다시 말하지만 이런 형태의 사생활 침해나 거짓말 또는 둘 모두가 최소한 소셜 미디어와 인터넷에서 일어나는 것보다 더 심각할 가능성은 있다.

공립 고등학교와 중학교는 대부분 가십에 의한 사생활 침해로 엄청난 고통이 발생하는 미국인의 삶 중 한 부분이다. 이들 학교에서는 가족의 스캔들과 무너져버린 우정, 교묘한 연애 술수, 사소한 질투, 스포츠 경기 성과, 누가 '재수 없는 놈'인지를 비롯해 그 학교에 다니는 개개인에게 매우 중요한 수많은 사적인 일에 관한 가십이 난무한다. 가십이 종종 따돌림으로 이어지거나 자녀의 학업 성적에 악영향을 미칠 경우 부모들이 염려를 표하기도 한다. 물론 이런 가십 문제는 기술 기업들보다 훨씬 먼저 생겼으며 실제로 전기가 생기기 전부터 있어왔다. 미국 고등학교와 중학교에서 일어나는 잔인한 행동은 평범한 인간이 입소문이나 전화와 같은 평범한 기술에 의존해 저지르는 때로는 가학적이기까지 한 사생활 침해 경향을 입증하는 가장 중요한 사례다. 어쩌면 기술이 따돌림을 더 악화시키는 경우도 있을지 모르겠지만 기술은 사람들에게 그런 세계에서 벗어날 피난처를 제공하기도 한다.

이 장을 맺으며 마지막으로 기술 기업에 관해 한 가지 더 주장하려 한다. 여러분이 이 장을 읽을 때쯤이면 해킹과 독점 금지, 정치적 스캔들, 데이터 악용 등을 포함한 새로운 이슈들이 등장했을 것이다. 이와 같은 이슈들은 주류 언론이나 케이블 TV 토론 프로그램에서 접할 가능성이 가장 높다. 그럴 때면 이런 언론 기관들 대다수가 코드 커팅cord-cutting(유료 방송 가입자가 서비스를 해지하고 보다 저렴한 인터넷 방송 등의 새로운 미디어 플랫폼으로 옮겨가는 행위-옮긴이) 또는 페이스북과 구글 등의 소셜 미디어의 등장에 따른 광고 수입 축소로 경제적 고통을 받아왔다는 사실을 기억하기 바란다. '이 미디어 기업들의 주요 경쟁자는 분명히 페이스북과 구글'이다. 이런 배경에 놓인 언론들이 페이스북과 구글을 보도할 때 어느 정도의 객관성을 유지할 수 있을까?

간단한 질문을 하나 해보자. 언론 매체들은 이해 충돌 방지 규칙을 자사 소속 저널리스트에게 적용하듯이 자신들의 주요 경쟁자에 관한 자체 보도에도 적용할까?

나는 미국의 기술 부문이 점점 더 과소평가되고 있다는 나의 핵심 주장을 계속 고수할 것이다.

CHAPTER

7

월스트리트 금융 기업들은
어떤 부분에 기여하고 있을까?

월스트리트 금융 기업들은 어떤 부분에 기여하고 있을까?

금융 붕괴와 이에 따른 대불황이 발생한 2008년 이후 금융 부문은 미국 정계와 언론의 신랄한 비난의 희생양이었다. 이에 관련된 전형적인 헤드라인의 예로 〈월스트리트저널〉의 기사 제목, "거대 은행에 대한 강경책을 고수하는 엘리자베스 워런Elizabeth Warren 상원의원"을 들 수 있다. 나는 보다 광범위한 관점을 제시하려 한다. 여기서 내가 미국 금융 부문이 과도하게 비난받고 과소평가된다는 말을 한다고 해서 여러분이 크게 놀라지는 않을 것이다. 이런 사실을 입증하기 위해 먼저 일부 역사를 살펴보자.

지난 수 세기 동안 진행된 서구 사회의 부흥을 보면 문명의 발달과 금융 산업의 성장이 깊이 연관돼 있다. 최초의 수준 높은 도시 국가 수메르는 5천여 년 전에 회계와 기록 관리, 자금 대출, 은행업 등에서 큰 발전을 이뤘던 것으로 보이며, 이를 통해 주요 고대 문명이 발생할 수 있었고 궁극적으로는 유럽과 중동까지 변환시킬 수 있었다. 그리스의 도시 국가들에서는 자금 대출뿐만 아니라 재산 보존을 위한 은행 시스템이 크게 발전해 있었다.

이후 르네상스 시대의 부흥과 예술 지원도 대출과 자본 축적, 환어음을 통해 유럽의 많은 부분을 한데 묶은 은행업 발전과 긴밀한 관계가 있었다. 중세 화폐 시장은 보다 체계적이고 장거리에 걸친 은행 기관으로 변모했으며 이는 경제 성장의 주요 동력이었다. 이에 따라 회계 기법도 발전했으며 근대 국가를 이루기 위한 필요조건들이 무엇보다도 금융 기관의 기록 관리 기법을 통해 갖춰졌다. 이후에는 은행업과 공공 신용 관련업이 영국이 주도 세력으로 부상하는 데 도움을 주고 유럽의 침공과 약탈에서 자국을 보호할 수 있는 능력을 영국에 제공하며 결국 이후의 산업혁명을 일으킬 수 있게 했다. 실제로 은행업과 금융업의 부상은 문명의 발전과 유럽의 부흥에 필수적인 요소였으며 서구 사회 문명화의 대부분을 차지했다.

달리 설명하면 은행업과 금융업의 성장은 일반적으로 경제에 아주 좋은 현상이었으며 그에 따라 대부분의 시민들에게도 도움이 됐다. 은행업과 금융업이 초기 경제 성장에 어느 정도까지 원인을 제공하고 효과가 있었는지를 두고 논쟁이 있을 수 있지만 원인과 효과 모두를 제공한 건 틀림없는 사실이다. 새로운 부의 축적으로 생기는 자본을 배분하는 은행업과 금융업의 끊임없는 동반 성장 없이는 지속적인 경제 성장을 상상하기 어렵다. 은행업과 금융업은 사회에서 모은 자원을 보다 높은 수익을 올리는 투자로 전환시키는 역할을 하며, 이런 기능이 없으면 경제 성장이 시작될 수 없다.

이와 같은 사실과 일관되게 은행업과 금융업은 미국 공화국의 건설과 안정, 뉴욕의 글로벌 도시화에 중요한 역할을 했다. 은행업과 금융업 편을 드는 것은 이런 발전 과정을 수용하고, 논쟁에서 우측 성향을 띄는 것과 마찬가지다. 보다 급진적인 토머스 제퍼슨 Thomas Jefferson 지지자들은 은행업에 대해 그저 막연히 회의적이었을 뿐만 아니라 미국의 광범위한 분야에 걸친 산업화도 의심스러운 눈길로 바라봤다. 실제로 19세기 내내 은행업에 반대하는 발언은 미국에서 흔한 일이었으며 지금의 많은 비난들과 상당히 유사했다. 즉 은행은 국가의 단물을 모조리 빨아 없애는 이른바 기생충 같은 존재이며, 부패와 악용으로 가득 찼고, 워싱턴 정가의 지원을 이용해 법적 특혜를 받으며, 보다 많은 시민들에게서 이익을 편취한다는 것이었다.

하지만 이 모든 발전 과정이 막바지에 이르렀을 때 미국 은행들은 당시 완벽하지 못했음에도 불구하고 미국을 하나로 결집시키고 세계에서 가장 부유하고 자유로운 나라 중 하나로 만드는 데 기여한 방대한 도로망과 운하, 수로, 항구 그리고 얼마 뒤에는 철도와 발전 시설을 구축하는 데 도움을 준 것으로 드러났다. 은행에 반대하는 비판가의 비전은 기묘하게도 한결 같았지만 은행이 활성화되지 않으면 농업 중심적이 될 수밖에 없으며, 에너지를 효과적으로 활용하지 못하고, 사회적 또는 지리적 기동성이 약한 세상이 되는 이유를 드러냈다. 북부의 뛰어난 은행 시스템과 금융이 남북전쟁을 승리로 이끌고 그에 따라 노예를 해방하는 데 중요한 역할을 했다는 사실에도 주목하기 바란다.[1]

물론 이런 발전 과정을 따라 과도한 금융과 거품 현상, 규제상의 실수도 분명히 많았다. 여기서 요점은 르네상스 시대든 미국의 건국 시기든 모든 것이 그렇게 이상적이지는 않았다는 것이다. 그래도 보다 광범위한 역사적 관점에서 보면 은행업과 금융업에 대한 지지는 경제 개발을 옹호하고 예술이든 철학이든, 아니면 근대 국민 국가의 성장이든 문명화에 따른 영광의 확산을 지지한다는 의미였다. 예일대학교 경영대학원 금융공학 교수 윌리엄 N. 괴츠먼 William N. Goetzmann은 자신의 저서 《금융의 역사》에서 은행업과 금융업의 혁신이 진행될 수 없었더라면 서구 세계는 훨씬 덜 발전되고, 창의적이지 못하며, 행복한 곳이 되지 못했을 것이라고 주장한다. 지금으로부터 몇 백 년 뒤 우리의 후손들이 아마도 지금 시기를 되돌아보며 같은 말을 할 것이다.

하지만 2007년부터 2008년까지의 금융 위기 이후로 은행과 금융을 대하는 태도는 완전히 달라졌으며 비판가들은 금융 부문을 맹렬히 공격했다. 2016년 거의 모든 사람의 예상보다 훨씬 더 멀리 나아간 버니 샌더스의 대선 선거 운동은 은행계와 금융계에 레이저처럼 초점을 맞췄으며 워런 상원의원도 마찬가지였다. 그렇게나 많은 지식인과 인터넷 포럼 참석자, 심지어 미국의 근로자 계층이 은행 또는 최소한 자신들이 생각하는 은행의 성격에 대해 심한 반감을 드러내는 것은 정말 놀랄 일이다.

이제는 단지 좌익 성향의 사람들만 그러는 것이 아니다. 심지어 2016년 공화당의 대선 공약도 대형 은행을 해체하는 한 방편으로 글라스 스티걸법 Glass-Steagall Act의 개정안을 지지했다.[2] 금융 위기 때 부시 행정부의 부실 자산 구제 프로그램을 운영했던 닐 카쉬카리

Neel Kashkari는 은행 해체를 보다 직접적으로 촉구했다. 토머스 쾨니그 Thomas Koenig와 아놀드 클링Arnold Kling을 비롯한 일부 보수적, 자유주의 적 성향의 인물들은 미국이 독점금지법을 엄격히 적용하지 않아야 하며 규모가 훨씬 작은 은행이 보다 많이 생기는 체제로 가면 어떨 까라고 생각했다. 그런데 만약 어느 은행이 "실패하기에는 너무 크 다", 또는 "너무 커서 실패할 수 없다"라고 하면 이 말은 그 은행이 단지 너무 크다는 뜻이 아닐까?

이외에도 소비자와 고객에게 덤터기를 씌우는 금융 부문에 대한 너무나 많은 (진실한) 스토리들이 있다. 2007년 월스트리트의 5대 기업은 주주들이 800억 달러가 넘는 손실을 입었는데도 고위 임원 들에게 390억 달러를 보너스로 지급했다. 모기지 금융 기업 컨트리 와이드Countrywide의 CEO였던 안젤로 모질로Angelo Mozilo는 2007년 당 시 기업이 7억 4천만 달러의 손실을 기록했는데도 스톡옵션을 행 사해 1억 2천 100만 달러의 이익을 실현했으며, 이로 인해 모질로 는 버블 경제 시기 동안에 일어난 무책임한 대출 행태의 대표적 인 물로 부상했다. 금융 위기를 넘어선 뒤에도 소액 단기 대출 회사들 은 과도한 수수료를 부과하며, 다수의 증권 회사들은 그 주식이 좋 은 투자 대상이 아니라는 사실을 알면서도 거래 수수료 또는 리베 이트만을 위해 고객에게 주식을 추천했다. 이와 같은 악행의 목록 은 점점 늘어나고 있다.[3]

금융계가 미국의 인재들을 소모시킨다는 의견도 있었다. 금융 위기 이전만 하더라도 하버드대학교 졸업반 학생들 대부분이 금융

계통 직업을 바라봤지만 이제는 더 이상 그렇지 않다. 금융 위기가 일어나기 직전인 2007년 하버드 졸업반 학생들 중 47퍼센트가 금융계로 진출했지만 2013년에는 단 15퍼센트였다. 이는 여전히 높기는 하지만 이전보다는 적정한 수치다. 금융계는 똑똑한 사람들이 최신 동향과 정보를 신속히 파악할 수 있어 수십 년에 걸쳐 축적한 경험 없이도 크게 성공할 수 있는 분야다. 기술 기업계와 마찬가지로 금융계는 젊은 사람들의 인식력, 즉 스피드와 체력 그리고 새로운 상품과 트레이딩 기법에 빠르게 통달(또는 발명)할 수 있는 능력을 기대한다.[4]

실리콘밸리는 상대적 위상과 어쩌면 더 중요할 수 있는 연봉과 보너스 기회 측면에서 높이 평가받아왔지만 이전에 보였던 금융에 대한 관심은 일부 줄어들었다. 은행업과 금융업은 이제 더 이상 그렇게 멋져 보이지 않는다. 어느 누가 '뱅스터 bankster', 즉 불법 행위를 저지르는 은행가로 성장하고 싶어 할까? 금융 계통 직업에 대한 관심이 줄어드는 현상은 시스템이 더 균형 잡힌 방향으로 조정되고 있다는 신호이지만 비판가들은 월스트리트로 가려는 욕망이 여전히 그곳에서 받을 수 있는 보상 규모와 한 개인이 사회에 기여하는 전체 수준 사이에 부분적으로 격차가 있음을 나타낸다고 주장한다.

실제로 은행계와 금융계는 다른 모든 업계에서 볼 수 없는 문제들을 지니고 있다. 널리 이해되고 있는 금융의 핵심 특징은 수익률이 낮은 자산을 인수한 뒤 어떻게 해서든 고수익 자산으로 돌려놓는 것이다. 한편으로 보면 이는 대단한 일이다. 높은 수익을 만들어 내는 자산을 누가 마다할까? 하지만 다른 한편으로 보면 이는 위험천만한 일이다. 거품으로 이어지거나, 사기꾼들을 불러모으거나, 부채와 비유동성의 마력과 철저하고 노골적인 무책임에 너무 크게 의존함으로써 낮은 수익률의 기본 자산을 너무 심하게 왜곡하고 과장하는 금융 구조를 초래할지도 모른다.

이 장의 나머지 부분은 금융이 현대 미국 사회에 높은 수익과 상당한 혜택을 가져다줄 수 있는 비결에 초점을 맞춘다. 나는 또한 은행계와 금융계의 부정적인 면 중 대다수는 많은 사람들의 주장만큼 중요한 문제가 아니라고 결론 내릴 것이다. 그래서 또 한 번 말하지만 미국 기업은 과소평가되고 있고, 금융은 부정적인 오해가 특히 더 많이 넘쳐나는 분야 중 하나이며, 보다 긍정적인 인식은 세상에 대한 우리의 이해를 크게 향상시킬 것이다.

미국의 혁신 원동력, 벤처 캐피털

미국의 벤처 캐피털 시스템은 전 세계의 부러움의 대상이다. 새로운 아이디어가 있지만 주식 시장에 상장할 만큼 확실히 자리 잡지 못한 경우 벤처 투자자에게 도움을 요청할 수 있다. '벤처 캐피털'이라는 용어가 단어 원래의 뜻과 약간 다른 방식으로 사용되기는 하지만 성장 가능성이 높은 소규모 신흥 기업의 프로젝트와 인적 구성을 체계적으로 평가한 뒤, 이 기업에 투자하는 자금으로 보면 된다. 미국은 이런 과정에 아주 능숙하다. 2015년 미국에서 벤처 캐피털이 실행한 투자는 580억 달러에서 770억 달러에 이를 것으로 추정하며 1억 달러 이상이 투자되는 대형 투자 계약만 하더라도 77건이었고, 거의 8천 100건의 투자 계약이 성사됐다.[5]

벤처 투자자는 은행이 나서지 않는 다수의 위험한 아이디어들에 자금을 지원한다. 이를테면 어느 뛰어난 창업기업가가 웹 관련 제품의 새로운 아이디어를 갖고 있고, 이를 바탕으로 크게 성공할 확률이 2퍼센트 정도이며 만약 실패하면 기업이 파산할 상황에 놓여 있다고 가정해보자. 은행은 투자한 자본의 회수만 바랄 뿐 잠재적 성장에는 관여하지 않기 때문에 관심을 보이지 않을 가능성이 높다. 또한 일이 잘못될 때를 대비해 확보할 수 있는 담보도 많지 않다. 이와 달리 벤처 투자자는 성공 가능성이 낮지만 성공하면 얻을 수 있는 막대한 수익을 이해하기 때문에 투자에 나선다. 그들은 수십 개 또는 심지어 수백 개의 스타트업 기업에 투자하는데, 이들 중 많은 기업이 실패하더라도 성공에 이른 소수의 기업들이 투자자가 최종적으로 벌어들이는 수익의 대부분을 감당해줄 것이기 때문이다.

하지만 벤처 캐피털이 자금에만 관련돼 있는 것은 아니다. 체계적인 전문가 네트워크를 갖추고 있으며, 이에 따라 스타트업에 투자되는 자본에는 조언과 지침, 멘토링, 모니터링도 포함된다. 실리콘밸리에서 활동하는 벤처 캐피털은 대부분 인재 평가와 관련이 있으며 궁극적으로 진정한 인재가 자신에게 적절한 직장과 이사회

멤버, 비즈니스 커넥션을 찾도록 도와준다. 최고의 벤처 투자자는 다른 사람들에 대한 놀랄 만한 직관력을 지니고 있으며, 본질적으로 수많은 인재를 한데 모아 엄청나게 열정적이고 수익성이 높은 창의적 공동 기업을 세우기 위해 자신의 자금을 프로젝트에 투자하는 연결자이며 조력자다. 벤처 캐피털은 인간 경험의 가장 좋은 부분들이 모이도록 하는 역할을 한다.

벤처 캐피털의 본질은 금융에 관한 보다 일반적인 관점, 즉 금융이 돈에만 관련된 것은 아니라는 점을 반영한다. 수많은 형태의 금융 활동은 뉴욕 또는 런던에서의 전통적인 은행 대출 업무나 거래, 실리콘밸리나 텔아비브에서의 벤처 캐피털 투자 활동, 할리우드에서의 영화 프로젝트 승인 등과 같이 지리적으로 무리를 이루는 경향이 있다.

이와 같은 지리적 집적화는 금융이 신뢰 관계 구축과 밀접하게 연관되어 있기 때문에 발생한다. 투자자는 자신과 거래하는 사람들을 만나고, 판단하며, 그들에게 조언을 주고 싶어 하며 이를 위해서는 전체 네트워크가 물리적으로 어느 정도 근접해야 한다. 대규모 금융 센터는 인간의 재능들을 훌륭하게 연결시켜주는 바로 그런 지역에서 활기를 띨 것이며 뉴욕과 런던, 실리콘밸리는 모두 예술, 엔터테인먼트, 최고급 레스토랑 또는 북부 캘리포니아의 경우 프로그래밍과 경영 관리, 미래 예측과 같은 비금융적 분야의 기능을 잘 갖추고 있다. 벤처 캐피털의 가장 두드러진 특징 중 하나는 세계의 광범위한 지역에서 보기 드물다는 점이며, 이는 벤처 캐피털이 무엇보다도 기업 상호간의 강력하고 신뢰할 수 있는 지원 네트워크로 구성된, 섬세하고 쉽게 복제할 수 없는 부수적 기관들에 바탕을 두고 있다는 사실을 보여준다.

대중은 흔히 벤처 캐피털을 실리콘밸리와 기술 기업들과 관련지어 생각한다. 실제로 주요 기술 기업의 거의 대부분은 벤처 캐피털에서 비롯됐다. 그럼에도 벤처 캐피털은 폭넓은 분야에서 활동하고 있다. 벤처 캐피털 기업 중 IT 기업 투자만 전문적으로 하는 곳은 약 20퍼센트에 불과하다. 대부분의 벤처 캐피털 기업들은 세 군데 이상의 산업에 투자하며, 이들 중 39퍼센트는 자신들을 특정 산업에 집중하지 않고 가능한 모든 산업에 관여하는 제너럴리스트generalist로 묘사한다.[6]

의료 분야는 벤처 캐피털이 중요한 역할을 해왔던 또 다른 분야이며 앞으로도 그럴 가능성이 높다. 벤처 캐피털 기업의 약 13퍼센트는 일정 형태의 보건의료 분야에 특화돼 있으며, 이는 종종 정보기술 분야와 결합돼 있다. 광범위한 기술 업계와 마찬가지로 의료계와 생명공학계의 잠재적 혁신은 실패 확률이 높고, 이에 따라 은행을 비롯한 전통적인 대출 기관은 이 분야를 꺼리는 경향이 있다. 하지만 성공할 경우 광범위한 사회 전반에 돌아가는 수익과 혜택은 엄청나다.

이를 보면 지분 투자를 해야 마땅하지만 많은 생명공학 프로젝트는 너무 규모가 작고 초기 단계이며 상장 가능성을 설명하거나 입증하기가 무척이나 어렵다. 하지만 벤처 캐피털은 이 분야의 혁신 대부분에도 자금을 지원한다. 만약 더 많은 암들이 치유되거나 인간이 보통 120세까지 사는 세상이 오면 우리는 아마 벤처 캐피털에 감사해야 할 것이다.[7]

태양광 발전과 전기 자동차 부품, 새로운 배터리 기술도 벤처 캐피털의 주목을 끌고 있으며, 이들 분야의 신규 아이디어들 또한 금융적 관점에서 볼 때 위험도가 상당히 높다. 만약 미국이 청정에너지 경제로 전환한다면 벤처 캐피털이 그 공로의 대부분을 인정받아야 할 것이다.

미국 벤처캐피털협회에 따르면 벤처 캐피털의 지원을 받은 기업들이 미국 GDP의 21퍼센트와 민간 분야 일자리의 11퍼센트를 차지한다. 이 협회는 한 분야를 옹호하는 단체이기 때문에 편향된 자료를 제시할 수도 있지만 그래도 대부분의 전문가들은 벤처 캐피털이 초기 투자액 규모를 훨씬 넘어서는 영향력을 발휘했다는 것에 동의한다. 창업 초기에 벤처 캐피털의 투자를 받은 기업에는 마이크로소프트, 애플, 구글, 시스코Cisco, 이베이, 아마존, 어도비Adobe, 스타벅스, 시만텍Symantec, 우버 등이 포함된다. 미국에서 매년 창업되는 약 50만 개의 신규 기업 중 벤처 캐피털에서 자금 지원을 받는 기업은 약 1천 개에 불과하다고 추정하는 보고서도 있다. 하지만 기업공개IPO를 한 기업 중 60퍼센트 이상이 벤처 캐피털의 지원을 받았다. 이와 관련된 선상에서 보면 벤처 캐피털의 투자를 받은 벤처 기업들이 미국 증시 시가 총액의 약 20퍼센트와 미국 상장 기업 전체 연구 개발비의 약 44퍼센트를 차지하는 것으로 추정된다.[8]

다른 말로 설명하면 벤처 캐피털은 적중률이 낮기는 하지만 승자를 찾아 자금을 지원하는 일에 매우 뛰어나다. 벤처 캐피털이 실제로 투자에 실패한 기업은 대부분의 경우 구제 금융이나 지원금을 요구하러 다니지 않는다(즉 그래봐야 아무 소용이 없다는 뜻이다).

지역 단위로 보면 실리콘밸리뿐만 아니라 보스턴과 브루클린(뉴욕시 소속이 아니었더라면 미국에서 네 번째로 큰 도시)과 텍사스주 오스틴도 벤처 캐피털과 이에 관련된 투자에 힘입어 경제를 획기적으로 발전시켰다. 만약 오스틴에 왜 그렇게 좋은 레스토랑이 많고 돌아다니기에 정말 멋진 다운타운이 있는지, 좋은 교육을 받은 인구 비율이 왜 그렇게 급속히 늘어났는지 의문이 생긴다면 그 답의 많은 부분은 벤처 캐피털에서 찾을 수 있다. 벤처 캐피털은 브루클린에서 주택 고급화가 촉진되고 범죄율이 낮아지는 데에도 기여했다. 보스턴의 상당 부분은 생명공학을 중심으로 벤처 캐피털이 투자한 기업들이 차지하고 있으며 벤처 캐피털의 존재는 MIT와 (그 정도가 조금 낮기는 하지만) 하버드대학교가 인재의 산실로서 중추적인 역할을 유지하고 확장하는 데 도움을 줬다.

전 세계의 다른 주요 경제 대부분에서는 최근까지 벤처 캐피털의 활약을 그렇게 많이 보지 못했다. 미국에서는 벤처 캐피털의 투자 활동이 1980년대부터 상당히 활발했으며 일부는 1946년도까지 거슬러 올라가는 반면 베를린과 서울, 싱가포르 등에서는 이제 막 생기기 시작했다. 반도체 기업들은 페어차일드 세미컨덕터Fairchild Semiconductor를 시작으로 아주 오래전인 1959년부터 벤처 캐피털의 도움을 받았으며 실리콘밸리가 외국이 아니라 미국에 있는 주요 이유가 바로 이런 시장이 이른 시기에 존재했기 때문이다. 기술 기업을 위한 세계에서 두 번째로 큰 벤처 캐피털 시장은 이스라엘에 있다. 인구 약 8백만 명에 불과한 국가가 2위 자리를 차지하고 있다는 사실은 전 세계 대부분에 걸쳐 벤처 캐피털의 발전이 얼마나 더딘지, 그리고 벤처 캐피털에 어울리는 수준의 신뢰와 비즈니스 네트워크를 구축하는 게 얼마나 힘든지를 보여주는 신호다. 물론 이스라엘 벤처 캐피털 시장은 많은 아이디어와 영감, 인재를 미국에서 얻었다.[9]

'나쁜 금융' 또는 '낭비적 금융'의 보다 폭넓은 범주와 비교하면 우리는 벤처 캐피털이 '좋은 금융'이라는 주장을 때때로 들을 수도 있을 것이다. 하지만 벤처 캐피털이 미국 경제의 나머지 부분과 단절된 상태에서 운영되는 것은 아니다. 은행의 지원과 신용장, 벤처 투자자를 위한 효율적인 자산 관리, 적정 절차에 따르는 기업 공개, 주식 시장의 유동성 등을 비롯한 여러 특성들로 구성된 시스템에 통합돼 있다. 벤처 캐피털의 성공은 광범위한 부분에서 제대로 작동하는 미국 금융 시스템의 다른 특성들이 없었더라면 가능하지 않았을 것이다.

금융업과 벤처 캐피털이 별도로 존재하는 부분적인 이유는 우리가 이들 시스템의 어느 부분에서 성공할지 항상 미리 아는 것은 아니기 때문이다. 벤처 캐피털의 초창기에는 벤처 캐피털이 크게 성공할 것으로 확신하기 어려웠다. 실제로 자만심에 빠져 있고 돈을 낭비한다는 평판도 일부 있었다. 하지만 아주 소수의 예지력 있는 사람들은 벤처 캐피털이 실리콘밸리와 이후의 생명공학 분야에서 혁신을 추진하는 데 도움을 줄 것으로 예상했다. 더 나아가 벤처 캐피털의 경이로운 특징들 중 하나는 그런 예지력을 갖춘 사람들의 손에 점점 더 많은 자원이 집중됐고, 이들은 자신의 부를 미국 국채나 당좌예금에 묻어두는 스타일의 사람들이 아니기 때문에 때가 되면 늘어난 자원을 벤처 캐피털에 다시 투자했다는 점이다. 벤처 캐피털은 투자에 성공한 승자에게 큰 보상을 안겨주고, 이는 승자들에게 다음 투자처에 대한 강력한 결정권을 부여한다.

IPO가 벤처 캐피털의 도움으로 이뤄지는 것은 아니지만, IPO 문화는 벤처 캐피털에 연관돼 있다. 그런데 IPO를 하는 기업의 수가 계속 줄어드는 현상에서 보듯 비공개 기업으로 남아 있는 이점도 점점 늘어나기 때문에 모든 신생 기업이 IPO를 간절히 바라는 것은 아니다. 하지만 IPO는 아직 이뤄지지 않았거나 한참 뒤에 한다고 하더라도 최소한 창업주에게 보다 많은 유동성을 제공하는 옵션은 될 수 있다. 어느 경우든 창업주는 꼭 필요할 때 더 많은 유동성을 확보할 수 있는 옵션을 갖고 있는 셈이다. IPO와 벤처 캐피털은 피터 틸Peter Thiel의 저서 제목 《제로 투 원》처럼 무에서 유를 창조하는 과정을 훨씬 더 쉽게 만드는 방법을 보여준다.

물론 성공하지 못한 패자 기업의 문을 닫게 하는 것도 모든 신규 기업의 성장 이면에서 일어나는 일이다. 오늘날 오래된 기술에 투입되는 자본은 줄어드는 반면 요양원과 생명공학, 스타트업, 레스토랑, 호화 관광을 비롯해 성장을 시도하는 다양한 분야에는 훨씬 많은 자본이 흘러들어간다. 벤처 캐피털은 은행 대출과 채권 시장을 포함한 미국 자본주의 시스템의 모든 부분에서 어느 투자자가 추가 자금을 지원받을지, 또는 받지 못할지 결정하는 보다 광범위한 기능의 일부다. 사소한 기능처럼 보일지 모르지만 전 세계의 수많은 금융 시스템들이 이 기능을 제대로 실행하지 못하고 있다. 일본과 서부 유럽의 꽤 많은 국가들은 좀비 은행zombie bank(보유증권 및 대출자산 부실로 추가 자본 투입 없이는 정상적인 은행 기능을 하지 못하는 은행-옮긴이)과 좀비 기업zombie company(회생할 가능성이 없음에도 정부 또는 채권단의 지원을 받아 간신히 파산을 면하고 있는 기업-옮긴이)들을 수십 년 동안 지원하며 자본이 새로운 시도로 흘러들어가지 못하게 했다. 그런 정책들을 펼친 목적은 경제 붕괴 사태를 제한하는 것이었지만 장기적 역동성이 악화되는 결과를 초래했다.

오래되고 어쩌면 지불 불능 상태에 빠져 있을지도 모르는 은행과 기업을 계속 살려두고 운영함으로써 이를 결정한 사람들은 여전히 남아 있을 가능성이 높다. 이는 시장의 창조적 파괴 과정과 오래된 경제 분야를 기술 분야를, 포함한 새로운 분야로 교체하는 속도를 둔화시킨다. 경제 각 분야별로 보면 미국 경제는 변화하는 세계에 잘 적응해왔으며 그렇게 된 공로의 일부는 비교적 역동정인 기업 금융 기관에 있다.

미국인들을 부유하게 만든 주식 시장

수익을 끌어올리는 한 가지 방법은 주식에서 얻는 이득이 보다 많고 다양한 개인들에게 돌아가도록 하는 것이다. 19세기 중반에서 말 이후로 미국 주식은 정말 놀라운 수익을 제공했다. 검토하는 시기에 따라 다르지만 다수의 공통된 측정치를 보면 미국 주식의 수익률은 인플레이션을 감안하고도 연평균 7퍼센트에 달했다. 보다 자세히 설명하면 연간 7퍼센트 수익은 운영하는 포트폴리오의 가치가 약 10년마다 두 배로 늘어난다는 의미다. 그와 같은 수익률이 앞으로도 계속 유지될지는 모르겠지만 이런 논의의 목적을 위해 우리가 알고 있는 사실, 즉 과거에 달성한 주식 수익률에만 초점을 맞추도록 하자.[10]

물론 이 7퍼센트는 평균치일 뿐이다. 주식 수익률은 연도별로 7퍼센트가 넘을 때도 있고 그러지 못할 때도 있다. 게다가 모든 미국인들이 다양한 주식을 보유하는 것은 아니며 수익 일부를 과도한 거래와 그에 따라 발생하는 거래 수수료로 허비하는 투자자들도 많다. 투자 자문역들의 사기 행각도 문제다. 최근의 한 연구에 따르면 현재 활동 중인 금융 자문역의 7퍼센트가 불법 행위로 유죄 판결을 받았거나 합의에 이른 전력이 있으며, 그와 같은 불법 행위에 따른 합의금의 중간 값은 4만 달러에 이른다. 그리고 불법 행위에 연루된 자문역들 중 절반만 해고당하며, 해고자들 중 절반 정도는 금융 서비스 부문에서 새로운 직장을 얻는다고 한다.[11]

그래도 미국 역사 중 어느 30년 기간을 보더라도 주식 수익률은 놀랄 만큼 높으며, 특히 채권 수익률과 비교하면 더욱 그렇다. 보다 구체적으로 설명하면 1929년 경제 붕괴 직전 대표적인 주식들을 샀더라면 30년 뒤에는 채권으로 얻을 수 있었던 수익에 비해 매년 6퍼센트 이상을 더 벌었을 것이다.[12] 이와 동일한 30년 기간 동안 안전한 정부 공채의 연간 수익률은 1퍼센트 정도였으며, 이는 주식 시장에서 얻을 수 있었던 수익보다 훨씬 낮다. 투자자가 1퍼센트의 수익률로 자신의 투자액을 두 배로 늘리려면 약 70년이 걸린다.

아주 쉽게 말해 미국은 국민들에게 주식에 가장 많이 투자할 것을 장려하는 국가 중 하나다. 2015년 기준 미국인의 55퍼센트가 주식에 투자하고 있었다. 이는 미국 금융 시스템에서 얻는 주요 혜택이며 일반 미국 국민들에게는 수천 억 달러의 가치를 가져다준다. 개인적으로 주식에 많이 투자하지 않거나 아예 안 한다고 하더라도 자신의 은퇴 연금이나 퇴직 연금이 주식에 투자하고 있을 가능성은 매우 높다. 전 세계 많은 국가들이 이런 측면에서 미국 시스템을 따라잡으려 노력해왔으며 이와 같은 주식 투자의 전 세계 확산은 미국의 선구자적 노력에서 나온 또 하나의 혜택이다.[13]

모든 미국인이 주식 투자에서 얻은 수익을 단지 부를 저장하는 데에만 사용한 것은 아니었다. 실제로 미국은 보통 5퍼센트이고 때로는 4퍼센트 이하로 떨어지는 한결같이 낮은 가구 저축률로 잘 알려져 있다. 이는 미국의 주요 문제점이기는 하지만 실제로는 금융 기관에 너무 지나친 것이 아니라 너무 적게 관여하는 현상을 나타낸다. 어쨌든 높은 주식 수익률은 미국인들이 더 많은 소비를 할 수 있게 한다.

미국인들이 그렇게 주식을 많이 사는 이유 중 하나는 미국 금융시장이 수많은 금융 자산의 유동성을 상당히 높였기 때문이다. 미국 주식 시장은 비교적 공정하며 정확한 기록 관리를 토대로 어느 정도 수요에 따라 유동성 거래를 지원하는 것으로 알려져 있다. 이 말은 투자자가 유동성 확보를 위해 많은 것을 희생하지 않고도 보다 높은 수익률의 자산을 선택할 수 있다는 뜻이다. 개인이 자신의 자산에 대한 유동성을 쉽게 확보할 수 있게 도움을 주는 것은 금융 부문이 제공해야 할 주요 기능 중 하나다. 예를 들면 금융자산종합관리 계좌cash management account, CMA와 단기금융투자신탁money market fund, MMF은 개설하기 쉽고 수수료도 비교적 낮다. 또한 주식을 보유한 상태에서도 이런 상품에 언제든 가입할 수 있다.

이런 측면에서 볼 때 미국에는 눈이 부실 만큼 다양한 투자 상품이 거의 모든 위험 수준에 따라 존재하기 때문에 미국 주식 시스템은 잘 실행되고 있다고 할 수 있다. 더 나아가 미국인들은 경쟁적인 다양한 대출 기관을 통해 주택이나 자동차 등과 같이 상대적으로 유동성이 낮은 자산 형태를 담보로 비교적 쉽게 돈을 빌릴 수 있다. 은행과 투자은행, 포트폴리오 관리자를 비롯한 다양한 기관들은 모두 주식 투자를 타당한 전략으로 만들고 이에 따라 자금이 그 방향으로 이동하는 데 기여했다.

소비를 놓고 보면 미국 금융 시스템은 자산을 유동화시키는 데 정말 크게 성공했다. 바로 전에 언급했듯 미국 가구의 저축률은 다른 선진국이나 미국의 과거 평균에 비해 상당히 낮다. 자신의 퇴직 적립금을 담보로 대출을 받는 충격적인 새로운 경향도 나타나고 있다. 오히려 미국 금융계가 사람들이 원하는 것(여기서는 신규 대출)에 너무 많이 호응한다는 비난도 있다. 이런 비난은 '비만의 책임을 웨이터에게 돌리는' 격이다. 하지만 이는 미국 기업을 향해 쏟아질 수 있는 가장 중대하고 대체로 옳은 비난들 중 하나로 남아 있다. 미국 기업 전체는 사람들이 저축을 하도록 도움을 주는 것보다 돈을 쓰도록 설득하는 일을 더 잘한다.

금융 마케팅 전문가들은 미국 금융 시장에 주로 좋은 쪽으로 큰 영향을 끼쳤다. 한 예로 뮤추얼 펀드mutual fund를 생각해보자. 이에 관한 정확한 역사는 17세기 또는 그 이전까지 거슬러 올라갈 수 있다는 예시와 함께 여전히 논쟁거리로 남아 있다. 하지만 미국 경제는 1980년대에 이 아이디어를 매우 광범위한 범위에서 실현하며 일반 투자자들이 다양한 주식 포트폴리오에 비교적 낮은 비용으로 투자할 수 있게 했다. 미국의 금융 마케팅 전문가는 이후 수십 년에 걸쳐 풍부한 상품 지식을 바탕으로 뮤추얼 펀드를 판매했으며 이를 통해 미국인들이 대체로 수익을 낼 수 있는 이런 투자 형태에 편안함을 더 많이 느끼게 했다. 사람들은 뉴욕시 매디슨 애비뉴Madison Avenue에 몰려 있는 광고업계가 미국인의 부를 더욱 풍성하게 하는 데 도움을 줬다고 말할 수 있다.

마찬가지로 악의에 찬 부당한 비난에 시달리던 전문 자산관리자들의 활약도 미국 가구의 주식 시장 참여를 증가시켰다. 1980년에서 2007년에 이르는 기간 동안 가구별 자산에서 뮤추얼 펀드나 또 다른 시장성 유가 증권이 차지하는 비율이 45퍼센트에서 66퍼센트로 늘어났다. 주식을 보유한 가구의 비율도 1989년 32퍼센트에서 2007년 51퍼센트, 2015년 55퍼센트로 상승했으며 이 과정에서 또 한 번 일반 금융 중개기관으로부터 조금씩 멀어지는 현상이 일어났다.[14]

주식 투자에 필요한 비용도 시간이 흐르면서 점점 더 낮아지고 있다는 사실에 주목하자. 예를 들면 1980년부터 2007년까지 주식형 뮤추얼 펀드의 평균 수수료는 약 2퍼센트에서 약 1퍼센트로 낮아졌다. 이와 같은 하락은 주로 수수료 없이 판매되는 노 로드 펀드no-load fund에 의해 이뤄졌는데, 투자자들이 비록 학습 속도가 느리기는 했지만 수수료가 높은 펀드가 전반적으로 탁월한 성과를 내지 못하다는 사실을 깨달았기 때문이었다. 나는 이런 학습 과정이 계속되고 경쟁과 보편적인 정보 확산에 힘입어 수수료는 더욱 낮아질 것으로 예상한다.[15]

미국 금융 시스템을 향한 주요 비난들은 위험을 감수하려는 의지와 새로운 상품과 아이디어에 대한 개방성과 같은 미국 문화의 보편적인 특징과 밀접하게 관련돼 있다. 이를테면 서브프라임subprime 금융 위기는 은행만의 탓이 아니었다. 대신 은행과 부동산보다 훨씬 더 빨리 큰돈을 버는 방안을 집중적으로 마케팅할 수 있는 미국 문화의 특성에서 비롯됐다. 그렇긴 해도 미국 시민들이 주식을 통해 획득한 높은 수익에서 보듯 상당히 개방적이고 낙관적인 문화 성향은 그에 상응하는 좋은 면도 만들어낸다.

미국의 이처럼 높은 주식 수익률은 미국 자본 시장이 아니라 미국 기업의 성과에서 비롯됐다고 생각할지 모르겠지만 사실은 양쪽 모두에서 나온 것이다. 미국의 주식 가치는 기업들이 비교적 높은 수익을 올려왔던 덕분에 (모든 해가 아니라 일반적으로) 높은 수준을 유지하고 계속 상승했다. 그럼에도 펀드는 여전히 대출과 주식 시장 그리고 벤처 캐피털과 같은 다른 자금 지원 수단으로 집결되고 투입돼야 한다. 뮤추얼 펀드와 헤지펀드hedge fund는 위험을 기꺼이 감수해야 하며 저축성 예금을 주식과 비교적 새로운 벤처에 집중적으로 투입할 기회가 필요하다. 연금 투자자는 자신들이 운용하는 수조 달러의 연금을 미국 주식에 기꺼이 투자할 만큼 미국 자본 시장이 충분히 타당하고 투명하다고 생각해야 한다.

미국 주식 시장에서 제기되는 한 가지 이슈는 미국 시민들이 주식에서 얻는 높은 수익이 실제로 창출된 또 다른 수익인지, 아니면 미국 경제 내에서 생긴 수익의 단순한 전환인지 분명하지 않다는 것이다. 예를 들어 미국 시민들이 주식 투자에서 올린 7퍼센트의 수익은 그러지 않았더라면 기업 내부 주주들에게 돌아갈 수익을 그만큼 줄인 것으로 볼 수 있다. 그렇다 하더라도 미국 금융 시스템이 주식에서 발생하는 높은 수익을 내부자로부터 보다 많은 시민들에게 재분배한다면 대부분의 사람들은 이를 좋은 것으로 여긴다.

더 나아가 미국인들은 외국 기업의 주식을 많이 보유하고 있다. 외국 주식은 1980년 미국 거주자의 포트폴리오 중 2퍼센트에 불과했으나 2007년 27.2퍼센트로 늘어났다. 이와 같은 변화는 해외 시장과 신흥 시장의 전반적인 성장뿐만 아니라 미국의 주식 중개인과 펀드 매니저의 공격적인 해외 주식 마케팅에서 일부 비롯됐다. 미국의 해외 투자는 아마 미국 시민들에게 상당한 순수익을 가져다 줄 것이다.[16]

이런 순수익에 대해 생각하는 한 가지 방법은 미국 국내 기업이 해외에 상당한 투자를 하며 꽤 높은 수익률을 올리고 있다는 사실을 고려해보는 것이다. 해외 투자에서 얻은 수익은 쉽게 관측될 수 없고 그로 인해 그 규모가 논쟁의 대상이 되므로, 때로는 '암흑 물질dark matter'로 불리기도 한다. 경제학에서 '암흑 물질 가설'은 2005년에서 2006년 사이에 처음 유명해졌는데, 당시 미국 무역 수지 적자 폭이 비정상적으로 컸지만 많은 예측과는 달리 미국 달러는 폭락의 조짐이 전혀 없었고 대부분의 기간 동안 하락하지도 않았다. 어떻게 이런 일이 가능할까?

리카도 하우스먼Ricardo Hausmann과 페데리코 스투제니거Federico Sturzenegger를 중심으로 한 일부 경제학자들은 새로운 가설을 제시했다. 즉 일반적으로 미국의 해외 투자를 포함한 무형의 미국 수출액을 감안하면 미국의 실제 무역 적자는 측정치보다 훨씬 낮을 수 있다는 가설이었다. 보다 자세히 설명하면 맥도날드 프랜차이즈가 유럽에 있는 경우 미국은 브랜드 자산과 조직 노하우, 경영 전문성도 수출하는 셈이지만 이들은 좁은 의미에서 측정한 수출과 달리 현재가 아니라 미래에 수익을 가져다준다. 결론은 미국이 외국에서 얻는 실제 수익은 보고서에 나타난 수치보다 훨씬 더 좋다는 것이다. 우주에 있는 물질 대부분은 본질적으로 우리의 계측 장치로는 볼 수 없다는 물리학 가설에서 인용한 암흑 물질이라는 표현을 쓴 이유가 바로 여기에 있다. 물론 경제적 암흑 물질에 관한 이 주장은 미국 자본 시장이 높은 수익률을 미국으로 불러오는 데 기여한다는 이전의 관측 결과를 다시 확인하는 것이다.

나는 뛰어난 한국 경제학자와 대화를 나눈 적이 있는데 그는 내게 이렇게 한탄했다. "우리는 수출을 위해 미국보다 훨씬 더 열심히 일합니다! 하지만 우리가 미국에 수출해 번 돈 모두를 미국 국채에 투자하면서 미국에 되돌려줍니다. 당신네 미국인들은 해외 기업 투자를 통해 더 많은 수익을 올립니다." 이 말은 암흑 물질의 의미를 표현하는 또 다른 방식이며 고수익의 주식 기반 투자를 찾으려는, 그리고 이를 위해 더 높은 위험을 감수하려는 미국의 의지, 더 정확히 말하면 열망을 다시 한 번 보여준다.

이와 같은 '암흑 물질 현상'의 규모가 얼마나 큰지를 두고 일반적으로 합의된 사항은 없다. 하우스먼과 스투제니거는 자신들의 애초 연구에서 이 현상이 연간 GDP의 최고 5.6퍼센트에 이를 수 있으며 암흑 물질의 총 누적 금액은 2006년 예측 기준으로 GDP의 최고 40퍼센트에 달한다고 주장했다. 이 주장이 사실이라면 외국인이 자본 자산 형태로 미국에서 얻는 순수익이 2조 5천 억 달러(2205

년 예측 기준)에 이르는 것이 아니라 미국이 외국 기업에서 얻는 순수익이 7천 240억 달러이며, 이는 매우 큰 차이다.[17]

이후에 등장한 수많은 경제학자들은 회의론을 표명하며 암흑 물질에 관련된 수익이 너무 크고, 금융 위기를 겪는 동안 미국의 해외 투자의 가치가 크게 떨어지고, 금융 위기의 혼란 상태로 인해 이들의 가치를 측정하기가 더 어려워지면서 암흑 물질 가설이 더 이상 지지를 받지 못한다고 주장했다. 하지만 현재 해외 투자는 대부분 회수됐으며 회의론자들조차 외국인의 미국 내 투자보다 미국인의 해외 투자가 더 높은 수익률을 달성한다는 사실을 인정한다. 내가 3장에서 설명했던 것처럼 미국 기업들이 특별히 잘 관리되고 있다는 것을 보여주는 별개의 증거들도 많다.[18]

그러면 미국의 전략에 따른 수익 규모는 얼마나 클까? 경제학자 피에르 올리비에르 고린차스Pierre-Olivier Gourinchas는 1973년 이후 미국인이 선택한 해외 자산이 외국인이 미국에서 보유한 자산보다 2.0퍼센트에서 3.8퍼센트까지 더 많은 수익을 올린 것으로 추정했다. 그는 이처럼 더 높은 수익률 덕분에 미국이 무역 수지 적자를 연간 GDP의 약 2퍼센트까지 허용해도 국가의 순자산 수준은 후퇴하지 않을 것으로 본다. 다른 말로 하면 이는 연간 GDP의 약 2퍼센트, 절대 금액으로는 연간 약 3천 340억 달러를 일종의 '국제적 공짜 점심'으로 제공한다는 뜻이다. 미국 내 금융 부문에서 올리기에도 꽤 큰 수익이다.

본질적으로 우리는 미국을 세계에서 가장 규모가 크고 가장 성공한 헤지펀드로 생각할 수 있다. 헤지펀드에는 일부 위험도 포함돼 있지만 이를 통해 미국은 훨씬 더 부유한 국가가 될 수 있었다.[19]

조세 피난처와 은행 피난처로서의 미국

미국인들은 일반적으로 현 시대의 조세 천국과 은행업 천국이라고 하면 스위스나 리히텐슈타인 또는 모나코나 안도라를 떠올린다. 아시아와 연관이 있는 사람들은 싱가포르와 홍콩 또는 중국의 프라이빗 뱅킹private banking(은행이 거액 자산가들을 대상으로 자산을 종합 관리해주는 고객 서비스-옮긴이)에 이런 기능이 있다는 것을 알 것이다. 하지만 최근에는 미국이 세계에서 가장 중요한 금융 천국으로 판명됐다. 스위스 법무법인의 파트너로 재직 중인 데이비드 윌슨David Wilson은 "미국은 새로운 스위스입니다"라고 말했다. 이런 금융 기업들의 속성 때문에 명백한 데이터를 구하기가 어렵지만 미국이 세계에서 가장 거대한 역외 금융 센터일 가능성은 있다.[20]

뚜렷한 논쟁이나 논의 없이 미국의 법은 미국에 보유하는 일부 자산에 대해 유난히 높은 수준의 비밀 유지를 허용하는 쪽으로 진화했다. 특히 주정부는 종종 연방정부가 하지 않는 일을 할 수 있도록 허용된다. 여기서는 자산의 비밀 유지를 위한 조항을 확대하는 것을 말한다. 자산 비밀 유지의 미국 버전은 좁은 의미의 은행이 아니라 신탁 회사와 명의만 있는 기업, 즉 셸 컴퍼니shell company와 재단을 통한 자금 운용 방식을 포함한다.

인구 85만 명에 불과한 사우스다코타주를 생각해보자. 이 주는 보유 자산이 2006년 328억 달러에서 2천 260억 달러 이상으로 늘어난 신탁 회사들의 본거지이기도 하다. 사우스다코타에 자리 잡은 신탁 회사는 지역 출신의 신탁 관리자를 임명하고 이 관리자에게 지침을 내리는 미국인 디렉터를 두는 것과 같은 기본적인 조건만 충족하면 법적으로 비밀을 보장받는다. 이미 예상하겠지만 사우스다코타 주정부는 이와 같은 조건의 신탁 회사 설립을 공개적으로 광고하고 있다. 신탁 회사 설립을 위한 투자가 사우스다코타 경제에 도움이 된다는 것을 알고 있기 때문이다. 다른 여러 주들 중에서도 특히 네바다주와 델라웨어주, 알래스카주가 이런 일에 관한 자신들만의 버전을 제시하고 있다.

이런 신탁 회사 중에는 명의만 있는 셸 컴퍼니가 많으며 이들이 실제로 주 재무부에 소액의 수수료를 내고는 있지만 사우스다코타주 현지의 실질적인 경제에 상당히 기여한다고 말할 수는 없다. 이들과 같은 비밀 신탁 회사는 그야말로 베일에 싸여 있기 때문에 회사 소유주가 돈을 어디에 쓰는지 정확히 알 수 없다. 그래도 상식적으로 생각해보면 투자자가 아르헨티나나 베네수엘라에서 자금을 빼서 사우스다코타나 델라웨어로 가져온다면 이 자금이 해외가 아니라 미국에 투자될 가능성이 높다. 결국 자금을 옮기는 행동 그 자체가 미국을 믿는다는 의미이며 만약 자금이 예를 들어 싱가포르로 옮겨갔다면 사회적, 금융적 네트워크가 여전히 지리적 근접성과 어느 정도 관련이 있다는 사실을 감안할 때 아시아 지역에 투자됐을 가능성이 높다.

결국 우리는 조세와 은행, 신탁 회사 피난처로서의 미국이 자국을 위한 더 많은 투자와 일자리 창출을 이끌어낼 가능성이 높다는 결론에 도달할 수 있다. 단지 얼마나 많은 투자와 일자리가 생길지 모를 뿐이다.

현재 수천 억 달러에 이르는 외국 자본이 미국 은행들에 예치돼 있는 것으로 추측되는데, 보스턴컨설팅그룹Boston Consulting Group은 이 액수가 약 8천 억 달러에 이를 것으로 추정한다.[21] 이와 같은 외국 자본의 미국 은행 예치는 미국 달러화의 특권적 지위(우월적 지위)와 미국에 있는 수많은 유동성 시장, 상대적으로 높은 미국 은행과 금융 기관의 안정성 및 비밀 유지 가능성에서 비롯된 것이다. 이렇게 예치된 외국 자본 중 약 절반은 남미에서 온 것으로 여겨진다. 이런 현상은 미국 금융 부문이 제대로 돌아가고 있다는 사실을 다시 한번 확인해주며 미국이 피난처를 찾는 외국 자본에 개방돼 있다는 뜻이기도 하다.

사람들은 이와 같은 기관들이 얼마나 많은 혜택을 주는지 의심스러워할지도 모르겠다. 비판가들은 조세 피난처를 전 세계 각국 정부의 정당한 세수 수입을 방해해 훌륭한 통치 기능을 약화시키며, 비정하고 부패로 가득한 조세 세상을 만드는 존재로 묘사한다. 하지만 현실은 그렇게 단순하지 않다. 시민들에게 자유가 충분히 주어지지 않고, 통치 정권이 심하게 부패된 국가가 많기 때문에, 민

간 자본을 외세의 약탈로부터 보호하는 것은 대개의 경우 옳은 일
이다. 정치적 적수의 자금줄을 수사해 기소한 뒤 결국에는 공정한
재판의 기회도 주지 않고 보복하는 방식은 나쁜 정부가 흔히 저지
르는 전술이다. 이런 기소들 중 '일부'가 정당하다고 하더라도 미국
이 이와 같은 정치적 전술에 의한 기소를 반대하거나 때로는 못하
게 만드는 것에 대해 불편을 느낄 필요는 없다. 게다가 신탁 회사에
맡긴 자금의 대다수는 이미 법적으로 세금이 부과됐으며 자금의
소유주들은 미래의 사유재산 몰수 가능성을 피하고 싶어 한다.

중국과 러시아, 베네수엘라에서 자금을 보내는 사람들을 보면
그들이 악당이나 범죄자가 아니라 좋은 사람인 경우가 아주 많다.
2017년 당시 사우디아라비아를 통치하던 왕자가 사우디아라비아
의 백만장자와 억만장자들을 리츠칼튼호텔에 감금하고 수십 억 달
러에 이르는 재산을 내놓으라고 요구하며 납부하기 전까지는 풀어
주지 않겠다고 한 사건을 생각해보라. 사우디아라비아에서 일어난
이런 논쟁의 어느 편을 들더라도 사우디아라비아가 비밀스러운 역
외 금융 기관의 주요 사용자라는 사실을 알면 이런 사태가 분명 그
리 놀라운 일도 아니다.

세금과 은행과 신탁의 피난처로서 미국의 지위는 분명히 미국에
이득이 되며 보다 폭넓은 관점에서 보면 나머지 세계 전체에도 좋
은 일이 될 수 있다. 비록 우리가 전체 혜택을 정확히 계산할 수는
없지만, 이는 미국 금융 시스템이 주는 또 다른 혜택이다.

금융 부문은 통제 불가능할 정도로 거대할까?

사람들은 금융 부문에서 나오는 이 모든 혜택을 엄청난 비용을 치르고 나서 얻는 것으로 생각할지도 모르겠다. 하지만 우리가 종종 듣거나 읽는 내용과 달리 미국의 금융 부문은 규모 면에서 통제 불가능한 상태가 아니다. 실제로 오랜 기간 동안 미국 금융 부문은 관리 자산의 비율 측면에서 꽤 일정한 수준, 즉 2퍼센트 정도를 유지해왔다. 달리 설명하면 미국 금융이 국가 전체의 부에서 차지하는 몫은 상당히 일정하다는 뜻이다. 최소한 가치를 쉽게 측정할 수 있는 부분에서는 그렇다.

21세기가 시작되면서 미국 금융 부문은 사상 최대치인 8퍼센트까지 GDP의 규모가 커졌고, 결국 금융 위기에까지 이르렀다. 1960년대만 하더라도 이 수치는 GDP의 4퍼센트였기 때문에, 이후 금융 부문의 규모가 점점 더 커지면서 통제를 벗어나는 것처럼 보였다.[22] 하지만 GDP 측면에서 금융 부문의 규모를 측정하는 것은 옳은 방법이 아니다.

금융을 현재 수입의 흐름만이 아니라 국가 전체의 부에 적용되는 자산 관리 활동으로 생각해보라. 예를 들어 투자 중개 계좌를 개설하면 일반적으로 관리 수수료는 계좌를 통한 연간 수익이 아니라 계좌 잔고에 따라 결정된다. 앞서 언급했듯 측정 가능한 부에서 금융이 차지하는 비율은 상당히 안정적이었다. 여기서 말하는 측정 가능한 부는 채권, 주식, MMF 등 시장 가치를 부여할 수 있는 가치 형태를 말하며 측정하기 어려운 인적 자본이나 가정에서 흔히 보는 일상품들은 해당되지 않는다.

국민 소득에 대한 국가 부의 비율은 역사의 흐름에 따라 변하며 이에 따라 소득 대비 금융 부문의 규모도 달라진다. 이를테면 한 국가의 국내 사정이 수십 년 동안 계속 안정적이라고 가정해보자. 이런 국가의 소득 대비 부의 비율은 상승할 가능성이 높다. 이럴 경우에는 견고한 체계와 내구성을 갖춘 기업들과 괜찮은 기관들이 자리를 잡고 그들의 가치는 시간이 흐르면서 축적된다. 이런 사회에서 소득 대비 부의 비율은 높아질 것이다. GDP 대비 금융 부문의 관리 자산 비율도 올라가며, 이는 바람직한 현상이다. 금융 부문이 GDP에서 차지하는 비율이 높아지면 다른 모든 조건이 같을 경우, 이는 그 경제에서 일부 기본적인 사항들이 올바른 방향으로 나아갔다는 것을 시사한다. 상대적으로 큰 금융 부문의 규모는 좋은 소식의 원인이 되지는 않지만 그런 소식을 반영한다. 그러므로 금융 부문이 GDP에서 차지하는 비중이 크다거나 상승한다고 비난하는 비판가들은 잘못된 비교를 하고 있다. 금융 부문 일부가 너무 거대해진 데에는 서브프라임 모기지의 재구성과 같은 특별한 이유가 있을지도 모르지만 GDP 대비 금융 부문의 규모가 커지는 것은 주로 앞선 경제 상황이 성공적이고 안정적이었다는 신호일 경우가 많다.

퍼센티지 측면에서 금융 중개 비용이 떨어지지 않고 계속 중개 가능한 부의 2퍼센트대를 유지하는 것에 대해 실망스러워하는 반응이 있을 수 있고 실제로 타당하기도 하다. 금융 부문이 왜 보다 더 혁신적이고 파괴적이지 못했을까 의문이 드는 것도 이해가 간다. 더구나 아프리카에 전화 거는 비용도 많이 낮아진 마당에 은행업과 금융업에서도 우리가 비슷한 발전을 기대해야 하지 않을까? 나중에 이 문제에 대해 더 많이 논의하겠지만 지금은 미국의 금융 부문이 통제를 벗어난 괴물이 아니라는 생각을 확립하는 것이 중요하다. 금융 부문은 대개의 경우 거의 일정한 비율의 비용과 미국 사회의 기본적인 부에 따라 예측 가능한 성장을 담은 꽤나 심심한 스토리로 가득하다.[23]

금융 부문에 속한 직원들이 자신의 학력이나 위험 감수 정도에 비해 더 많은 연봉을 받고 있다는 근거들이 일부 있다. 1990년까지만 하더라도 금융계 직원들과 금융계 외의 직원들 연봉 차이는 학력을 감안해 조정하면 거의 없었다. 하지만 2006년 즈음에 이 차이는 약 50퍼센트로 늘어났고 최고 경영진의 경우 약 250퍼센트에 이르렀다. 이런 차이의 약 절반은 위험 부담에서 비롯되고 다른 5분의 1은 금융 기업의 거대해진 규모에서 비롯됐다고 할 수 있다. 나머지는 학위로 대신할 수 없는 특별한 재능(야망과 추진력)과 비생산적 활동에 경쟁적으로 자원을 낭비하는 현상, 즉 지대 추구 행위의 조합에서 나온 것인데, 그 비율이 어느 정도인지는 분명하지 않다.[24]

여기서 수익이 아주 높은 기업들은 수없이 많은 인재를 한데 불러 모으는 네트워크 효과 덕분에 규모의 경제를 누릴 가능성이 크다. 이런 기업은 훨씬 많은 수익을 올리고 이에 따라 직원들에게 더 많은 연봉을 지급하며 벌어들인 수익을 공유하는데, 대부분 최고 경영진에게 돌아간다. 초거대 기업에 더 많은 혜택을 주는 기술도 어느 정도는 대형 금융 기업에 유리하게 작용할 것이다. 이들 기업은 새로운 계량 기법을 시장 트렌드 분석과 투자 계획에 적용하는 방법을 파악함으로써 더 많은 수익을 올린다.

그런데 일부 투자자와 투기자에게 유리하게 작용하는 규모의 경제도 금융의 사회적 비용을 낮추는 역할을 한다. 예를 들어 뛰어난 헤지펀드 관리자가 일 년에 10억 달러를 벌면 금융 부문 외에 속한 이들도 그런 위치에 앞다투어 도달하기 위해 어쩌면 하고 있던 엔지니어링 연구를 관두고 대신 금융 부문에 뛰어들어 10억 달러 가까운 자원을 소모할 것으로 생각할지도 모르겠다. 만약 그런 상황이 발생하면 너무나 많은 인재들이 소비자에게 유용한 생산이 아니라 독점적인 이윤을 추구하게 되므로 나머지 경제 부분의 자원을 쓸데없이 낭비하는 것일 수 있다.

하지만 골드만삭스Goldman Sachs에 도전하는 지역 은행들이 거의 없고 금융 중심지를 놓고 뉴욕, 런던과 경쟁을 벌이려는 세계 도시가 거의 없는 것처럼 금융계에서 그와 같은 인재 무리가 형성되기는 어렵다. 그러므로 금융 부문의 지대 추구 행위와 인재 소모에 따른 비용은 최고 금융 기업들이 보여주는 혜택보다 그 규모가 훨씬 작다.

더 나아가 우리에게 주어진 최상의 직접적인 증거는 금융계가 현재 상태에서 미국 최고의 인재들을 과학 분야와 공학 분야에서 빼가지 않는다는 사실을 보여준다. 1994년부터 2012년까지 MIT를 졸업한 개인들을 대상으로 체계적인 데이터베이스를 개발한 하버드경영대학원의 피안 슈Pian Shu 교수는 헤지펀드와 주식 거래 직종으로 진출한 졸업생들의 학문적 재능이 뛰어나지만, 재학 시 참가한 과외 활동으로 측정해보면 이들은 전공 분야에서 얻을 수 있는 최상의 학문적 성취보다는 타인과의 협력과 의사소통 능력, 문제 해결력, 리더십, 회복 탄력성 등의 소프트 스킬 개발에 더 많은 중점을 뒀다는 사실을 발견했다. 그들은 졸업 후 연구를 계속해 과학적 성공의 척도라 할 수 있는 특허를 많이 획득한 다른 학생들과 많은 부분에서 달라 보였다.

더 나아가 슈 교수는 금융 부문의 일자리가 줄어든 금융 위기 시기도 연구했는데, 대규모 인재가 과학과 공학 분야로 흘러들어갔다는 어떤 증거도 발견하지 못했다. 슈 교수는 "연구 결과를 보면, 금융 부문이 MIT 출신의 가장 생산적인 과학자와 엔지니어를 끌어모은다는 증거는 없다"고 결론 내렸다. 물론 이는 특정 학교만을 대상으로 한 연구이며 미국 경제 전체에 대한 증거로 간주되지 말아야 한다. 그럼에도 금융 부문이 다른 혁신 분야의 인재를 소모시킨다는 악몽 같은 시나리오와 실제 현상은 거리가 멀다는 사실을 보여준다. 오늘날의 인재 흐름을 보면 오히려 기술 부문이 최상의 후보들을 금융 부문에서 유인하는 현상이 나타나고 있다.[25]

금융 부문의 연봉에 관한 보다 놀랄 만한 일은 2007년 5대 헤지펀드 관리자들이 S&P 500대 기업의 CEO 500명 전체보다 더 많은 수익을 올렸을 때 일어났다.[26] 이는 너무 극단적인 경우라 분명히 뭔가가 크게 잘못된 것처럼 보인다(그 수치들이 약간 잘못됐을 수도 있다). 어떻게 물품을 생산하는 사람들이 돈을 교묘하게 조작하는 자들보다 더 적은 돈을 벌 수 있을까? 하지만 약간의 균형 잡힌 시각으로 보면 이런 현상이 실제로 그렇게 이상한 일도 아니다.

경마에 돈을 거는 수많은 사람들 중 큰돈을 버는 자들은 말이나 기수보다 훨씬 더 많이 번다. 이를테면 한 경주에서 X라는 사회적 순오락 가치를 창출한다고 가정해보자. 경마에서 승률이 가장 좋은 사람들은 배당률(때로는 아주 높은 배당률)에 돈을 걸기 때문에 X보다 더 많은 액수를 벌수도 있다는 것은 쉽게 예측할 수 있다. 그렇다고 이것이 돈을 거는 자들보다 말이 덜 중요하다는 의미는 아니다. 말이 없으면 돈을 거는 자도 있을 수 없기 때문이다. 또한 경마에서 돈을 따는 자들이 항상 너무 많은 배당을 받는다는 의미도 아니다. 이는 상당히 정상적인 현상이며 간단한 수학적 원리에서 나온 것이다.

금융 부문의 연봉 문제로 돌아가서 우리는 비록 헤지펀드 관리자에게 돌아가는 높은 연봉이 도덕적 관점에서 항상 그만한 가치가 있다고 느끼지 않더라도 헤지펀드 관리자와 CEO 사이의 연봉 차이를 커다란 사회적 문제로 인식할 필요는 없다. 경마에 돈을 거는 것처럼 헤지펀드의 활동 자체는 부의 단순한 전환이며, 실제 자원을 직접적으로 소비하며 그런 자원들이 나머지 경제 분야에서 사용되지 못하게 하는 것이 아니라는 사실을 기억해야 한다.

미국 금융 부문의 규모를 보다 잘 이해하기 위해 이 부문의 성장 대부분이 이뤄지는 분야를 살펴보자. 1980년부터 2007년까지 금융 부문 성장의 약 3분의 1은 보다 높은 자산 관리 수수료 총액에서 나왔다. 부분적으로 이런 자산들의 가치는 자산 가격 상승으로 훨씬 더 높았다. 더 나아가 자산의 많은 부분은 헤지펀드와 벤처 캐피털 펀드처럼 전문적 관리 역량을 갖춘 금융 기업에 투자됐다. 그와 같은 투자 매개체는 관련된 수수료가 더 높으므로 금융 부문에서 이뤄지는 서비스가 GDP에서 더 많은 부분을 차지하게 된다. 그리고 수수료는 대개 한 그룹의 부유한 사람들에게서 다른 부유한 그룹으로 지급된다.[27]

일부 분야에서는 자산 관리 수수료가 급격히 낮아졌는데, 대부분 미국 금융 기업 피델리티Fidelity와 뱅가드Vanguard에서 내놓은 낮은 수수료의 펀드 때문이었다. 한 예측에 따르면 뱅가드에 자산을 위탁한 소비자들은 적극적으로 운용되는 펀드에 1974년 이후 지불한 평균 펀드 수수료에 비해 약 1천 750억 달러를 절약할 수 있었다. 대략적인 예측에 따르면 뱅가드는 거래 비용 인하로 투자자들에게 약 1천 400억 달러를 절약할 수 있게 했다. 마지막으로 뱅가드가 다른 펀드들의 수수료도 낮추도록 촉진시키거나 강요한 효과를 감안하면 뱅가드로 인한 재정적 혜택을 1조 달러로 예상하는 것이 그리 어렵지 않다. 우리는 이를 뱅가드에 대한 칭찬 또는 이전 현상에 대한 비난으로 간주하거나 어쩌면 둘 다로 볼 수도 있다. 그럼에도 이런 수치는 비록 대략적인 예측이기는 하지만 수수료가 낮아지는 바람직한 과정을 잘 보여준다. 하지만 수수료가 여전히 높다는 사실에 주목해야 한다.

2004년의 한 예측을 보면 다양한 종류의 뮤추얼 펀드에서 부과하는 중개 수수료는 238억 달러에 이르렀다. 그 이후로 인덱스 투자indexing investing(개별 주식에 직접 투자하는 것이 아니라, 미국 다우존스30 지수, 나스닥 지수, 한국의 KOSPI200 지수, 또는 업종별 지수 등 특정 지수에 투자하는 것을 말한다-옮긴이)와 수동적 투자가 늘어났지만 과도한 수수료라는 핵심 문제는 결코 사라지지 않았다.[28]

은퇴의 본질이 근본적으로 변하면서 비롯된 뮤추얼 펀드의 성장도 금융 서비스 수수료가 증가하는 현상의 한 요인이므로 이 부문 또한 염두에 둬야 한다. 이른바 '좋았던 옛 시절'(사실 항상 그렇게 좋았던 것만은 아니었다)에는 근로자들이 기업에서 제공하는 확정급여형 연금 제도defined benefit pension에 더 많이 의존했으며 오늘날처럼 뮤추얼 펀드나 다른 투자 중개 상품에 따로 돈을 저축하지는 않았다. 대신 고용주들이 근로자를 위해 이런 특정 종류의 저축을 실행해야 했다.

그렇다고 이런 형태가 반드시 금융 부문에 대한 명백한 수수료 지급으로 나타나는 것은 아니었다. 그 부분적인 이유는 기업들이 앞으로 퇴직할 근로자들에 대한 의무를 충족하기 위해 미래의 수익 흐름에 의지하고 있었기 때문이었다. 본질적으로 '퇴직 자금을 저축하는' 금융 서비스는 금융 부문 자체에서 이뤄진 것이 아니라 기업 내부에서 제공됐다. 물론 민간 기업이 미래의 퇴직금 지급을 항상 안정적으로 보증하는 것은 아니었으며 개인별 저축이 더욱 중요해진 큰 이유 중의 하나가 여기에 있었다.

어쨌든 이런 과거 현상을 보면 금융 부문의 성장 일부는 기업의 보증이 근로자 개인의 손으로 넘어가고 이에 따라 근로자가 고용 기업의 미래 지불 능력보다 뮤추얼 펀드 투자를 선호한 결과에서 비롯된 회계 관습상의 측정치라는 사실을 알 수 있다. 달리 설명하면 근로자들은 본질적으로 순수수료가 높았던 서비스를 수수료가 낮은 서비스로 대체했다. 하지만 지금은 이렇게 낮아진 수수료 항목도 국민 소득 계정의 금융 부문 소득으로 기록되기는 한다.

금융 부문 성장의 또 다른 중대한 부분은 1980년에서 2007년에 이르는 금융 부문 성장의 약 4분의 1을 차지하는 여신 분야의 성장 이다. 이는 금융 부문 성장의 다른 두 가지 주요 구성 요소인 보험 분야의 성장 규모와 거의 비슷하지만 증권 분야의 성장 규모에는 미치지 못한다. 이런 성장의 일부는 모기지 대출과 은행의 융자개시 수수료가 늘어나면서 금융 위기와 비교적 직접적으로 연관됐기 때문이었다. 그럼에도 여신 분야의 과도한 성장 문제는 그 기간 동안에 일어난 금융 부문 성장의 지배적인 근원과는 거리가 멀었다.[29]

핀테크는 어디로 향할까?

금융에 관한 가장 단순한 질문 중 하나는 "금융이 최근 우리를 위해 어떤 발전을 이뤘는가"다. 이를테면 일반인의 삶을 개선한 현금 자동입출금기ATM 이후에 일어난 중요한 혁신은 무엇인가? 나는 여기서 암흑 물질과 같은 추상적 개념이 아니라 실체적인 것, 즉 우리의 삶을 보다 편리하게 만들기 위해 매일 사용하는 기기나 제도를 묻는 것이다.

이는 지극히 타당한 질문이다. 1980년대에 ATM 기기가 확산된 이후 미국 금융 시스템은 한동안 소매 부문에서 유용한 혁신을 거의 이루지 못했다. 이는 금융 부문의 결점으로 볼 수 있으며 또 그렇게 간주해야 한다. 그렇긴 하지만 마법은 얼마 전에 풀렸다. 1998년 페이팔이 시작됐으며, 이는 사람들에게 모르는 사람과도 쉽게 물건을 사고팔 수 있는 방법을 제공한다. 예를 들어 페이팔이 없다면 이베이 사용이 훨씬 더 어려워지거나 신용카드 정보 공개를 꺼리는 사람 등을 포함해 전혀 모르는 사람에게 송금하기가 어려워진다. 페이팔은 지난 20년 동안 우리의 삶을 더 편하게 만들었다.

편리함을 가져다준 또 하나의 혁신은 현재 제대로 자리 잡은 온라인 결제 기능이다. 1990년대 초반이나 심지어 중반까지만 하더라도 불가능했던 이 기능이 생기면서 수백만 명의 미국인들은 매년 많은 시간을 아낄 수 있었다. 또한 금융 거래에 관한 모든 서류를 정리하고 보관하지 않고도 거래 내역을 파악할 수 있기 때문에 기록 관리가 쉬워졌다. 이와 같은 발전의 일부분으로 우리는 이제 세금 신고도 온라인으로 하고 세금 환급도 더 빨리 받을 수 있으며, 필요하다면 연체료나 과태료를 피할 수 있는 마지막 시점까지 세금 납부를 최대한 늦출 수도 있다.

보다 최근에는 온라인 가상 화폐 비트코인Bitcoin이 10년 전만 하더라도 상상조차 못했던 원리를 바탕으로 완전히 새로운 형태의 자산을 만들어냈다. 비트코인은 헤지와 비전통적 가치 저장의 수단으로서 금과 경쟁하고 있으며 연방 규제 때문에 일반 은행 시스템이 지원할 수 없는 마리화나의 합법적 구입을 위한 화폐로 사용될 수 있다. 또한 정보를 읽고, 저장하며, 검증하고, 누가 무엇을 소유할지 공동으로 합의할 수 있는 새로운 도구로 블록체인blockchain이 사용될 수 있게 한다. 비트코인이 다른 가상 화폐, 보다 일반적으로 말하면 블록체인과 함께 앞으로 얼마나 더 변형될지는 두고 볼 일이다. 어쩌면 암호 화폐의 시장 가치가 유지되지 않을 수도 있다.

하지만 그것은 혁신이 일반적으로 진행되는 과정에 속한다. 혁신가들은 새로운 시도를 많이 한다. 일부는 폐기되고 또 다른 일부는 성공하기도 하지만 시간이 흐르면서 보다 유용한 것으로 진화하는 시도도 있다. 지금까지는 비트코인과 일부 다른 가상 화폐들이 이와 같은 회의론을 잠재웠다. 여러분이 이 책을 읽을 때쯤이면 가상 화폐가 이미 무너졌을지도 모르겠지만 그럼에도 이들은 역동적인 혁신이 활발하게 일어나고 있다는 신호다.

신용카드 운영 시스템에 불만을 느낀다면 이미 수많은 소매상들이 사용하고 있는 애플페이를 고려해보라. 애플페이는 자체 시스템 키나 더 편리한 애플워치를 그냥 갖다 대기만 하면 결제가 이뤄지는 시스템이다. 나는 애플페이가 나의 망막 스캔과 동기화되기를 기다리고 있는데, 어쩌면 몇 년 안에 가능할 것 같다. 유감스럽게도 현재 중국에서 사용되는 많은 지불 방법이 미국에서 사용되는 방식보다 더 빠르고 편리하다. 하지만 나는 미국 기업들이 곧 따라잡을 것으로 기대한다.

오늘날 수많은 온라인 대출이 일어나고 있는데, 이에 따른 상반된 결과와 꽤 많은 허위 정보 제출 사례가 있는 것 같다. 나는 이 시장이 아직 초기 단계에 있고 여전히 유아기를 거치며 황금 시기에 진입할 준비를 갖추지 못한 정크본드junk bond(신용 등급이 낮은 기업이 발행하는 고수익, 고위험 채권-옮긴이)와 약간 비슷하다고 본다. 하지만 언젠가는 이 단계를 벗어날 때가 올 것이며 온라인 대출은 이미 중국에서 그런 것처럼 금융 분야의 영구적인 한 부분으로 자리 잡을 것이다.

오늘날 이뤄지는 가장 중요한 금융 혁신들은 예전에 비해 눈에 잘 띄지 않는 편이다. 아일랜드 기업가 형제 패트릭 콜린스Patrick Collins와 존 콜린스John Collins가 샌프란시스코에 설립한 신용카드 결제 서비스 기업 스트라이프Stripe를 살펴보자. 스트라이프는 보다 쉬운 인터넷 결제 승인 서비스와 함께 상인들에게 백 엔드back-end 정보 저장 기능을 제공하며 많은 비즈니스 소유주들이 갖고 있는 문제를 해결한다. 즉 고객의 신용카드를 승인하고 난 뒤 해킹이나 단순한 사고를 당할 위험을 감안해 이 정보를 안전한 형태로 보유하고 저장하는 방법을 제시한다. 스트라이프는 이와 같은 문제를 다룰 기술이 부족한 기업이 감당해야 할 온라인 보안 비용을 낮춰주는 중개자 역할을 한다. 장기적으로 보면 이는 소비자에게 더 확실한 신용카드 보안과 사생활 보호와 함께 보다 낮은 가격과 더 좋은 서비스를 제공할 수 있다는 의미다. 하지만 이 서비스는 소매 소비자 대부분의 눈에 ATM 서비스만큼 많이 띄지는 않을 것이다. 이외에도 스트라이프의 아틀라스 프로젝트Atlas project는 델라웨어주에 미국 기업으로 등록하는 절차를 더욱 쉽게 만들어 비용과 서류 준비의 부담을 덜어주고 해외에 거주하는 많은 기업가들이 미국 법률 체계의 혜택을 누릴 수 있게 해준다. 이와 같은 금융 플랫폼은 실제로 비즈니스 서비스를 보다 일반적으로 마케팅하는 유용한 방법인 것으로 드러났다.

금융과 정보 기술의 지속적인 통합 현상을 감안할 때 앞으로 20년 동안 금융 부문이 기술적인 면에서 침체될 것으로 예상하는 이는 금융 시스템을 비난하는 사람이든 아니든 많지 않을 것이라 생각한다. 미국의 금융 시스템은 이제 소비자에게 훨씬 더 많은 서비스를 제공하기 직전의 상태에 놓여 있으며 지난 15년 동안 유익한 혁신을 향한 결정적인 변화가 있었다.

팍스 아메리카나[30]

미국이 글로벌 금융 자본으로 역할하며 얻는 가장 큰 혜택은 세계 경찰로서 미국의 중대한 역할과 어느 정도의 주도권을 유지시키는 데 도움을 주는 것이라 할 수 있다. 혹시나 해서 말하지만 미국의 외교 정책에 대한 논쟁은 이 책에서 다루는 내용의 범위를 훨씬 벗어나며, 우리 모두는 미국이 지난 역사 동안 처참한 외교 정책 결정을 내렸다는 사실을 인식해야 한다. 가장 대표적인 예로 베트남 전쟁과 제2차 이라크 전쟁을 들 수 있다. 그래도 나는 대부분의 미국인과 이를테면 가장 자유주의 지향적인 서구인과 마찬가지로 글로벌 차원에서 미국의 존재는 매우 긍정적이었다고 생각한다. 미국은 서부 유럽이 공산화되는 것을 막았으며, 철의 장막이 결국 무너지게 했고, 한국과 일본, 타이완을 보호했으며, 핵무기를 만들거나 구입하려는 국가의 수를 제한하는 데에도 힘을 보탰다. 오늘날 세계는 1975년에 비해 훨씬 더 자유롭고 부유해졌으며, 이와 같은 과정에서 미국은 그동안의 오만함과 많은 실수에도 불구하고 핵심적인 역할을 수행했다.

이제 강의는 끝났으며 몇 가지 요점을 제시한다(이는 사실 수익이 낮은 자산을 고수익 자산으로 돌려놓는 데 도움을 주는 금융을 반복해서 설명하는 것이다). 즉 한 국가가 금융의 주요 중심지가 되지 않고는 글로벌 무대에서의 자신의 역할을 유지하기가 매우 어렵다. 예를 들어 예전의 소비에트 연방은 수십 년 동안 세계 무대에서 중요한 역할을 수행했지만 궁극적으로는 자금이 고갈됐다. 기술 산업을 다시 활성화시킬 수 없었을 뿐만 아니라 심지어 국가가 지불해야 할 청구서도 처리하지 못했다. 이렇게 된 데에는 여러 이유가 있지만 소비에트 연방의 충분히 개발되지 못한 자본 시장이 주요 문제였다. 국제적으로 통용 가능한 화폐의 부족 현상은 소비에트 연방 자체와 심지어 자국 내 엘리트들과 국가 주도 프로젝트에 늘 중대한 제약을 가했다.

이와 달리 소비에트 연방보다 훨씬 작은 국가 영국은 18세기 중반에서 제1차 세계대전에 이르는 기간 거의 대부분과 심지어 이후의 짧은 기간까지 글로벌 주도권을 효과적으로 행사했다(내가 영국의 식민지주의 정책 전부나 대부분을 훌륭한 결정이었다고 말하는 것은 아니다). 같은 기간 동안 영국은 전 세계의 경제적 · 금융적 리더였으며, 뉴욕이 부상하기 전까지 런던이 전 세계 금융의 중심지였던 것은 우연이 아니었다. 영국은 전쟁이나 해외에서의 주도권 확보를 위한 활동에 자금을 지원할 필요가 있으면, 일반적으로 과세 수준이 상당히 낮고 정부가 재정적으로 극심한 압박을 받는 시기에도 자금을 마련할 수 있었다. 더 나아가 세계 강대국이자 제국의 중심이었던 영국의 추락은 영국이 자본 시장으로서의 영향력을 잃고 1970년대 IMF에서 자금을 빌려야 했던 상황과 거의 동시에 일어났다.

미국은 세계 기축 통화를 다량으로 보유한 금융의 주요 중심지가 되면서 해외에서 비교적 신뢰할 만한 약속을 할 수 있다. 필요하다면 심각한 재정 적자를 겪는 국가에 금융을 제공할 수도 있다. 한 예로 여러분은 레이건 대통령이 소비에트 연방을 군사적 측면에서 바닥으로 떨어지게 만들려 했던 때를 기억할지 모르겠다. 레이건은 좋든 싫든 대부분 차입한 자금으로 그렇게 했다. 뉴욕시와 미국 내 다른 지역의 핵심적인 금융적 역할 덕분에 미국은 다른 국가에 비해 경제적 독립성을 상당히 크게 누리고 있으며, 이는 보다 강력한 국제적 독립성으로 이어진다. 미국 정부는 미국 내 대부분의 금융 기관이 외국 세력에 휘둘리지 않으며 상호 의존성이 있는 범위 내에서 캐나다와 영국, 독일을 포함한 동맹국들과 협력한다는 것을 알고 있다.

최근 미국과 러시아 사이의 갈등에서 미국이 흔히 내세우는 위협은 러시아를 국제 은행 네트워크와 특히 전신 송금 서비스를 제공하는 국제 은행 간 통신 협회인 스위프트Society for Worldwide Interbank Financial Telecommunication, SWIFT에서 제외시키겠다는 것이다. 만약 러시아가 예를 들어 발트해의 나토NATO 동맹국을 침공한다면 아마도 미국과 그 동맹국들은 러시아를 스위프트에서 축출할 것이다. 러시아는 잘 발달된 최상의 국제 은행 업무와 금융 서비스를 자체적으로 갖추지 못했기 때문에 이와 같은 위협에 매우 취약하다. 미국은 글로벌 경제와 금융에서 핵심적인 역할을 수행한다는 바로 그 이유로, 그와 같은 위협을 할 수 있으며 또 이런 위협에 대한 동맹국의 합리적 지지가 있을 것으로 기대할 수 있다. SWIFT의 근간을 형성하는 주요 은행들은 전형적으로 미국을 중대한 고객으로 여기며 미국 연방정부의 직접적인 규제를 받을 수도 있다.

오늘날 중국이 미국 재정 적자의 상당 부분에 대해 금융 지원을 하고 있기 때문에 미국에 이래라저래라 할 수 있다는 말도 가끔 들린다. 하지만 이 말은 정말 사실이 아니다. 미국 정부는 미국의 채권을 누가 얼마나 보유하거나 구입하고 있는지에 관한 자세한 수치를 공개하지 않고 있지만 일반적인 예측에 따르면 현재 중국은 미국 채권을 일본보다 적게 보유하고 있다. 실제로 중국이 지난 10여 년 동안 미국 재무부 채권에서 벗어나 투자 대상을 상당히 다각화했지만 미국의 이자율은 세계에서 유동성이 가장 좋은 자산 시장의 금융 상품을 기꺼이 구매하려는 자가 너무나 많다는 부분적인 이유로 비교적 낮은 수준을 계속 유지해왔다. 이런 관점에서 볼때 중국은 실제로 미국에 영향력을 크게 발휘하지 못하고 있으며, 미국이 중국에 어떤 형태의 행동을 취하거나 제재를 가한다면 미국 재무부 채권 시장에서의 중국 역할이 중대한 장애 요인이 되지는 않을 것이다.[31]

다시 얘기하지만 나는 이처럼 미국의 높은 자주성과 재량권이 항상 보다 나은 쪽으로 활용된다고 말하는 것은 아니다. 실제로도 그런 방향으로만 활용되는 것은 아니다. 내가 하려는 말은 그런 자주성과 재량권이 사라지면 세계가 전반적으로 더 나빠질 것이며, 나머지 세계 대부분은 이런 사실을 비록 항상 인정하고 싶지는 않다고 하더라도 마음 깊은 곳에서부터 인식하고 있다는 것이다. 이것이 바로 트럼프와 때로는 단순한 수사에 불과한 그의 '미국 우선주의' 성향을 놓고 전 세계에 불안이 확산되는 큰 이유 중 하나다.

비록 트럼프 대통령이 어느 정도 반대자의 입장에 서겠지만 미국의 정책 입안자들은 내가 여기서 설명하는 논리를 오래전부터 이해하고 있었다. 제2차 세계대전이 막바지에 이르렀을 때 미국과 영국은 새로운 세계 질서를 두고 매우 심각하게 고민하기 시작했다. 당시 미국이 세계의 최소한 일부 지역을 탄압에서 보호하는 영구적인 역할을 맡고 있었으며, 이 역할은 미국과 미국 금융 시스템이 글로벌 경제의 중심에 서는 국제적 경제 질서로 보완돼야 한다는 데 양국은 이해를 같이했다. 그에 따라 브레턴우즈 회담Bretton Woods talks과 이를 둘러싼 결정들에 따라 미국 달러화를 핵심 기축 통화로 삼고 자유무역과 통화 질서 전반을 지원하기 위해 IMF와 세계은행을 다자간 기구로 구성하는 국제 경제 체제가 탄생했다. 이후 관세 및 무역에 관한 일반 협정General Agreement on Tariffs and Trade, GATT이 이뤄졌고, 이는 세계무역기구World Trade Organization, WTO로 발전했다. 브레턴우즈 협정에 의한 고정 환율제가 1970년대 초 붕괴된 뒤에도 세계의 기축 통화는 여전히 미국 달러화였고, 뉴욕시는 세계 최고의 금융 센터로 남아 있었으며, 현재 자유주의 세계 무역 질서에서 뉴욕시와 동일하게 광범위한 영국계와 미국계 축을 담당하고 있는 런던만 뉴욕시의 경쟁 상대로 견줄 만하다(인정하건대 지금은 브렉시트 이후와 트럼프 대통령에 관련된 문제로 두 도시의 위상이 상당히 흔들리고 있다).

그와 같은 경제적 기구들은 세계 경찰로서 미국의 역할에 중요하며 미국의 문화적 영향력을 비롯한 소프트 파워soft power(정보 과학이나 문화·예술 따위를 앞세워 상대방의 행동을 바꾸거나 저지할 수 있는 힘-옮긴이)의 전달자로서도 중요하다. 현실적으로 미국은 다른 나라를 공격하거나 폭격하겠다고 위협하며 때로는 행동으로 옮긴 적도 있었지만 이런 위협만으로는 많은 것을 이루지 못하고 사실상 이룰 수도 없다. 다국 간의 효과적인 외교와 연합체 구축, 서로에게 유익한 글로벌 사회적 변화는 근본적으로 아이디어 전달자, 경제적 기회의 원천, 세계 무역 질서와 글로벌 금융으로 향하는 관문의 통제자로서 미국의 역할에 달려 있다.

이와 같은 외교 정책에서 얻는 혜택들에 값을 매기기는 어렵지만 이들은 세계 전체에 영향을 미치며 내가 보기엔 훨씬 더 나은 방향으로 세계를 형성하고 있다. 다시 한 번 말하지만 이런 생각은 나의 주관적 판단이며 이 책의 한계 때문에 내가 더 이상 옹호할 수는 없지만 그 혜택들이 모두 미국 금융 부문 덕분에 얻은 것이라면 세계 전체가 몇 배의 값을 치를 만한 충분한 가치가 있다.

실제로 미국인들은 미국 금융 부문에서 글로벌 영향력뿐만 아니라 훨씬 더 많은 혜택을 받고 있다. 즉 미국인들은 세계 최고의 벤처 캐피털을 보유하고 있고, 전 세계 기술의 중심지에 살고 있으며, 세계에서 가장 규모가 크고 성공적인 헤지펀드가 자리 잡은 세상에 살면서 수천 억 달러에 이르는 수익을 올리고, 더 나은 방향으로 보다 신속히 이뤄지는 자본 재분배 덕분에 전반적으로 보다 역동적인 경제를 누리고 있다. 머지않아 핀테크도 우리에게 더 많은 것을 가져다줄 것이다. 또 한 번 강조하지만 미국 금융 부문은 수익이 낮은 자산을 고수익 자산으로 바꿔놓고 있다.

분명히 이런 혜택 중 어느 것도 공짜로 생기는 건 아니다. 하지만 과소평가되는 것이 한 가지 있다면 그건 바로 은행을 비롯한 미국 금융 부문이 미국 경제와 사실상 세계 전체에 미치는 긍정적인 영향이다.

미국 은행들은 너무 거대한 것일까?

마지막으로 나는 뉴욕이 금융 중심지로 부상했던 것처럼 미국의 일부 은행들의 규모가 상당히 커야 한다는 점을 언급하려 한다. 이는 세계 무대에서의 경쟁 차원에서 보더라도 그렇다.

그렇다고 해서 소비자의 관점에서 볼 때 우리가 엄청난 독점 체제에 직면해 있는 것은 아니다. 예를 들어 소매 수신액 기준으로 미국에서 가장 규모가 큰 은행인 뱅크오브아메리카Bank of America는 시장 점유율이 11퍼센트도 채 안 된다. 자산 가치로는 JP모건체이스 JPMorgan Chase가 가장 크지만 이 은행이 시장 전체 자산에서 차지하는 비율은 14퍼센트에 불과하다. 이 두 가지 사례로 미뤄보면 은행이 독점적 지배력에 근접한다고 말하기는 어렵다. 수신액과 자산가치가 아닌 다른 기준으로 시장 집중도를 측정하는 방법도 있지만 미국에는 여전히 전국 단위 또는 지역 단위에 걸쳐 수많은 은행들이 있다. 내가 거주하는 워싱턴 D.C.와 버지니아주 북부 지역만 하더라도 BB&T와 캐피털원Capital One, 선트러스트Sun Trust, PNC, 뱅크오브아메리카, 웰스파고, 씨티은행Citibank, 홍콩상하이은행HSBC을 비롯한 많은 은행들의 지점을 흔히 볼 수 있다.[32]

은행 규모가 너무 크다는 현재의 두려움에는 특이한 역사적 계보가 있다. 1920년대에는 미국 은행이 너무 크다고 흔히들 생각했으며 이에 따라 규모를 제한하는 규제 법안이 통과됐고 무엇보다도 여러 주에 걸친 주간州間 지점 설립을 제한했다. 1927년 통과된

맥파든법McFadden Act은 미국 은행의 규모를 훨씬 더 작아지게 만들었다. 하지만 대공황이 시작되자 이렇게 규모가 작아진 수많은 은행들은 충분히 다각화하지 못하고 자본을 조달하는 데 어려움을 겪거나, 그렇지 않더라도 갑작스런 손실에 대처하지 못한 탓에 파산에 이르렀다. 캐나다에서도 극심한 불황이 있었지만 은행 부문이 훨씬 더 집중돼 있었던 덕분에 은행이 파산에 이르는 일은 전혀 없었다. 이후 1929년부터 1990년대를 거치는 동안 전후 시기의 주간 지점 설립에 대한 규제가 약해지기는 했지만 미국 은행의 규모가 너무 작고 충분히 집중돼 있지 않다는 불평이 이어졌다. 1980년대에는 GDP에 비해 은행 규모가 상당히 큰 독일과 일본의 보다 집중화된 '유니버설 뱅킹universal banking' 시스템을 모방해야 한다는 주장이 일반적이었다.

보다 중요한 사실은 주문처럼 되뇌는 '은행이 너무 크다'라는 말이 결국에는 하나의 역사적 사건에 대한 과잉 반응에서 비롯됐다는 점이다. 이 말은 현재에도 비슷한 처지에 놓여 있다. 즉 한 사건에 과잉 반응한 결과로 나온 말이다. 대공황을 겪은 경험에서 볼 때 규모가 작은 은행을 아무리 많이 보유하더라도 끔찍한 결과에 대처할 힘이 보장되는 것은 아니며, 수많은 소규모 은행을 보유하는 체제는 사실상 경제를 체계적 위험에 더 취약하게 만든다.

만약 오늘날 미국이 은행을 작은 규모로 분해한다면 거품 경제 붕괴와 같은 엄청난 거시 경제적 위험은 소수의 대형 은행이 아니라 다수의 소형 은행에 영향을 미칠 것이다. 이런 사태는 다루기 쉽지 않다. 실제로 연방정부가 보다 많은 별개의 위험 지점에 대응해야 하므로 위기 관리가 더욱 어려워질 수도 있다. 이 말은 정부가 더 많은 협상을 처리해야 하고, 더 많은 은행 CEO에게 전화를 걸어야 하며, 장려하고 감독해야 할 합병은 더 많아지고, 감시해야 할 상황이 더 많아진다는 뜻이다. 전반적으로 소규모 은행들이라고 해서 골칫거리가 적은 게 아니다. 어쩌면 훨씬 더 많이 생길 수도 있다.

1930년대 대공황 시기에 이미 경험했지만 아주 작은 은행들로 가득한 세상은 금융 시스템을 무릎 꿇게 만들 수 있는 체계적 위험에 대처하는 방안이 아니다. 그러므로 여러분이 악역을 찾는다면 대형 은행은 올바른 후보가 아니다.

CHAPTER
8

대기업은 정부를
통제하고 조종하고 있을까?

그렇다면 기업과 정부는 어떨까? 거대 기업이 워싱턴 정가에서 진행되는 일들을 컨트롤하고 있을까? 실제로 기업에 대한 정부의 특혜는 많다. 루이기 진갈레스Luigi Zingales가 2012년 발간한 자신의 저서《사람들을 위한 자본주의》에서 능숙한 글 솜씨로 지적했던 것처럼 이런 특혜들 중 대부분은 나쁜 정책인데도 정부는 수년간 또는 어쩌면 무한정으로 이런 정책들을 고집한다.

　나는 정실 자본주의(혈연, 지연, 학연 따위에 따른 집단주의적 성격과 정경유착, 기업 연고주의 따위의 현상이 나타나는 경제 활동을 뜻한다-옮긴이)의 징후가 있다는 거의 모든 주장에 반대하지만 한편으로는 사람들이 기본적인 사실을 제대로 알고 있는지 의문스럽다. 기업이 실질적으로 정치적 영향력을 발휘하기는 하지만 거대 기업이 워싱턴 정가를 배후 조종한다는 기본적인 견해는 이 시대의 심각한 근거 없는 믿음 중 하나다. 좀 더 자세히 들여다보면 비록 대기업들이 다수의 전문 법안 제정을 조종한다고 하더라도 사실상 미국의 정치적 결정 대부분은 거대 기업에 의해 형성되지 않는다. 정부가 특정 집단이나 목적을 위해 집행하는 재정 지출이 연방 예산의 너무나 많은 부분을 차지하기 때문에 정부 예산에 관한 주요 의사 결정의 대부분은 유권자들이 주도한다. 현실적으로 연방정부에 관련된 기업들은 법적 위험을 최소화하고, 복잡한 정부 규제를 정확히 해석하며, 워싱턴이나 주정부 또는 지방정부에서 내린 불리한 결정으로 경제적 손실을 크게 입지 않으려고 점점 더 많은 시간과 에너지를 쏟아붓고 있다.

유명한 미국 소설가 에인 랜드의 표현처럼 대기업을 '미국에서 박해를 받는 소수 집단'으로 보기는 힘들지만 널리 퍼져 있는 반기업 정서는 전반적으로 기업의 정치적 영향력을 크게 과장하는 결과로 이어졌다. 대기업이 미국 정부에 미치는 영향도 종종 심하게 과대평가돼 있다. 사실상 우리가 금권 정치 국가에 살고 있는 것도 아니므로 기업이 항상 자신이 원하는 방식대로 나아갈 수는 없다.

오랫동안 많은 비판가들은 대기업이 미국 공화당을 좌지우지했다고 주장했다. 하지만 2016년 9월 말 공화당이 트럼프를 대선 후보로 지명했을 때 〈포천〉 100대 기업 CEO 중 트럼프 선거 운동에 자금을 후원한 사람은 아무도 없었던 반면, 2012년에는 이들 중 3분의 1이 오히려 당시 공화당 대선 후보였던 미트 롬니Mitt Romney를 후원했었다. 트럼프가 대선 후보로 지명된 이유는 무엇이었을까? 바로 유권자들이 그를 크게 지지했기 때문이었다.

〈워싱턴포스트〉의 경제 칼럼니스트였고 지금은 조지메이슨대학교에서 나와 함께 재직 중이며 대기업을 자주 비판했던 스티븐 펄스타인Steven Pearlstein은 2016년 가을 이런 글을 썼다. "2016년 대선에서 정말 아이러니한 일은 정부 정책에 대한 기업의 영향력이 누가 보더라도 가장 낮은 바로 그 시점에 미국 기업을 향한 포퓰리즘 적 반감이 최고조에 이르렀다는 점이다." 제너럴일렉트릭 CEO를 역임했던 제프리 이멀트Jeffrey Immelt는 2016년 주주에게 보내는 서신 에 "기업과 정부의 어려운 관계는 내가 지금껏 본 중에 최악"이라고 썼다. 오바마 대통령의 백악관 비서실장 윌리엄 데일리William Daley 는 "솔직히 말해 대기업들이 이제 더 이상 그렇게 중요하다고 생각 하지 않는다"고 말했다.[1]

나는 이런 견해들이 과장된 것이라고 생각한다. 아마 비판가들 도 스스로 인정하겠지만 대기업과 워싱턴 정가의 관계는 어쩔 수 없이 주기적으로 변하기 때문이다. 예를 들어 기업과 정부의 관계 를 염려하는 그런 성명들이 나온 뒤 트럼프 행정부는 기업들, 특히 거대 다국적 기업에 아주 유리한 세제 계획으로 대응했고 기업계 는 열정적인 지지로 응답했다. 그러므로 내가 이 장을 쓰는 시점은 미국 정책이 '어떤 면에서는' 기업계에 특별히 세심한 주의를 기울 이고 있는 때이며, 이는 정말로 '가끔씩' 일어나는 경우다. 만약에 여러분이 이 책을 읽을 즈음에 정부에 대한 기업의 영향력이 크다 면 내가 이 책에서 하는 대부분의 논의는 가장 일반적인 상황에 초 점을 맞추고 있다는 사실을 기억하기 바란다.

2018년에 들어와서도 대기업은 정부 정책에 영향력을 거의 발 휘하지 못했다. 미국 기업의 경영자들은 일반적으로 재정적 책임 과 자유무역 및 견고한 무역 협정, 예측 가능한 정부 정책, 다각적 인 외교 정책, 이민 확대, 정부 내 어느 정도의 정치적 정당성과 같은 아이디어를 지지한다. 반면 오늘날 이 모든 아이디어는 오히려 극도로 약화되고 있다. 다시 한 번 말하는데, 주기적으로 좋을 때도 있고 나쁠 때도 있지만 이러한 이유들로 손실이 지속적으로 발생한다는 것은 대기업이 제 목소리를 내지 못하고 있다는 신호다.

국가 기반 시설 구축 사업에 다시 관심을 보이는 것은 기업을 두고 벌어지는 전국적 논쟁에서 살아남는 것이 기업의 우선순위임을 보여주는 또 다른 예다. 하지만 이런 사업은 일어날 수도, 일어나지 않을 수도 있으며 기업의 로비 능력이 아니라 트럼프 대통령의 개인적 우선순위에 더 많이 좌우될 것으로 보인다. 비록 대규모 국가 기반 시설 구축 프로그램이 돌파구를 찾아 정부 정책으로 수립된다 하더라도 이런 논의가 결실을 맺기까지는 수십 년이 걸릴 것이다.

트럼프 대통령이 그동안 내뱉은 온갖 친기업적 수사에도 불구하고 그의 기업 친화적 성향은 예측하기 어렵고 종잡을 수 없었으며 일반적인 말투나 행동, 운영 방식을 보면 늘 반기업적 성향을 띠었다. 이미 언급했듯 기업가들은 정치의 예측 가능성을 선호하지만 트럼프 대통령은 기업가들이 어떤 예측도 할 수 없게 만들었다.

그 결과 트럼프 대통령의 당선 직후 캐리어와 포드, 보잉을 비롯한 다양한 기업들이 아웃소싱을 한다는 부분적인 이유로 트럼프 대통령의 바늘로 찌르는 듯한 트위터 공격의 표적이 됐다. 트럼프 대통령은 대통령 전용기가 너무 비싸다며 보잉을 공격했고, 트위터를 통해 아마존 CEO 제프 베이조스를 반복적으로 비난했다. 또한 일련의 무역 전쟁을 일으키며, 미국이 그동안 맺었던 무역 협정들을 상대로 수사적修辭的 전쟁을 시작하고, 건강보험 개혁의 세부 사항들을 무시하며, 미국의 중요한 외국 동맹 다수를 문제 삼고, 대기업 중 하나인 언론을 '국민의 적'이라고 했다.

기업은 외국인의 미국 이민으로 더 많은 소비자가 유입되고 노동 공급이 원활해지기 때문에 이민을 지지하는 편이다. 하지만 트럼프 대통령은 불법 이민과 합법적 이민 모두에 반대하는 정책을 행정부 초창기의 확고한 특성으로 삼았다. 또한 사업과 정치의 경계선을 분명히 하지 않는 것처럼 보이며, 대통령 집무실을 자신의 호텔과 리조트 사업을 홍보하는 용도로 활용하며 궁극적으로 정실 자본주의자 색채를 드러내고 있다. 미국 기업계는 이처럼 공과 사를 구분 못하는 행태와 미국 헌법의 보수保受 조항(미국 헌법에서 미 의회 승인 없이 대통령을 포함한 미국 정부 관리들이 개인이나 외국 정부로부터 선물 또는 이익을 받지 못하도록 규정한 조항-옮긴이) 위반 가능성을 두고 크게 염려하고 있다.

트럼프가 대통령으로 재임하는 동안 뉴스들이 쉴 새 없이 쏟아져 나오기 때문에 어쩌면 지금 하고 있는 이 논의가 여러분이 이 책을 읽을 때쯤이면 이미 쓸데없는 옛날이야기가 돼 있을지도 모르겠다. 너무나 많은 일들이 내가 이 책을 쓰는 바로 다음 주에도 일어날 수 있다. 하지만 이렇게 끊임없이 벌어지는 사건들은 예측 가능성과 정치적 안정을 향한 기업의 보편적이고 대체로 타당한 바람과는 상반된 것이다. 일부 주요 측면에서 보면 트럼프 대통령이 정실 관계에 있는 기업들에게 특혜를 주고 싶어 하지만 나는 비록 그가 평생을 기업 운영에 바쳤음에도 불구하고 기업이 어떻게 돌아가는지 정확히 모르고 있다는 의구심을 떨쳐내기가 쉽지 않다.

기업이 정부에 영향을 미친 광범위한 역사

오늘날 미국에서는 정말 많은 정실 자본주의가 행해지고 있다. 예를 들면 미국 수출입은행Export-Import Bank은 보증 대출과 저금리 대출로 수출 기업에 사실상 보조금을 지급한다. 이런 방식으로 지금까지 특혜를 가장 많이 받은 미국 기업은 보잉이며, 외국에서는 거대 기업과 때로는 국영 기업들이 최대 수혜자다. 대표적인 예로 멕시코의 국영 화석 연료 기업인 페멕스Pemex를 들 수 있다.

또한 미국 소기업청Small Business Administration은 소규모 스타트업에 보조금을 지급하고 있으며, 주기적으로 진행되는 군수 물자 조달은 기업의 이익을 충족시키고, 제당업계와 낙농업계의 로비는 여전히 엄청난 보조금과 가격 보호 프로그램을 이끌어내고 있다. 이런 특혜들은 대부분 저소득층을 포함한 일반 소비자의 비용으로 이뤄진다. 이와 같은 사례 외에도 가격을 부풀린 군수 계약, 가정용 케이블 설치 업계의 합법적 진입 장벽 등 너무나 많은 정실 자본주의의 사례들이 있다.

이에 따른 위험은 소비자를 위해 펼쳐야 할 경쟁이 정치적 영향력을 얻기 위한 경쟁으로 대체된다는 데 있다. 각종 요금과 가격 유지, 보조금 확보, 경쟁 체제 제한 등을 목표로 로비를 펼치는 기업들의 사례는 수천 건에 이르며 이 모든 로비 활동은 당연히 기업의 사리사욕을 채우고 수익을 올리기 위한 것이다. 이런 로비가 성공할 때 자본주의는 비용과 가격을 낮추고 품질을 개선하며 소비자에게 보다 나은 서비스를 제공하는 것이 아니라 권력의 비위를 맞추고 국가의 강압적인 권력을 자신에게 유리한 쪽으로 구축하는 형태로 바뀌게 된다.

정실 자본주의의 발자국은 앞서 말했듯 자신의 신조를 강력히 밀어붙이는 트럼프 대통령 때문에 오늘날 특히 더 두드러지는 것 같다. 트럼프는 자신의 모든 경력을 사업을 통해 쌓았으며 정치가에게 돈을 지불하고 특혜와 특수 인가를 얻은 사실을 대선 후보 경선 기간 동안 자랑하기도 했다. 그가 주력하는 부동산과 카지노 사업은 아파트 단지나 기업 임원 사무실, 새로운 복싱 경기장이나 도박장 등 뭔가를 건설하고 개장하는 데 필요한 여러 단계의 정부 승인을 받아야 한다. 이때 부패와 영향력 행사가 일어날 가능성은 분명히 있으며 그 수혜자는 기업이다. 트럼프와 그의 기업들은 해외부패방지법Foreign Corrupt Practices Act(외국 공무원이나 국영 회사 직원들에게 대가성 있는 뇌물을 지급하는 행위를 처벌하는 미국의 법으로 1977년에 제정됐다-옮긴이)을 위반했다는 혐의도 받고 있다. 다른 말로 하면 그들이 자신의 기업을 전 세계로 확장하기 위해 외국 정부에 뇌물을 제공했을 수도 있다는 것이다.[2]

이 모든 상황에도 불구하고 관련 데이터들은 대기업이 미국 정부를 좌지우지하는 지배적 세력이라는 견해를 지지하지 않는다. 이를테면 기업들이 연방정부 로비에 지출하는 비용은 매년 30억 달러 정도다. 엄청나게 많은 돈인 것 같지만 매년 광고비로 지출하는 약 2천 억 달러에 비하면 아무 것도 아니다. 로비 비용 30억 달러는 제너럴모터스가 일 년에 지출하는 광고비와 거의 비슷하다. 프록터앤드갬블의 연간 광고비는 이보다 더 많은 약 49억 달러에 이른다. 정부 공무원이었던 한 임원은 이렇게 설명한다. "이것이 바로 기업인들이 생각하는 방식입니다. 워싱턴 정가에 가서 시간을 낭비하는 게 나을까요? 아니면 중국에 가서 실제로 뭔가를 할 수 있는 사람과 얘기하는 게 나을까요?"[3]

만약 기업이 연방정부 정책에 그렇게 굉장한 영향력을 발휘한다면 보다 공격적으로 투자해서 정부 자금을 훨씬 더 많이 빼내올 수 있는 로비 활동에 30억 내지 40억 달러만 쓰는 이유가 뭘까? 사실상 기업이 그 정도로 장악하고 있지 않다는 뜻이다.

미국의 비영리 단체 시민연합Citizens United에 관한 2010년 미 대법원 판결은 기업이 미국 정치계에서 무소불능의 존재라는 인상을 남기는데 한몫을 했다. 이 판결에 따라 영리 기업이든 비영리 기업이든 이제 특별한 제한 없이 선거 운동과 '선거 유세 방송'에 자금을 지원할 수 있다. 이는 대기업이 미국 정치계를 장악했으며 이를 제지할 수 있는 법은 이제 더 이상 없다는 말처럼 들린다.

하지만 사실상 시민연합은 대기업이 워싱턴 정계에서 힘을 '잃게 된' 이유 중 하나다. 지금은 개인들도 자신의 지적, 이념적 주제를 발전시키는 데 수십 억 달러의 돈을 지원할 수 있는 시대다. 이런 개인들 중 대부분은 기업가들이며 사업을 통해 돈을 벌었지만 자신의 이념에 투철한 기업가들만 그 정도 규모의 개인 후원자가 될 수 있다. 기업이 크게 관심을 두지 않는 일을 발전시키기 위해 그렇게 많은 돈을 쓴다는 것은 의미가 없다. 실제로 엄밀한 의미에서 대기업이 정치에 지출하는 액수는 현재 개인들이 지출하는 수준에 근접한 적이 한 번도 없었다. 사람들이 시민연합에 관한 판결을 어떻게 받아들이더라도, 이는 이념의 영향력이 커지고 주류 기업들의 역할과 힘이 약화되는 시대를 예고한 것처럼 보인다.

기업이 선거 운동 지원보다 로비를 통해 영향력을 더 많이 발휘할 수 있다는 것은 분명한 사실이지만 로비 활동에 관한 수치는 많은 사람들의 생각보다 그리 위협적이지 않다. 2007년 기준(더 최근의 정확한 수치는 찾을 수 없었다) 워싱턴 정가에서 가장 활발하게 로비를 펼치는 기업은 사내 로비스트 56명과 외부 로비 기업 30곳과 연결돼 있는 보험 기업 블루크로스 블루실드Blue Cross Blue Shield, 내부 로비스트 31명과 외부 53곳의 로비 기업을 고용한 록히드마틴Lockheed Martin, 각각 내부 로비스트 21명과 58개의 로비 기업을 고용한 버라이즌이다. 이 기업들은 실제로 연방정부에서 수많은 특혜와 때로는 자신들의 잘못에 대한 관용을 얻어냈다. 로비 비용 면에서 가장 두드러진 기업은 제너럴일렉트릭, 알트리아Altria(세계 최대 담배 제조 및 판매 기업), AT&T, 엑손(석유화학 기업)이다.

하지만 전반적으로 볼 때 로비스트가 주연은 아니다. 대기업은 평균 3.4명의 로비스트를 워싱턴에 두고 있으며 중간 규모 기업의 평균은 1.42명에 불과하다. 주요 거대 기업들의 평균은 13.9명이며 대다수의 기업들이 로비에 지출하는 비용은 연간 2만 5천 달러 미만이다. 더 나아가 체계적 연구 결과를 보면 기업의 로비 활동으로 기업에 유리한 법안이 통과될 확률이 높아지거나 로비하는 기업들이 더 많은 정부 계약을 따내는 건 아니다. 정치활동위원회political action committee, PAC(기업·노동조합·동업자조합 등이 선거 운동 기금을 조성해 정계에 진출하려는 후보자들에게 그 기금을 나눠주는 것을 목적으로 구성한 미국 정치 조직체-옮긴이)에 후원금을 내는 것도 별로 효과적이지 않다.[4]

만약 악역을 찾는다면 형편없는 보좌관들을 둔 의원이 법안을 발의하고 심사할 수 있게 도움을 주는 기업들에 초점을 맞추는 것이 아마 최상의 방법일 것이다. 하지만 그럼에도 국가 정책은 정확히 기업들, 특히 대기업들을 완전히 만족시킬 수 있도록 수립되는 것은 아니다.

미국 연방 예산의 주요 특징을 살펴보자. 가장 규모가 큰 두 프로그램은 미국 대중에게서 엄청난 인기를 끌고 있는 사회보장제도Social Security와 65세 이상 노년층과 장애인을 위한 공공의료보장제도인 메디케어Medicare다. 노년층의 투표율이 다른 계층에 비해 불균형적으로 높기 때문에 정치인들은 보통 이 프로그램들을 보호하고 확대하기 위해 경쟁한다. 병원과 의사들의 로비 활동도 분명히 메디케어 비용이 크게 늘어나는 주요 이유 중 하나다. 예를 들면 메디케어 프로그램에서는 처방약 가격을 낮추기 위한 협상이 금지돼 있으며, 병원들은 미국 보건의료 시스템에 고비용 모델이 포함되도록 압박했다. 이런 형태가 기업이 연방 예산에 미치는 가장 큰 영향 중 하나이기는 하지만 그래도 유권자가 주도하는 환경을 벗어나지는 않는다(저소득층을 위한 의료보장제도인 메디케이드Medicaid는 잠시 후 논의하자).

연방 예산에서 그다음으로 규모가 큰 것은 방위비 지출과 국가 부채에서 발생하는 이자다. 방위비 지출은 조달 과정에서 군수 업체가 미치는 영향으로 부풀려지기도 하지만 군대에서 발생하는 많은 비용은 설비 투자에 따른 자본 지출이 아니라 인건비와 연금이다. 게다가 방위비 지출은 무기 시스템이 아무리 비싸더라도 정치인들이 앞다퉈 다루고 싶어 할 정도로 인기가 많은 예산 항목이다. 방위비 지출을 중요한 이슈로 삼는 데 반대하고도 크게 출세한 정치인은 거의 없다. 마지막으로 국가 부채에 따른 이자는 기업과 전혀 상관없다.

농업 보조금은 기업 형태의 특별 이익 집단이 거의 완전히 주도하는 정부 정책의 가장 명백하면서도 심각한 예다. 하지만 농업 보조금도 시장 상황에 따라 다르기는 하지만 연간 약 200억 달러에 '불과하며' 전체 연방 예산 4조 4천 억 달러에 비하면 0.5퍼센트도 채 안 된다. 기업이 강력한 영향력을 발휘하는 또 다른 정책 분야는 지적재산권법에 관련된 것이다. 이를테면 국제 무역 조약을 놓고 협상을 벌일 때 미국 정부는 항상 특허와 저작권 보호를 위해 매우 강력한 규제 조항을 주장한다. 정부의 이런 주장은 유권자가 엄격한 저작권보호법을 요구하기 때문이 아니라 미국이 엄청나게 많은 지적재산권을 수출하며 이들 수출 기업이 조약 협상 과정에 많은 영향을 미치기 때문이다. 물론 유권자들이 간접적으로 영향을 미치는 경우도 있는데, 이는 지적재산권법을 강력히 집행하지 않으면 지적재산권 수출 산업의 일자리가 줄어드는 결과로 이어지고 이에 따라 유권자에게 해를 끼칠 수도 있기 때문이다. 그러므로 기업이 모든 것을 좌지우지하는 것처럼 보이더라도 배후에 유권자의 간접적인 영향이 있는 경우도 아주 많다.

주정부 예산도 한 번 살펴보자. 사람들은 주정부가 다루기가 더 수월하고, 크게 주목받지 못하며, 재정적으로도 그리 안정적이지 않고, 그에 따라 기업의 요구를 들어줄 가능성이 더 높을 것으로 생각할지 모르겠다. 하지만 여기서도 예산의 대부분은 유권자의 요구에 따라 형성된다. 주정부 예산의 주요 항목은 일반적으로 유치원부터 고등학교까지의 초중등 교육과 교도소, 도로 및 사회 기반 시설, 메디케이드, 고등 교육에 관련된 것이다.

초중등 교육비 지출은 유권자에게 인기가 많은 항목이며 기업의 영향력이 크게 미치지 않는 분야다. 교도소와 산업 단지를 한데 합친 형태prison-industrial complex의 교정 시설이 등장하면서 민영 교도소가 너무 많이 생기는 결과로 이어졌을 수도 있지만 교도소 운영비는 1980년대를 기점으로 유권자들이 범죄에 대한 보다 강력한 정책을 요구하면서 크게 늘어났다. 도로 및 사회 기반 시설 예산은 분명히 기업의 요구로 증가했지만 오늘날에는 그런 정책들이 크게 주목을 받지 못하는 편이므로 기업이 영향을 미친다고 보기 어렵다. 비록 많은 기업들이 미시간대학교와 버클리대학교와 같은 공립대학교와 연결되는 것을 기쁘게 생각하고는 있지만 고등 교육에 대한 대중의 지지는 기업의 욕구와 직접적 연관성이 거의 없다. 고등 교육 예산도 유권자들의 소망이 주로 반영된 것이다. 게다가 이 항목에 대한 예산 지출도 점점 줄어들었는데, 이 예산 항목이 유권자들의 절대적 우선순위가 아니기 때문이다.

주정부 예산 항목에서 가장 논란이 많은 지출은 메디케이드에 관련된 것이며 공화당 성향이 강한 주에서 논란이 특히 더 심하다. 이 부문에서는 이른바 의료-산업 복합체가 메디케이드 프로그램의 연방 단위와 주 단위 구성 요소 모두에 보다 많은 의료비 예산 책정을 요구하는 데 상당한 역할을 하고 있는 것으로 보인다. 메디케이드는 공식 목적이 노년층이 아니라 저소득층을 지원하는 데 있기 때문에(물론 두 계층이 어느 정도 겹치기는 한다) 메디케어에 비해 대중적 인기가 덜하며, 이에 따라 의료 기관의 압박이 더 많이 필요한 프로그램이다.

사람들이 메디케이드 예산을 늘리는 아이디어에 동의하든 안 하든 메디케이드의 경우에서는 사실상 의료 기관이 진보 좌파들의 우선순위를 실현하는 데 도움을 주고 있다. 어쨌든, 전부는 아니더라도 대부분의 주정부 예산은 기업이 아니라 유권자가 원하는 바에 따라 결정된다. 트럼프 대통령 재임 초기에 내가 목격했던 사실은 최소한 당시까지는 공화당 유권자를 포함한 유권자 대부분이 오바마케어의 큰 부분을 차지하는 메디케이드 확대를 유지하기로 결정했다는 것이다.

이번에는 규제 기구들을 생각해보자. 기업이 자신에게 유리한 쪽으로 규제를 형성하고, 규제를 피하고, 명문화된 규제 법령을 집행하지 못하도록 규제 기관을 설득하는 등 기업의 규제에 관한 압박 사례는 수도 없이 많다. 그럼에도 기업들은 거의 항상 현재 규제 상황에 불편함을 느낀다. 대부분 정부 규제가 너무 심하다고 생각하며 우리가 지금의 규제 상황을 지지하든 안 하든 사실상 규제 때문에 미국 기업들이 상당히 높은 비용을 부담하고 있다는 개별적인 증거들은 정말 많다.

규제 준수에 따른 직접적인 비용 외에도 규제는 CEO들의 주의력과 에너지를 상당히 많이 고갈시킨다. 규제에 따른 기업의 직접적인 비용 부담이 연간 수조 달러에 이른다는 예측은 쉽게 찾아볼 수 있으며 어느 정도일지는 모르지만 이런 비용의 일부는 결국 소비자들이 부담해야 한다. 나는 우리가 이와 같은 규제 관련 비용을 제대로 파악하고 있다고 생각하지는 않지만 규제 부문을 기업이 원하는 대로 이끌어나갈 수 있는 분야로 보기는 어려우며 규제 관련 비용이 사실상 매우 높다고 확신한다. 트럼프 행정부의 규제 완화 시도에도 불구하고 거의 모든 규제는 여전히 시행되고 있으며 빠른 시일 내에 사라지지 않을 것이다.[5]

부자들이 정말 모든 것을 장악하고 있을까?

프린스턴대학교 마틴 길렌스Martin Gilens 교수와 노스웨스턴대학교 벤자민 페이지Banjamin Page 교수의 연구에서 나온 주장을 살펴보자. 연구의 요지는 부유한 엘리트들이 미국 정책을 운영하며 유권자들은 거의 영향을 미치지 못한다는 것이다. 하지만 이런 견해는 거의 지지받지 못했다.

길렌스와 페이지가 채택한 연구 방법의 핵심은 1,779개의 정책 이슈를 모아놓은 데이터베이스를 활용해 실제 정책 결과가 일반적인 중위 유권자보다 엘리트층의 의견에 더 가깝다는 사실을 증명하는 것이다. 맞는 말처럼 들린다. 하지만 많은 학자들이 길렌스와 페이지의 연구 결과 일부가 잘못됐다고 지적했으며 나는 그와 같은 오류 지적이 매우 설득력 있다고 생각한다.

첫째, 부유층과 중산층 미국인은 데이터 샘플에 있는 모든 법안들 중 89.6퍼센트에 찬성한다. 그러므로 부유층이 지금껏 정책 입안과 제정을 주도하고 있다 하더라도 중산층의 견해와 크게 다른 행동을 하는 경우는 거의 없다. 더 나아가 부유층과 중산층의 의견이 갈린 나머지 법안에서도 찬성률 차이는 대부분 작다. 평균 10.9 퍼센트 포인트 차이를 보이는데, 예를 들어 한 법안을 중산층의 43 퍼센트가 지지한다면 같은 법안을 부유층의 53.9퍼센트가 지지하고 있다. 이를 두고 의견 차이가 크다고 보기는 어렵다. 그리고 부유층과 중산층의 의견이 크게 다른 법안들을 놓고 보면 부유층은 자신들이 동의하는 법안 중 53퍼센트를 통과시킨 반면 중산층은 지지하는 법안 중 47퍼센트를 통과시켰다. 물론 부유층이 약간 우위에 있지만 그렇다고 해서 중산층이 설 자리를 잃었다고 할 정도는 아니다. 부유층의 승리는 '진보적'이라기보다는 '보수적'으로 분류될 수 있는 경우가 조금 더 많다.

이런 증거들을 요약해보면 중산층이 항상 옳은 일만 원하는 것은 아니지만 최소한 의회 입법 투표의 측면에서는 자신들이 원하는 것을 거의 다 얻는다고 볼 수 있다.[6]

이 데이터에서 우리가 알 수 있는 또 한 가지는 빈곤층이, 부유층이나 중산층이 찬성하지 않는 것을 원할 때에는 자신들이 바라는 방향으로 이뤄지는 경우가 그렇게 많지 않다는 사실이다. 한 법안을 빈곤층만 지지한다면 이 법안이 통과될 확률은 18.6퍼센트에 불과하다. 물론 오늘날의 이런 현상이 미국 민주주의에 중대한 문제가 될 수도 있다. 하지만 원래의 질문을 다시 언급하자면 이와 같은 현상이 연방정부가 부유층에 의해 좌지우지된다는 사실을 증명하지는 않는다. 대신 중산층과 부유층 모두가 빈곤층의 욕구를 충분히 신경 쓰고 있지 않다는 것을 보여준다.

특별한 이득이 주어지지 않는 이상, 현재 상태를 바꾸지 않으려는 경향을 뜻하는 현상 유지 편향status quo bias도 정부가 하거나 하지 않는 일의 많은 부분을 형성하는 데 영향을 미친다. 한 입법안이 심의될 때 그 법안이 통과돼 변화가 일어날 확률은 0.5퍼센트를 넘기 어렵다. 즉 200번 중에 한 번 꼴이다. 물론 이런 정체 현상 중 일부는 기업의 반대에서 비롯될 수도 있지만, 그처럼 낮은 확률은 정치적·이념적 정체 상태를 포함한 다양한 이유로 발생할 수 있는 현상 유지 편향에 따른 정체 현상으로 보다 쉽게 설명될 수 있다. 그런 정체 현상은 기업이 미국 정치계의 기본적인 법들을 바꾸고 자신에게 유리한 쪽으로 법을 다시 제정할 만큼 그렇게 강력한 영향력을 갖고 있지 않다는 것을 뜻한다.[7]

보다 단순한 진리는 어떤 관련 당사자라도 워싱턴 정가에서 변화를 이끌어내기가 쉽지 않다는 것이며, 이는 기업들의 음모와 모의가 아니라 견제와 균형과 시스템 전반에 걸친 복잡성 그리고 상세한 부분까지 유권자가 깊이 개입하지 못하는 상황에서 비롯된다. 만약 기업이 정말로 영향력을 미쳤다면 정치계가 이렇게 타성에 젖어 있지는 않았을 것이다.

마지막으로, 정부에 미치는 기업의 영향이 늘 나쁜 것만은 결코 아니라는 사실을 명심하기 바란다. 주요 기업들이 로비를 펼치는 것으로 알려진 중요 문제의 목록을 보면 앞서 논의했던 대로 세금과 무역, 이민, 저작권이 상위권에 올라 있다. 내가 보기에는 무역과 이민 문제에 관한 로비는 거의 틀림없이 기업에 유익하지만 저작권 관련 로비는 다소 그렇지 못하며, 세금에 대해서는 좋을 수도 나쁠 수도 있다. 기업 로비스트는 일반적으로 보다 낮은 세율의 단순한 세금 체계를 좋아한다. 또한 무역 협정과 자유무역 체제를 선호한다(이는 무엇보다도 개발도상국 수출 기업에 또 다른 긍정적 요소다). 규모가 작은 기업들이 특정 예산 배정과 정부 계약을 위해 로비할 가능성이 매우 높은데, 이와 같은 로비는 정부 계약의 다수가 실제 필요한 것이라 하더라도 예산 낭비 또는 지대 추구 행위로 이어질 수 있다.[8]

기업은 특혜와 국가 독점을 만들어내는 존재일까?

일부 비판가들은 유한책임기업limited liability corporation, LLC의 존재 자체가 도덕적 분노를 불러일으키며 기업이 정부에 예속돼 있다는 증거라고 여긴다. 결국 유한책임은 주주가 기업에 투자한 자산 가치 이상에 대해 소송당할 수 없다는 법적 규정이다. 언뜻 보면 법적 규정에 의한 유한책임은 개인이 기업의 장막 뒤에서 실행한 행동의 결과에서 벗어날 수 있게 해주는 전략이다. 급진적인 성향의 토머스 제퍼슨도 유한책임기업의 형태를 미덥지 않게 여겼다.[9]

그럼에도 이런 비판들은 지지를 받지 못하고 있다. 유한책임기업은 법이 아니라 그 효율성 때문에 끊임없이 생겨나며 거의 지배적인 기업 형태로 자리 잡았다. 이와 달리 오늘날 법적으로 허용되는 이중책임제double liability(미국 대공황 이전에 금융 기관의 안정성과 예금자 보호를 위해 미국 은행들에게 적용되던 대표적인 주주책임제도다. 은행의 주주는 은행이 파산할 경우 자신의 지분만큼 책임질 뿐만 아니라 지분에 해당하는 금액을 추가로 책임지게 했다-옮긴이)를 바탕으로 기업을 운영할 경우 어떤 장점이 있는지 생각해보면, 사람들은 이런 형태를 유용한 기업 운영 방식으로 여기지 않는다. 이중책임제 형태에서는 주주가 100만 달러의 자산을 투자하면 200만 달러의 잠재적 부채까지 책임져야 한다. 그러므로 만일 기업이 파산하면 사법 시스템은 실제로 주주의 은행 계좌를 확보한 뒤 주주의 자산을 차압해 채권자나 채무 소송의 원고에게 추가로 보낼 수 있다.

시간이 지나면서 이중책임제(또는 보다 넓은 의미로 다중책임제)를 바탕으로 기업을 소유하는 부유층은 점점 더 줄어들 것이다. 대신 잠재적 주주들은 아주 적은 자본금으로 설립한 셸 컴퍼니를 통해 주식을 보유하며 기업 외부에 있는 자신의 자산을 보호할 수 있다. 만약 이런 옵션들이 어떤 이유로 해서 금지되거나 제한되면 다양한 투자들의 회수 가능성이나 여러 곳에 투자한 주주들의 상환 능력을 모니터링하기가 너무 어렵기 때문에 투자자들은 투자 다각화를 쉽게 하지 못할 수도 있다. 실제로 다각화에 관한 이런 속성은 어떤 경우에도 비다각화가 표준인 법적 파트너십과 같은 특정 상황에서 파트너십 형태의 무한책임제가 제대로 운영되는 이유를 설명하는 데 도움을 준다. 즉 자산의 대부분이 법적 파트너십 형태에 투자돼 있고 파트너의 수가 비교적 적으면 적어도 무한책임제가 제대로 작동할 가능성은 있다.

어느 경우든 무한책임제에서는 극히 비효율적인 소유 구조가 생길 가능성이 가장 높다. 대개 최상의 기업 소유주는 기업과 직접적인 이해관계에 놓여 있고, 그 분야의 경험이 풍부하며, 기업 외부에 상당한 자산을 보유하고, 투자를 다각화하고 싶은 사람이다. 무한

책임제 아래에서는 우리가 이와 같은 투자자들을 기업 운영에 끌어들이기 힘들고, 결국 양질의 지배 구조에 해를 끼치며 대부분의 기업 경영자들을 낯설고 불안정한 재무 상황에 놓이게 만들 것이다. 그 결과 혁신보다는 기업의 정체 상태와 방어적 자세를 초래하는 위험에 처할 가능성이 높다. 다시 한 번 말하지만 이처럼 부유한 소유주들은 가족 구성원이나 재단 또는 명의만 있는 셸 컴퍼니에 자산을 넘기는 방법처럼 자신의 자산을 이중책임제로부터 보호할 방법을 찾을 것이다. 그럴 경우 이중책임제의 혜택은 있다고 하더라도 아주 미미할 것이다.[10]

다시 말해 이중책임제나 다중책임제 또는 무한책임제의 형태는 비효율적이며 보다 폭넓은 사회적 정의의 개념에도 크게 기여하지 못한다. 이런 형태들에 대한 시도는 있어왔지만 대부분의 경우 시장은 보통 전통적 의미의 유한책임제를 포함한 저비용 구조로 진화했다.[11]

미국 역사를 되돌아보면 기업의 유한책임을 규정하는 법에서 벗어나려는 실험이 광범위하게 실시됐지만 매번 경제적 압력 때문에 정부는 유한책임 구조를 새로 만들거나 그 구조로 돌아갈 수밖에 없었다. 이를테면 1830년에 이를 때까지만 하더라도 매사추세츠주에는 공동 책임 규정이 있었고, 이에 따라 어느 주주라도 기업의 모든 부채에 대한 책임을 추궁받을 수 있었다. 뉴햄프셔주, 미시간주, 위스콘신주, 펜실베이니아주는 모두 유한책임법을 바꾸는 실험을 시행했지만 곧바로 원래의 법으로 돌아갔다. 주정부들이 파산에 이르지 않고 스스로의 힘만으로 사회 기반 시설에 자금을 지원해 이익을 낼 수 없었던 것도 원래 법 구조로 돌아갈 수밖에 없었던 큰 이유였다. 유한책임 형태는 뉴욕주가 1811년에서 1828년에 이르는 기간 동안 일련의 입법 기관 결정과 사법 기관 판결로 유한책임 기업 설립을 용이하게 만들었을 때 크게 발전했다. 캘리포니아주는 1931년까지 유한책임에 관한 법이 없었지만 주가 개발되기 시작하면서 관련 법안을 제정해야 했다.

유한책임을 벗어나려는 모든 시도에서 발견된 문제점은 기업이 비즈니스를 운영하는 데 따른 잠재적 대가가 너무 크다는 것이며, 그렇지 않으려면 다른 주로 옮겨가야 했다. 19세기 후반 미국에서 주요 산업화가 진행될 무렵 유한책임 형태는 상승세를 보였으며 이런 형태가 시도된 거의 모든 지역에서 그 가치가 증명됐다. 오늘날 유한책임기업은 미국 내 모든 기업의 수익 중 약 90퍼센트를 벌어들이고 있으며 거의 모든 선진국들도 일정 형태의 유한책임법을 이미 제정했다.[12]

다국적 기업이 세계를 지배하고 있을까?

이 책이 미국에 초점을 맞추고 있지만 나는 (불행한 일이지만) 흔히 볼 수 있는 다른 비난을 반박하려 한다. 바로 다국적 기업이 세계를 지배한다는 비난이다. 실제로 부유한 국가는 더욱 부유해지고 보다 더 민주적으로 발전하면서 다국적 기업은 대부분의 해외 전초 기지에서 해당 국가의 제한된 지원만 받는 비교적 취약한 이익 집단으로 변모했다. 우버와 페이스북, 구글은 중국을 떠났으며 미국 기술 기업들은 유럽연합이 벌이는 규제 전쟁에 직면해 있다. 인도는 다국적 기업의 소매업 단독 진출을 규제하고 자국 기업과 합작 형태의 진출만 허용하며 월마트의 인도 소매업 진출에 제한을 가했다. 다양한 신흥 경제국들은 좋든 나쁘든 규제를 강화하며 미국을 비롯한 서구의 다국적 기업이 자국 경제 내에서 차지하는 위치를 더 낮은 단계로 격하시킨다. 더 나아가 우리는 자국의 이익을 우선시하는 국가주의, 보호무역주의의 입장에 서서 수출 산업을 육성해야 한다는 중상주의적 정서, 외국 기업에 대한 국가 차원의 진입 장벽, 근본적으로 자국 내 세력을 기반으로 한 국영 기업, 세계화의 부분적 축소 등이 되살아나는 모습을 목격했다.

이와 같은 현상들은 원인인 동시에 징후이기도 하다. 즉 이들은 다국적 기업이 일부 영향력과 정치력을 잃게 만든 원인이기도 하지만 그런 현상이 일어났다는 사실은 다국적 기업이 애초부터 세계를 지배한 적이 절대 없었다는 징후이기도 하다.

다국적 기업이 외국 기업으로서 잘못된 형태의 영향력을 발휘한 특별한 경우도 많다. 이를테면 정유 기업들이 아프리카 국가들의 정치에 개입하며, 특혜를 보장받기 위해 뇌물을 뿌리고, 자신들의 사업에 이익이 되기만 하면 정권의 부패를 용인하거나 부추기기도 했다. 또 다른 예는 다국적 기업이 진출국 정치인들을 계속 타락시키기 위해 그들에게 간접적으로나마 특혜와 뇌물을 주며 그들의 환심을 사는 경우다. 하지만 이런 사례들 때문에 다국적 기업이 세계를 지배한다고 말할 수는 없다. 이 모든 부패 사례와 달리 진출국의 상황이 일반적으로 기업을 만족시킬 정도로 정돈된 것이 아니기 때문에 기업을 운영하기에는 너무 어려우며 부담스럽다고 생각하는 다국적 기업의 사례도 많다. 예를 들어 아이티의 역사를 보면 대부분의 미국 기업들이 얼마 전 아이티에서 철수했다. 아이티의 문제는 열악한 전력 공급과 좋지 않은 도로 사정, 부패로 뒤덮인 항만 관리 기구, 형편없는 사법 체제, 높은 범죄율 등이었다. 아이티가 강대국이 아닌데도 다국적 기업은 지배력을 행사하지 못했다.

전반적으로 세계에는 매우 잘못된 통치 체제를 지닌 빈곤국들이 많다(때로는 일부 부유한 국가도 포함된다). 이는 외국계 기업에 과도한 특혜를 제공하는 정책은 물론 기업 친화적인 환경을 충분히 조성하지 못하는 정책을 수립하는 결과로 이어진다. 비록 다국적 기업이 영향력을 남용한다는 충격적인 얘기들이 많이 들리기는 하지만 그들이 전 세계 빈곤국들을 지배한다는 주장보다는 그러지 못하는 상황이 진실에 더 가깝다. 이런 상황을 전체적으로 볼 때 미국 기업들은 부탄이나 카메룬보다 캐나다에 투자하고 싶어 할 것이며, 이는 다국적 기업에 관한 그 어떤 스토리보다 더 현실적인 얘기다.

이 모든 사항을 염두에 두고 이제는 우리가 기업, 그중 특히 대기업을 그렇게 신뢰하지 못하는 이유가 무엇인지 알아보자.

CHAPTER

9

기업은 왜 그렇게까지
비난받을까?

기업은 왜 그렇게까지 비난받을까?

이제 우리는 일종의 궁극적인 질문에 이르렀다. 즉 기업이 미국을 위해 그렇게 훌륭한 일을 많이 하며, 기업을 만들어낸 일반 인간보다 더 부패하지도 않고, 기업에 관한 수많은 비난이 과장됐다면 그렇게 많은 경우에서 기업이 정말 인기가 없는 이유가 무엇일까?

나는 그 해답이 인간 본성에 깊이 뿌리내리고 있다고 생각한다. 바로 우리가 사람들에게 적용하는 것과 동일한 기준들로 기업을 판단할 수밖에 없는 본성 때문이다. 나는 우리가 왜 기업을 사람과 동일하게 보는 경향이 있는지, 이것이 어떻게 우리의 판단을 왜곡하는지, 기업이 어떻게 우리의 이런 반응을 독려하고 실제로 이끌어내는지, 그리고 마지막으로 대중문화와 엔터테인먼트가 어떻게 이 모든 논리를 공고히 하는지 설명하려 한다.

2012년 대선 선거 운동 기간 중에 공화당 경선 후보 롬니가 저지른 가장 큰 실수는 청중들에게 "지지자 여러분, 기업은 사람과 같습니다"라고 말한 것이었다. 트럼프 대통령의 최근 발언들에 비하면 사소한 말실수처럼 보일지 모르지만 당시에는 격렬한 반발의 폭풍이 휘몰아쳤다. 이는 마치 인간과 비인간을 동일한 존재로 여기는 것처럼 보였고, 그 말을 뱉은 '누군가'의 윤리 기준이 심각하게 뒤틀려 있다는 분명한 신호였으며, 공화당 후보자가 너무 무정하고 자신의 부유한 생활 방식에 너무나 젖어든 나머지 인간적인 모습을 전부 잃어버린 것 같았다.

물론 적절한 맥락에서 생각해보면 롬니의 주장은 완전히 합리적이며 너무나 흔히 경시되고 있던 주제에 관한 것이었다. 그가 말하려던 사항은 세제 개혁과 법인세였다. 단순히 롬니는 기업에 부과하는 세금이 머지않아 일정 수준에서 우리 인간들이 부담하게 된다는 사실을 주장하려 했다. 이를테면 글로벌 투자 기업인 베인 캐피털Bain Capital과 그의 소중한 손자가 아무런 차이도 없다는 말이 아니었다. 롬니의 말을 두고 벌어진 언쟁은 이렇게 이어졌다. 야유를 퍼붓던 청중 한 명이 "아니에요! 그들은 같지 않습니다!"라고 외치자 롬니는 이렇게 받아쳤다. "그들은 당연히 같습니다. 기업이 벌어들이는 모든 것이 결국에는 사람들에게 돌아갑니다. 그렇지 않다면 도대체 어디로 간다고 생각합니까?"[1]

롬니의 주장은 옳았다. 하지만 롬니의 말실수에 쏟아진 분노에 담긴 재미있는 사실이 있다. 사실상 우리 모두는 기업을 어느 정도 사람으로 여긴다는 점이다. 그리고 '기업을 비난하는 자들이 이렇게 잘못 생각하는 실수를 가장 많이 저지른다'.

우리는 호모 사피엔스와 유한책임기업의 차이점을 알 수 있는 지적 수준을 지니고 있다. 우리가 사랑하는 할머니를 다국적 농업 기업 몬산토Monsanto와 혼동하지는 않는다. 하지만 기업에 관한 정보를 처리할 때면 우리 생각 속에 내재된 분류 기준에 따라 우리는 일반적으로 기업을 사람으로 인식하며, 사람에게 하는 것처럼 칭찬하거나 욕하고, 우리가 때로는 사람에게 그러는 것처럼 기업에 충성하기도 한다. 이렇게 하는 부분적인 이유는 기업이 우리의 정치계를 조정한다고 우리가 너무 성급하게 결론 내리기 때문이다.

우리는 또한 사람에게서 그런 감정을 느낄 수 있는 것처럼 기업에게서도 배신당하거나 버림받았다는 감정을 느끼기도 한다. 좋든 싫든 우리 머릿속에 기본적으로 설정된 관념에 따라 우리는 사람에 관한 생각과 느낌의 범주 중 최소한 일부를 기업에 관한 생각과 감정에도 적용한다. 우리의 생각과 감정 속에서 기업을 사람으로 변환시키는 것이다. 다른 말로 하면 우리는 기업에 인간적 특성을 불어넣으며 기업을 '인격화'시킨다. 즉 기업은 자신의 의지로 살아 있고 지각이 있는 존재이며 우리가 인간을 향해 품고 있는 도덕적 정서를 적용할 가치가 있는 대상이라고 생각한다.

2016년 보험 및 금융 서비스 기업 메트라이프MetLife는 연재만화 〈피너츠Peanuts〉에 등장하는 스누피 캐릭터를 더 이상 사용하지 않기로 결정했지만, 오랫동안 스누피 캐릭터를 사용한 역사는 기업들이 얼마나 자신을 사람 또는 메트라이프의 경우 사랑스런 강아지로 변환하려 하는지 잘 보여준다. 스누피가 애초 스누피의 어린 주인 찰리 브라운을 주인공으로 한 연재만화에서 중심인물이라는 사실에는 이견이 없다. 스누피는 껴안아주고 싶을 정도로 귀여우면서도 냉철하고, 자애로우며, 최신 유행이나 트렌드에 밝고, 때로는 무심하며 절제된 모습을 보이는 수수께끼 같은 존재로 묘사된다. 또

많은 독자들에게 어린 시절을 떠올리게 하고, 반려동물과 인간이 평생을 함께할 수 있다는 생각을 품게 하며, 인간의 감성이 표현되는 일종의 거울과 같은 역할을 한다.[2]

　메트라이프는 스누피 아이콘을 30년 동안 지면 광고와 TV 광고에 활용했으며 공개 행사 때 띄우는 소형 비행선의 측면에도 스누피를 그려넣었다. 메트라이프는 '보험 기업이 냉정하고 가까이 할 수 없는 이미지로 보이는 시기에 보다 친근하고 다가갈 수 있는 기업'으로 보이기 위해 1985년 스누피를 기업 심벌로 채택한 것으로 알려졌다.

　그렇다면 메트라이프가 스누피와 결별한 이유는 무엇일까? 생각해보면 스누피는 기업의 상징으로 더 이상 그렇게 현대적이지 않았다. 메트라이프의 새로운 디자인은 청색과 녹색을 사용해 그들이 이름 붙인 '파트너십 M'이라는 문구를 그리는 한편 여러 색을 섞은 다양한 2차색들로 메트라이프 고객의 다양성을 표현한다. 스누피는 소비자와 고객이 메트라이프와 바람직한 방향으로 동질감을 느끼기에는 너무 구식이 돼버렸다. 그리고 메트라이프의 새로운 기업 표어는 기업을 더욱 인간적으로 보이게 만들겠다는 뜻으로 지은 '함께 찾아가는 인생, 메트라이프Metlife: Navigating life together'다. 예전의 모토인 '메트라이프를 만나세요. 그만한 가치가 있습니다Get Met. It Pays'는 이제 약간의 거리감이 느껴지며 귀에 거슬리기까지 한다.

　메트라이프는 자신들의 소비자 수천 명을 대상으로 설문 조사를 실시해 스누피 아이콘이 리더십과 책임감, 현대인의 바쁜 일상에 대한 인식을 충분히 나타내지 못할 뿐만 아니라, 스누피가 소비자에게 보험을 상기시키지 못한다고 결론 내렸다. 게다가 지금은 전 세계에서 수천 개 이상의 다양한 브랜드가 피너츠 만화에 등장하는 캐릭터를 어떤 방식으로든 사용하고 있는 상황이다. 메트라이프와 스누피 조합은 더 이상 특별하게 느껴지지 않았다.

메트라이프가 스누피와 결별한 이슈를 두고 크리스틴 하우저Christine Hauser와 사프나 마흐슈와리Sapna Maheshwari가 〈뉴욕타임스〉에 기고한 훌륭한 글에서, 메트라이프의 글로벌 마케팅 최고책임자인 에스터 리Esther Lee는 전체 이슈를 이렇게 요약했다. "오늘날 기업은 보다 다가가기 쉬운 존재로 인식됩니다. 그리고 소비자는 기업을 이제 더 이상 두려워하지 않습니다. 그래서 많은 기업들은 소비자와 트위터를 주고받으며 사실상 일대일로 만나고 있습니다." 다른 말로 하면 기업은 우리가 언제나 기업을 사람으로 여기게 만드는 데 점점 더 능숙해지고 있으며, 이제 메트라이프도 친근한 인상을 심어주기 위해 강아지를 쓸 필요는 없다.[3]

인류의 핵심 문제 중 하나는 수많은 주요 문제들이 개별적인 인간 그룹에 의해 발생되는 환경을 이해할 정도로 인간이 진화했다는 것이다. 우리에게 최고의 후원자이자 동시에 최악의 위협이었던 존재는 매우 계획적이고 의식적으로 우리를 도와주거나 해치려 했던 소규모 그룹의 사람들이다. 우리는 사회적 지위를 의식하는 영장류 그룹으로 진화했으며 이들 그룹에게는 적절한 사회적 동맹을 구축하는 일이 번식에 성공하기 위한 열쇠이자 자신들의 안녕에 중요한 요소였다. 그래서 좋든 싫든 우리는 사회적 동맹을 맺은 소규모 그룹이 우리에게 어떤 일을 할 것인지, 또 우리를 향한 그들의 의도가 무엇인지를 생각하게 돼 있다. 그런데 우리의 사고 구조는 추상적인 시스템과 규칙의 의미 그리고 그런 규칙들이 불러오는 2차적, 3차적 결과가 어떻게 명백하지 않은 방식으로 인간의 안녕을 개선(또는 악화)시키는지 생각하는 데 적합할 만큼 잘 구성돼 있지 않다.

다른 말로 하면 사람들은 사물을 의인화하는 경향이 있으며, 심지어 그런 속성이 어울리지 않는 경우에도 그렇게 한다. 이와 마찬가지로 우리는 의식적이든 아니든 기업을 사람처럼 여기며 사람을 판단할 때와 동일한 기준으로 기업을 판단하는 경향이 있다. 어느 정도까지는 그런 식으로 생각하기 마련이지만 우리는 그런 경향이 우리를 잘못된 방향으로 이끌 수 있으며, 우리가 그런 비유를 너무 문자 그대로 받아들이거나 우리의 감정을 너무 심하게 좌우하도록 내버려두면 온갖 함정과 위험이 도사린 일종의 편법이 될 수 있다는 사실을 알아야 한다. 하지만 인간적 속성 또는 최소한 우리가 집착하게 된 사회적 동맹 또는 적군으로 구성된 소규모 그룹의 속성을 기업에 부여하지 않고 기업을 생각하기란 대부분의 사람들에게 그야말로 어렵다.

생각해보면 이렇게 기업을 의인화하는 개념은 진화적 관점에서 볼 때 결코 놀라운 일이 아니다. 인간이 기업을 대할 때 필요한 구체적 요소를 지닌 존재로 진화하지는 않았지만 우리에게는 수 세기 동안 다른 생물을 대한 경험이 있다. 인류 역사 초창기에 사람들은 다른 사람과 가족, 무리, 종족을 접하면서 대부분의 시간을 보냈고 물론 접하는 대상에는 인간이 아닌 동물도 포함돼 있었다. 기업은 있지도 않았거니와 상상조차 할 수 없는 존재였으며 개인이나 소규모 그룹이 항상 일정한 대상을 지향하는 의식, 즉 지향성이 예전에도 그랬고 지금도 여전히 강력한 정신적 분류 기준이다.

초창기의 많은 종교와 이후의 일부 종교에서 나타나듯 인간은 종종 날씨와 여러 자연 현상도 인간의 정신과 의도를 구현하는 것으로 생각했다. 대자연을 뜻하는 영어 단어 '마더 네이처Mother Nature'가 어디에서 나왔다고 생각하는가? 이는 달 표면에서 굳이 인간의 얼굴 형태를 찾으려는 우리의 자세와 크게 다르지 않다. 우리는 자동차와 배, 반려동물에도 이름을 붙이며 그들의 충성심을 얘기하고 그들이 우리를 실망시키면 버림받았다고 느끼거나 우울해진다.

또 다른 예로 대지의 여신 가이아Gaia와 그녀의 아들이자 남편인 하늘의 신 우라노스Uranus가 등장하는 고대 그리스 신화를 생각해보라. 자연의 거의 모든 측면이 실제 인간과 매우 흡사한 인간성과 의지와 풍부한 감정을 종종 과장될 정도로 갖춘 신과 여신에 연결돼 있었다. 지금도 허리케인과 열대성 태풍에 사람의 이름을 붙이며 선박도 사람 이름으로 명명하는 경우가 많다. 이처럼 우리는 수많은 사물을 의인화해 그들이 우리 눈에 더욱 선명하게 인식될 수 있게 한다. 세계를 체계적으로 정리할 수 있는 우리의 전통적 분류 기준이 사람이기 때문이다. 서구 세계에서 가장 영향력 있는 종교도

예수 그리스도를 통해 의인화된 신의 개념을 바탕으로 한 기독교다. 성모 마리아도 신성의 중요한 상징이다.

인간의 의인화 성향은 아마 어린아이에게서 가장 강하게 나타날 것 같으며 어린이를 위한 만화에 살아 움직이고 생각하며 감정을 느끼고 대화까지 하는 무생물이 그렇게 자주 등장하는 것도 우연이 아니다. 인류학자 스튜어트 거스리Stewart Guthrie는 의인화에 관한 자신의 연구 논문에서 이렇게 표현한다. "아동심리학자 피아제Piaget는 아주 어린 아이들이 거의 모든 사물과 현상을 일제히 살아 있고, 지각 기능이 있으며, 인간의 목적을 위해 인간에 의해 만들어진 것으로 인식한다는 사실을 밝혀냈다. 그들이 보는 세상은 인간이 만들어냈고 인간이 최고의 위치를 차지하는 '유생물의 사회'로 구성돼 있다."[4]

주로 산업혁명 이후 세계를 변화시킬 만한 엄청난 힘을 가진 것처럼 보였던 현대적 기업들이 등장했을 때 너무나 많은 사람들이 이 기업들을 일종의 인간화된 형태로 여긴 것도 그리 놀랄 일은 아니었다. 관찰자로서 인간은 변화나 설명할 수 없는 현상 또는 위협적일 수 있는 존재를 자연적으로 의인화하게끔 돼 있다. 사람들은 마치 인간이 하는 것처럼 의식이 있는 계획과 의도라는 말에 편안함을 느끼며, 이는 사람들이 시장의 질서처럼 현대 사회를 특징짓는 비교적 비인간적인 운영 형태를 파악하는 데 어려움을 겪는 이유이기도 하다. 노벨 경제학상 수상자인 프리드리히 A. 하이에크Friedrich A. Hayek가 묘사한 것처럼 사람들은 인간의 의도가 아닌 행동의 결과에 담긴 미묘한 개념을 파악하려 하는 대신 그 행동에 뭔가 다른 계획이나 모의가 있지 않을까 생각하는 경우가 많다.[5]

음모론을 선호하는 성향 또한 공적인 사건과 자연 현상과 같은 비인간적인 힘을 의인화하려는 인간의 경향을 보여준다. 암살 사건이 별 볼일 없는 미치광이의 짓이라고 대중을 설득하기는 쉽지 않고, CIA가 모든 쿠데타의 배후가 아니며, 미국이 이라크 원유 전부를 뺏어오는 것은 아니라는 사실을 미국 정부가 다른 나라 국민들을 상대로 설득하는 일도 어렵다.

중대한 사건이 발생하면 많은 관찰자들은 이른바 무소불위의 힘을 지닌 알 만한 악당들의 의도적인 계획이었다는 사실을 확인하며 비난하고 싶어 한다. 이는 상황을 잘 모르는 사람이나 교육 수준이 낮은 사람들에게서만 나타나는 현상이 아니다. 교육을 잘 받은 사람들도 음모론에 바탕을 둔 생각에서 벗어나지 못하는 경우가 종종 있으며 실제로 일부 교육은 음모론을 부추기기도 한다. 사람들은 세상에 관한 사실을 더 많이 알면 알수록 어느 정도 그럴듯한 음모론을 더욱 거리낌 없이 지어낸다.

이와 마찬가지로 교육을 많이 받은 사람들이 반드시 기업을 보다 정확하게 판단하는 것은 아니다. 오히려 그들은 어떻게 기업이 다양한 도덕적 기준을 지키지 못하며, 경제를 망치고, 사람들에게 바가지를 씌울 음모를 꾸미는지를 두고 그럴듯한 스토리를 더 잘 만들어낼 수 있다. 아니면 정반대로 기업을 지나칠 정도로 영웅처럼 여길지도 모르겠다. 속임수에 넘어갈지도 모른다는 두려움은 실생활 경험에 뿌리를 두고 있으며 또 이런 사실은 광범위한 비난에 신뢰성을 부여하기 때문에 이와 같은 이론들, 특히 부정적인 이론은 매우 그럴듯해 보인다.

아마도 부분적으로는 우리가 기업 없이는 할 수 있는 일이 없기 때문에 많은 사람들은 기업을 미워하고 불쾌하게 생각하며, 그들을 비난하고 조롱하는 것을 좋아하며, 기업의 위상을 낮추려 한다. 기업은 '그저 사람들을 괴롭히는 존재'인 것이다. 내가 이 책의 전제를 나의 동료 브라이언 캐플란Bryan Caplan에게 설명하자 그는 비명에 가까운 날카로운 목소리로 이렇게 말했다. "아니, 하지만 어떻게 사람들이 기업에 고마워하지 않을 수 있나요? 기업이 우리에게 '모든 것'을 주고 있고, 또 우리를 위해 모든 것을 다 해주는데 말입니다!" 물론 캐플란은 사람들이 일반적으로 기업에 꽤 비판적인 것을 충분히 이해하기 때문에 농담으로 한 말이었다. 사람들은 기업이 우리를 위해 너무나 많은 일을 하고 있고 또 우리에게 정말 많은 것을 해준다는 바로 그 이유로 비판적인 것이다.

내 동료가 분노를 표출하는 모습을 보고 사람들은 어떤 생각을 할까? 캐플란은 곧바로 이렇게 덧붙여 말했다. "기업을 미워하는 것은 부모를 미워하는 것과 같습니다."

어쩌면 그럴지도 모르겠다. 부모도 자식들을 위해 수없이 많은 일을 해왔기 때문이다. 하지만 특히 미국에서는 수많은 사람들이 부모가 한 모든 일, 아니면 적어도 그 일부분이 진행되는 방식에 불만이 많다. 그 모든 고마운 일에도 불구하고 사람들은 부모가 자신에게 해준 일을 원망한다. 부모에 관한 한 우리가 나이들 때까지 어떻게 할 방법이 없을 것이다. 기업과 관련해선 우리는 대부분 삶의 점점 더 많은 부분에서 외부적이고 자율적이고 이기적이며 자신에게 이익이 될 때에만 우리의 기대와 현재 입장을 고려하는 기업 직원들에게 의존해왔다.

끔찍한 말로 들리지만 실제로 대부분의 사람들은 기업에 점점 더 깊이 관련되고 있다. 그들은 기업의 창의성을 사랑하고, 정상적인 상태를 좋아하며, 실행 가능성을 사랑하고, 삶의 수많은 비정상적인 상황에서 잠시나마 벗어날 수 있게 해주는 기업 제품을 사랑한다.

사람들의 환상을 꾀하는 기업

이제 이 모든 논의에 대한 결정타를 제시한다. 즉 기업 자신이 우리가 기업을 사람으로 생각하도록 부추기며, 이는 사람들의 충성심과 공감을 얻기 위한 기업의 가장 강력한 조종 수단 중 하나다. 메트라이프가 스누피를 사용했듯 기업은 브랜드 충성도를 배양할 한 방편으로 기업이 소비자의 친구라고 한다. 이를테면 보험 회사 올스테이트Allstate의 슬로건은 '올스테이트와 함께라면 든든합니다You're in good hands of Allstate'이다.

기업들은 인자한 아버지와 배려심이 많은 어머니, 행복한 가족,

다문화 가정을 넌지시 암시하는 부부 등이 등장해 모든 사람에게 매력적이면서 어느 누구에게도 불쾌감을 주지 않도록 제작된 TV 광고를 방영한다. 이런 광고에 나오는 어린이를 보고 있으면, 우리가 적어도 광고 제품을 사기만 하면 광고처럼 모든 어린이에게 반드시 밝은 미래가 찾아올 것 같다. 구글은 안드로이드 폰 판매를 위해 프렌즈 퓨에버Friends Furever('영원한 친구'를 뜻한 'Friends Forever'를 변형한 문구로, 여기서 'Furever'는 모피 동물furry의 털을 의미하는 'fur'와 'ever'의 합성어. 털의 종류에 상관없이, 즉 동물의 종류에 상관없이 우정을 나누는 모습을 보여주기 위해 만든 단어로 보인다-옮긴이)라는 광고를 내보낸다. 이 광고 영상에는 개와 고양이처럼 우리가 생각하기에 별로 어울리지 않을 것 같은 귀여운 동물들이 나와 우정을 나누는 모습이 담겨 있다.

이 광고는 소셜 미디어에서 수백만 건의 조회 수를 기록했으며 2015년 〈애드위크〉가 선정한 올해의 최고 화제 광고상을 받았다. 광고 내용에 충성심이나 우정 자체가 담겨 있지 않더라도 광고의 목적은 광고를 본 사람들이 해당 제품과 기업에 관한 내용은 물론이고 따뜻함과 정중함, 배려, 다른 사람들과의 깊은 유대감까지 느끼게 만드는 것이다.

자신을 친구로 생각해주기를 바라는 기업들이 이 목적을 달성하기 위해 정확히 어떤 일을 하는지 특정 사례를 통해 알아보자. 기업들이 소셜 미디어에서 그렇게 적극적으로 활동하는 이유는 무엇일까? 부분적으로는 페이스북과 트위터가 광범위한 대중에게 메시지를 전달하고 특정 대상을 목표로 광고하는 데 효과적인 수단이기 때문이다. 또 다른 이유는 다른 친구들도 이들을 사용하기 때문이다. 대다수 페이스북 사용자들은 페이스북을 친구와 연락하고 관계를 유지하는 수단으로 생각한다. 그러므로 한 기업을 페이스북에서 만나면 사람들은 그 기업을 자신의 친구와 어느 정도 같은 범주로 분류할 수도 있다. 페이스북을 통해 연관성이 생김으로써 잠재의식적이기는 하지만 일종의 친밀감을 느끼는 것이다. 자신이 제일 좋아하는 레스토랑이 무료 애피타이저 쿠폰이 담긴 생일 축하 카드를 보내오면 기분이 좋지 않을까?

점점 더 많은 기업들이 이른바 로열티 프로그램laoyalty program(반복 구매하는 고객에게 선물 또는 기타 인센티브를 제공하는 등의 방법으로 고객을 유지하기 위해 특별히 디자인된 프로그램-옮긴이), 즉 '우수고객 보상 프로그램'을 제공해왔다. 하지만 여기서 주목해야 할 점은 기업이 고객에 충성하는 것이 아니라 고객이 기업에 충성해야 한다는 것이다. 이런 프로그램을 통해 얻는 모든 할인은 고객의 기분을 좋게 만든다.

하지만 경제학자들은 이런 것들이 시장을 세분화하고 경쟁을 제한하며 고객의 비용으로 기업을 이윤을 끌어올리기 위한 계획이라는 사실을 알고 있다. 항공사의 상용고객 우대 제도와 호텔 체인의 로열티 프로그램을 예로 들어보자. 한 고객이 일단 마일리지나 포인트를 많이 쌓고 나면 기업은 이 고객을 놓고 동등한 조건에서 경쟁을 벌이는 것이 아니다. 대신 상용고객들을 어느 정도 분리해두는 데 성공한 셈이며 장기적으로 볼 때 이들에게 보다 높은 가격을 부과하는 결과로 이어질 수 있다. 대체 어떤 충성심이 이런 대우를 받을까?

상용고객 우대 제도가 미국 경제의 점점 더 많은 부분으로 확산되고 있다는 사실은 누구나 다 알고 있지만 나는 이런 현상에 적잖이 놀란다. 서점과 슈퍼마켓뿐만 아니라 렌터카, 크루즈 여행, 샌드위치 상점, 미국 국립 여객 철도 공사가 운행하는 여객 열차 암트랙Amtrack 여행 등 오늘날 내가 돈을 쓰는 거의 모든 곳에서 이런 로열티 프로그램을 볼 수 있다. 나는 이 프로그램이 전혀 효율적이지 않다고 말하는 것은 아니지만, 앞서 설명했듯 전체적으로 보면 이것들은 다른 사람의 충성심을 높이 살 뿐만 아니라 자기 자신도 충성심을 갖추기를 바라는 고객들의 성격 일부를 활용하는 동안 경쟁은 어느 정도 제한하고 가격은 상승시키는 프로그램이다.

기업들이 또 흔히 쓰는 방식은 영업사원이 고객을 직접 접촉해 영업사원에 대한 고객의 충성심을 유발하도록 독려하고 이를 통해 고객이 영업사원을 기업 자체로 인식하게 만드는 것이다. 아주 멀리 떨어져 있는 신을 나타내기 위해 종교에서 성인 또는 가까이 있는 성직자를 활용하는 것처럼 고객의 마음속에서는 영업사원이 기업을 대신한다. 영업사원은 기업을 더욱 인간적으로 보이게 만든다. 우리가 영업사원에게서 호감을 사고 이들을 기쁘게 하며 자신의 판단과 금융 자산으로 감동을 주고 싶어 하는 것은 우리가 인간에게서 느끼는 감정적 유대 관계를 기업들과 형성하도록 스스로를 더욱 부추기는 셈이다.

로버트 치알디니Robert Cialdini는 마케팅과 설득에 관한 자신의 대표적인 저서《설득의 심리학》에서 기업들이 마치 자신이 인간인 것처럼 여기며 사람들의 충성심을 조성하기 위해 얼마나 노력하는지 상세히 설명한다. 예를 들어 암웨이 코퍼레이션Amway Corporation은 가정 용품과 개인 생활 용품을 제조하고 판매하는데, 그들의 핵심 전략 중 하나는 각 가정에 무료 샘플을 나눠주는 방법이었다. 암웨이 외판원은 각 가정을 방문해 마치 산타클로스가 선물을 두고 가듯 제품이 든 가방을 전달한다. 사람들은 이 제품들을 한동안 갖고 있으면서 면밀히 검토해볼 수 있는데, 결국에는 외판원이 다시 방문해 샘플을 테스트한 사람에게 어떤 제품을 사고 싶은지 물어본다.

이 방법은 선물을 가져다준 친구에게 우리가 의무감을 느끼듯 샘플을 무료로 받은 사람이 외판원에게 의무감이 생기게 만드는 것이다. 물론 외판원은 사람들에게 매력적으로 보이며 그들의 친구처럼 행동하는 법을 교육받는다. 암웨이는 사람들이 암웨이 기업도 친구로 생각하도록 만들고 싶어 한다. 그럴 경우 말을 조리 있게 하고, 매력적인 사람이 선물을 건네주며, 고객을 좋아하는 것처럼 행동하거나 실제로 좋아하는 것보다 그런 인상을 더 많이 심어주는 방법이 또 있을까?[6]

타파웨어Tupperware는 한 걸음 더 나아간다. 전문 외판원을 고용해 고객의 친구처럼 행동하게 하는 대신 타파웨어는 주로 '실제' 친구가 여는 판매 파티를 활용한다. 어쩌면 구매를 강요당하진 않겠지만, 그래도 파티를 열고 있는 친한 친구에 대한 우정의 표시로 작은 물건 하나라도 사야 할 것 같은 의무감이 생기지 않을까? 파티에 참가했던 한 여성은 이렇게 말했다. "이제는 타파웨어 파티에 초대받는 일을 싫어할 지경에 이르렀죠."[7]

때로는 기업들이 영업사원을 멋지게 보이도록 만드는 데 너무 몰두한 나머지, 기업 자신이 영업사원들을 제대로 대하지 않는 경우도 있다. 식료품 소매 체인 트레이더조Trader Joe's를 예로 들어보자. 이 기업의 정책에 따르면 매장 직원은 고객이 찾지 못하는 제품이 있는 진열대까지 고객을 안내해야 하며 식품에 대한 반품은 아무런 이유도 묻지 말고 무조건 받아야 한다. 이런 행동은 상당히 친절한 태도로 보이며 직원들은 이런 상황에서도 웃음을 잃지 않도록 교육받는다. 하지만 이제는 많은 직원들이 행복한 모습을 보이도록 압박받고 있으며, 그런 압박 때문에 행복하지 않다고 불평하는 상태에 이르렀다.

2016년 11월 〈뉴욕타임스〉에 이런 기사가 실렸다. "오랫동안 근무한 직원 토머스 네이글은 자신의 미소와 표정에 '진정성'이 부족하다는 관리자의 판단 때문에 여러 차례에 걸쳐 질책을 받았다. 네이글은 관리자가 지적한 지나치게 부정적인 태도를 이유로 9월에 해고당했다."[8]

놀라운 일이지만 근본적으로 특정 개인이 직접 겪지 않은 경험에 대한 의인화도 잘 이뤄질 수 있다. 심지어 허위라는 것이 명백한 상황에서도 마찬가지다. 시트콤을 떠올려보자. 일반적으로 시트콤에서는 방청객의 웃음소리가 간간이 효과음처럼 터져나오며, 이에 따라 시청자들은 친근하고 익숙한 분위기에서 웃음 코드를 공유하고 끈끈한 유대감을 느끼며 시트콤을 즐길 수 있다. 시청자들은 시트콤의 배경으로 삽입된 방청객의 웃음소리가 '실제' 방청객의 반응이라고 믿지도 않을뿐더러 실제로 방청객이 있었더라도 그런 반응을 보였을 거라고 생각하지도 않는다. 시트콤은 허구이고 사람들을 속이도록 구성돼 있지만 사람들은 오히려 이런 속임수에 즐겁게 동조한다. 실제로 이런 종류의 속임수는 환영받고 있으며 사람들은 심지어 자신이 가장 좋아하는 프로에 이런 속임수가 많이 등장하기를 바라기도 한다.

기업이 제품을 말하고 살아 있으며 감정을 느끼는 존재로 제시하는 방식도 또 하나의 절묘한 조작이다. 기업은 보통 만화 영화로 된 광고를 통해 자사 제품을 사람에 보다 가까운 형태로 표현하고 있으며 지금은 컴퓨터 생성 화면과 같은 정교한 디지털 기술을 활용한다. 박스에 그냥 담겨 있는 건포도보다 말하거나 노래 부르는 건포도가 더 설득력이 있지 않을까?

유명한 가정용 세정제 스크러빙 버블scrubbing bubble은 광고에서 "우리가 열심히 할 테니 여러분은 쉬셔도 됩니다"라고 선언한다. 패스트푸드 체인 아비스Arby's는 오븐용 장갑이 매력을 발산하며 소비자를 매장으로 불러 모으고, 미국의 유명 식품 기업 필스버리Pillsbury의 마스코트 필스버리 도우보이Phillsbury Doughboy는 밀가루 반죽과 다른 제과 제품들을 보면서 키득거리는 재미난 모습을 자아내고 있으며, 이외에도 이런 형태의 광고는 정말 많다.[9]

한 연구 결과를 보면 다른 사람을 잘 믿지 못하는 사람들은 인간이 전달하는 메시지보다 말하는 제품의 메시지를 신뢰할 가능성이 더 높다고 한다. 이런 사람들은 다른 사람이 말을 할 때면 유난히 더 회의적인 태도를 보이며 인간보다 더 신뢰할 수 없는 존재는 없다고 생각하는 것 같다. 믿기를 주저하는 유형의 사람들은 메시지 전달자의 성격과 행동에 특히 초점을 맞춘다. 아마도 억지 미소나 수상쩍은 눈빛 또는 TV에 나오는 사람들에게 대체로 숨은 동기가 있다는 편견 탓에 TV에서 메시지를 전달하는 사람을 신뢰할 수 없거나 뭔가 구린 데가 있다고 쉽게 인식하는 것 같다. 하지만 말하는 강아지나 제품 애니메이션에서는 그와 같은 신호나 단서를 찾아내기가 어렵기 때문에 이들에 대한 신뢰 수준은 보다 높을 수 있다.[10]

편파적인 생각일 수도 있지만 사람들은 더 이상 사용하지 않게 된 물건 중에서 의인화되지 않은 물건보다 의인화된 물건을 버릴 가능성이 더 낮다는 증거도 있다. 어쩌면 의인화된 물건이 사람들의 삶에 크나큰 정서적 울림을 주었기 때문에 사람들이 어떤 식으로든 그 물건에 여전히 애착을 느끼는지도 모르겠다. 이를테면 내 차 안에 있는 위성 라디오 기기에 채널을 바꾸라고 말을 하면 기기는 내게 대답을 한다. 나는 가끔씩 이런 대화가 나로 하여금 그 기기에 좀 더 많은 애착을 느끼게 하는 건 아닐까 하는 의문이 들기도 하며, 이 의문에 대한 답을 내가 아마도 정확히 알지 못할 것이라는 사실이 나를 약간 불안하게 만든다.[11]

일부 기술 제품은 사람들과 실시간으로 대화한다. 애플의 시리Siri

가 이 부분의 개척자이기는 했지만 큰 인기를 끌지는 못했다. 가정에서 사람들의 명령에 곧바로 대응하는 아마존의 알렉사가 현재 선두 주자이며 마이크로소프트의 코타나Cortana, 구글 홈Google Home을 비롯한 여러 제품들이 개인 비서 역할(올바른 표현인지는 모르겠다)을 하는 기기로서의 존재감을 높이기 위해 경쟁하고 있다. 이런 기기를 사용하면 가끔씩 실제 동반자를 집으로 데리고 온 것 같이 느껴진다. 이 기기들이 그동안 빠른 속도로 개선돼왔던 것처럼 앞으로도 계속 발전하면 그런 느낌은 더 많이 들 것이다. 우리가 집 안에 편안히 앉아 이 기기와 즐겁게 수다를 떨거나, 뭔가 중요한 설명을 듣거나, 어쩌면 그냥 무료함을 달래기 위해 대화를 나누는 세상이 그리 멀지 않은 곳에 있을지도 모른다. 또한 노인들이 이와 같은 인공 기기와 대부분의 대화를 나누는 미래도 쉽게 상상할 수 있다.

기술 기업들이 직면한 큰 문제는 이런 기기가 사용자에게 전하는 목소리의 톤과 성별(최소한 지금까지는 여성인 경우가 일반적이다), 외양을 어떻게 할지 결정하는 것이다. 시리는 약간 짓궂고 빈정대는 편이며, 알렉사는 좀 더 사람처럼 보이려고 그러는지 모르겠지만, "흠"이나 "음" 같은 추임새를 많이 넣는다. 알려진 바로는 '소피Sophie'와 '몰리Molly'라는 이름으로 간호사 역할을 할 기기들도 곧 출시될 예정이며 이들은 아마도 냉소적이 아니라 보다 배려하는 목소리 톤과 태도로 사용자에게 다가갈 것이다. 결론은 기업 제품과 사람을 동일시하는 우리의 기량이 머지않아 크게 도약한다는 것이다.

1차적인 예측에 불과하지만 나는 수많은 사람들이 많은 반려동물들과 정서적 유대 관계를 형성하는 것처럼 이런 기기들과도 그럴 것으로 기대한다. 2013년 개봉된 스파이크 존즈 감독의 영화 〈그녀Her〉는 개인 비서 역할을 하는 인공지능 운영 체제 사만다Samanda와 사랑에 빠지지만 이후 그녀가 수많은 다른 고객들과도 은밀한 대화를 주고받고 연애를 한다는 사실을 알고 나서 결국 배신감을 느끼는 한 남자에 관한 스토리다. 차세대 제품은 그 성능이 놀랄 만큼 발전될 가능성이 크지만, 이런 발전은 사람들이 살아 있는 인간에 실망하는 경우가 아주 많은 것처럼 그 제품에도 결국 크게 실망하는 결과로 이어질 수 있다. 직관과는 달리 우리가 통밀 크래커와 종이 클립에 만족하는 것만큼 시리와 알렉사에 만족하는 일이 결코 없을지도 모른다.

그런데 기업은 소비자만이 아니라 직원들을 위해서도 의인화를 한다. 경영자들은 종종 소비자를 조정하는 것과 동일한 수단으로 직원들도 조정한다. 즉 부분적으로 광고와 대중 홍보를 활용해 직원들이 직장을 매력적이고 '멋진' 기업으로 확신할 수 있게 도움을 준다.

자신이 구글이나 페이스북에서 근무한다는 사실을 알리며 뿌듯해 하는 직원들이 많다. 특히 이런 기업들이 실제로 일하기에 정말 멋진 곳이라는 사실을 그 기업의 훌륭한 홍보 활동과 근본적인 실체를 통해 친구와 가족들이 이미 잘 알고 있을 경우에는 더욱 그렇다. 물론 이런 기업들에 대한 긍정적인 견해가 지난 몇 년 동안 어느 정도 약화되기는 했지만 말이다.

경영자들은 또 직원들의 사기를 끌어올리고 유대감을 형성하기 위해 꾸준히 노력하며 기업이 '실제로 살아 있는 존재'처럼 보일 수 있도록 모든 것을 다한다. 이를테면 CEO가 생산 현장을 돌아보거나 직원 식당에서 함께 식사하며 많은 시간을 보내게 하는 식이다. 경영자들은 기업을 가정과 부모의 관점에서 얘기하며 무엇보다도 직원들이 서로 결합해 직장 구성원 전체가 부분적으로는 기업 자체가 되도록 독려한다. 직원들은 기업을 이익 극대화 성향을 지닌 추상적인 법적·제도적 집단이 아니라 따뜻하며, 가족처럼 스스럼없고, 헌신적인 사람들의 집합체로 생각하도록 권장받기도 한다. CEO나 기업 대표들이 소셜 미디어에서 활동하는 이유는 단순히 고객을 불러모으고 유지하기 위해서만이 아니다. 현재 직원들과 미래의 잠재적 직원들에게 좋은 기업 이미지를 남기기 위한 노력이기도 하다.

여기서 우리는 기업을 실제 살아 있는 인간으로 오인하는 인간의 타고난 성향을 기업 자신이 뒷받침하고 북돋우고 있는 모습을 다시 한 번 본다. 이것이 과연 놀랄 만한 일일까? 오히려 나는 "이 기업 자체에는 자신만의 사고 기능이나 감정이 없습니다. 우리를 통제하려면 경쟁 상대에 의지하세요!"라고 광고하는 것이 기업에 효과적인 대중 홍보 캠페인이 될 수 있을지 의심스럽다.

의인화의 부정적인 면

하지만 기업을 우리의 친구로 생각하는 것 자체에도 어려움은 있다. 우선, 우리의 대중문화 매체는 종종 기업을 우리의 친구로 생각하지 않는다고 말하며 시청자이자 청취자인 우리가 요구하기 때문에 사악한 대기업 임원들과 지배층에 관한 스토리들을 만들어낸다. 예를 들면 TV와 영화에서는 기업이 긍정적으로 묘사되는 경우보다 부정적으로 묘사될 때가 훨씬 더 많다. 때로는 비판가들이 이런 현상의 원인을 할리우드에서 민주당원 비율이 높은 탓으로 돌리기도 하지만 나는 정확한 이유는 보다 깊은 곳에 감춰져 있다고 생각한다. 즉 제작자들은 기업의 성공 스토리보다 기업의 악행, 정확히는 지배층의 악행에 관한 스토리로 훨씬 더 쉽게 시장성 있는 작품을 만들어낼 수 있기 때문이다.[12]

성공한 영화나 TV 드라마의 소재를 생각해보라. 이런 프로에는 한눈에 알 수 있는 악당과 일련의 음모, '착한 사람' 그리고 결국에는 이들 사이의 다툼이 등장하는 경우가 아주 많다. 그리고 한편이 다른 편과 싸워 승리하는 결과로 이어지는데, 주로 선이 악을 물리치는 구도다. 게다가 관객이나 시청자들 중에는 경영자보다 근로자에 동질감을 느끼는 사람들이 훨씬 더 많다. 그러므로 십자군 기사와 같은 개혁가가 기업의 악행을 뿌리 뽑고, 더 나아가 정치 지도층과 대결을 벌이는 스토리로 구성하는 것은 흔히 있는 일이다.

예를 들어 실제 미국 환경 운동가의 스토리에 바탕을 둔 영화 〈에

린 브로코비치〉를 생각해보자. 이 영화에서 줄리아 로버츠Julia Roberts
가 연기한 똑똑하고 아름다우며 투지 넘치는 주인공은 사악한 기
업들이 환경을 오염시키고 있는 충격적인 사실을 알아내고는 상
당한 투쟁 끝에 이들이 법의 심판을 받게 한다. 이 영화를 본 사람
들 중에서 영화 내용의 대부분이 영화를 보다 흥미진진하게 만들
기 위해 지어낸 이야기라는 사실을 아는 사람은 거의 없다. 여기서
요점은 영화가 사회를 형성하는 지배적인 세력은 아니라는 것이
다. 오히려 영화는 스토리를 전달하는 방식에 담긴 편견을 목격하
고 극적인 스토리를 제시하는 방식이 반기업적 경향을 띄는 이유
를 알 수 있는 분명한 수단이다.

　기업을 우리의 친구로 생각하기 어려운 또 하나의 이유가 있다.
우정은 특정 시간과 장소에서 받은 혜택을 초월하는 본질적인 충
성심에 부분적으로 바탕을 두고 있다. 또한 서로 간에 지속적으로
혜택을 주고받지만 그럴 때마다 곧바로 어느 정도의 상호주의가
필요한지 고려하지 않는 자세에 의존하는 경우가 많다. 친근한 관
계로 함께 지내는 데서 오는 자기만의 즐거움 외에도 우정은 자신
이 무엇을 돌려받을 수 있을지 늘 계산하지 않고도 비전을 공유하
고, 자신의 가치가 상대방에게 반영되기를 바라며, 고통 분담의 가
능성을 느끼고, 상대방의 이익을 자신의 이익보다 (부분적으로나마)
우선하려는 것과 관련이 있다.

　기업은 이런 형태에 어울리지 않는다. 우호적인 상호주의의 전
형처럼 보이고 싶어 할지 모르겠지만 기업은 항상은 아니더라도

대개의 경우 공익을 이끌어내는 원칙을 비도덕적으로 구현하는 형태에 오히려 더 가깝다. 기업의 고위 경영진은 최소한 법적 제한과 기업 헌장 또는 세부 규칙에 명시된 제한에 따라 주주의 이익을 극대화해야 할 법적 책임을 지고 있다. 이와 같은 수탁 책임의 정확한 본질은 경우에 따라 다를 수 있다. 하지만 적어도 소비자와 맺는 우정이 이익을 포함한 기업의 목적에 중대한 가치가 있다고 판명되는 경우를 넘어서는 곳에서까지 기업이 소비자의 친구가 돼야 한다고 요구하지는 않는다.

이런 상황에서 기업 스스로가 우리를 속이려 노력하고 있기 때문에 만일 우리가 그들을 우정의 기준으로 판단하면 기업은 거의 항상 우리를 실망시킬 것이다. 기업은 우정의 기준에 결코 맞지 않다. 지인 또는 친분의 기준에도 미치지 못한다. 잘해야 양의 탈을 쓴 늑대 정도이지만, 그래도 이런 늑대는 사람을 잡아먹는 대신 사람에게 먹을 것을 가져다주기는 한다.

우리는 기업을 제품 공급자로서, 또 우리의 지도자 역할로서도 평가하며, 기업을 이런 역할을 하는 사람으로 여기는 태도 또한 우리가 기업에 대해 너무 많은 기대를 갖게 만든다. 공공 정책을 보면 우리가 기업을 마치 친구와 부모, 배우자, 정부 모두를 한데 합쳐놓은 존재로 여기며 기업에게서 얼마나 많은 것을 기대하는지 알 수 있다. 국가 행정 형태와 시기에 따라 다르긴 했지만 우리는 연봉과 사무실, 인터넷 연결, 동료애는 물론이고 건강보험과 상해보험, 육아 휴직, 정신 건강 문제에 관한 상담, 주간 아이 돌봄 서비스까지 기업이 제공해주기를 기대해왔다.

영국의 경제학자이자 저널리스트인 팀 하포드Tim Harford는 기업이
그 모든 기대에 부응하지 못할 가능성을 제기하며 우리가 기업에
부여하는 임무를 줄이고 그에 따라 기업을 평가해야 한다고 주장
했다. 즉 제공돼야 할 사회 복지 사업과 혜택이 무엇이든 분명히 정
부나 특정 개별 시장을 통해 전달돼야 한다는 것이다. 그렇게 되면
기업은 자신들이 제일 잘하는 일, 즉 바람직한 제품을 이익을 남기
면서 생산하는 일에 집중할 수 있다. 하지만 우리는(특히 미국에서는)
기업에 다른 사람을 돌보는 간병인과 보모의 역할을 부여하고 있
다. 그러더라도 우리는 결코 행복할 수 없다. 기업이 모든 사람에게
건강보험을 제공하는 것은 아니고, 때로는 계속 고용하는 것이 이
득이 안 된다는 이유로 직원을 해고하기도 하며, 그에 따라 많은 사
람들이 혜택을 박탈당하고 사회 네트워크와도 단절되는 일이 생기
기 때문이다.

내가 그 모든 서비스를 한데 묶어 기업에 떠넘기는 것이 반드시
나쁜 아이디어라고 말하는 것은 아니지만 어떤 경우에라도 미국
시스템이 이미 초래한 모든 부분을 원상태로 돌리기엔 너무 늦었
을 수도 있다. 좌우 진영에 관계없이 모든 비판가들은 오바마케어
가 건강보험 가입을 기업에서 오바마케어의 건강보험 거래소로 크
게 분산시킬 것으로 기대했지만 그런 일은 일어나지 않았으며, 이
는 미국에서 고용주가 제공하는 건강보험이 좋든 나쁘든 상당히
많다는 점을 시사한다. 어쨌든 이와 같은 사회 복지 기능을 기업에

기대하는 것은 우리가 기업을 일부 정서적 공감을 바탕으로 사람 또는 사람과 비슷한 존재로 생각하는 또 다른 방식을 반영한다. 이미 기업은 우리를 보호하기 위해 정말 많은 일을 하며 다양한 효과를 만들어왔기 때문에 의인화된 부모와 보호자, 후견인 역할로 쉽게 빠져든다.

우리는 또 소비자로서 기업에 많은 것을 기대한다. 예를 들어 고장 나거나 제대로 기능하지 못하는 제품을 품질 보증이나 하자 보증 계약이 없더라도 기업이 교환해주기를 기대한다. 제품 불량 가능성과 이런 불량 문제를 해결하고 다룰 때 가장 효과적으로 자금을 쓰는 법을 타당하고 합리적인 방식으로 제시하길 기대하는 소비자는 거의 없다. 구입 자체가 잘못이면 즉각적이고 완전한 배상을 기대하지만 사실 이와 같은 상황에 대한 최상의 대응은 그저 잊어버리는 것일 수도 있다. 소비자가 이 사실을 모른다 하더라도 기업은 알고 있다.

또 다른 예를 들면 전화 상담을 위해 10분 동안 대기한 소비자들 중에는 혈압이 오른 경험이 있거나 부당한 대우를 받았다고 느끼는 사람들이 많다. 하지만 이런 상황에 감춰져 있는 진실은 인건비, 시간, 수고를 들여 소비자 개개인의 불만에 일일이 대응하는 것이 늘 가치 있는 일은 아니라는 이유로 많은 기업들이 이들을 그냥 무시해버린다는 데 있다. 결국 소비자의 잘못이거나 완전한 거짓말 또는 기업을 향한 사기인 경우가 많기 때문이다.

소비자를 보다 많이 배려하는 기업도 있을 수 있고 또 우리 대부분은 이런 기업을 바라지만 그에 따른 높은 가격을 지불할 준비는 돼 있지 않다. 모든 쇼핑을 명품으로만 하며 보다 나은 서비스를 받고, 더 우호적인 교환 및 환불 정책을 누리는 건 그리 어렵지 않다. 하지만 돈이 너무 많이 들기 때문에 대부분의 소비자들이 그런 식으로 쇼핑하지는 않는다. 결국 사람들은 자신이 지불하는 금액에 맞는 서비스를 받는다. 어쩌면 그것이 우리가 받을 만한 가치가 있는 서비스 수준일 수도 있다.

재미있는 사실은 비록 기업을 사람으로 여기는 것이 잘못이라 하더라도 사회적 결속을 위해서는 필요할 수도 있다. 만일 미국인들이 여론 재판에서 기업을 지지하게 만들려면 기업은 반드시 어느 정도 우호적인 모습을 보여야 한다. 그렇지 않으면 정치계가 기업을 너무 엄격하게 다루고, 이에 따라 결국에는 미국 민간 기업에 나쁜 결과를 초래할 수도 있다. 더 나아가 기업에 대한 소비자의 충성도는 비록 비이성적이라 하더라도 기업에서 보다 나은 행동을 이끌어내는 요인의 일부분이다. 기업은 좋은 대중적 이미지를 구축하고 신뢰할 만한 서비스를 계속 제공하면 소비자들이 일종의 정서적 충성으로 보답한다는 사실을 잘 알고 있다. 이는 전반적으로 기업에 매우 긍정적인 인센티브를 만들어내는데, 만약 모든 소비자들이 다소 냉소적인 진실, 즉 기업은 친구가 아니라 추상적이고 마치 상어처럼 탐욕적으로 상업적 이익에 전념하는 법적 실체라는 진실을 알았더라면 그런 인센티브는 만들어질 수 없었을 것이다.

소비자들이 기업과의 관계를 가능한 한 장기적으로 보면 볼수록 이익 추구에 충실한 기업들이 결국 사회적 책임을 지는 방식으로 행동할 가능성이 더 많다. 사회 구성원들은 이런 측면에서 일종의 환상을 가질 필요가 있고, 그래서 기업에 관한 진실과 대중이 지닌 충성심의 불확실한 속성에 관한 모든 진실을 명백히 밝혀 대중에게 공개적으로 알리는 것은 위험할 수 있다.

그러므로 약간의 편법을 쓴다면 바로 이런 식이다. 즉 시스템이 계속 돌아갈 수 있도록 대중이 어느 정도까지는 기업을 사람으로 여길 필요가 있다. 직원들도 직장 내 결속을 유지하기 위해 그와 비슷한 감정을 지녀야 한다. 하지만 정치와 공공 정책에 관한 한 우리는 그와 같은 감정적 태도와 의인화하는 사고방식과 거리를 둬야 한다. 또한 충성심과 우정 자체를 위해 기업에 충성하는 행태를 멈춰야 하고, 마치 우리가 인간 개개인과 특히 우리의 친구들에게 적용하는 기준으로 기업을 판단해야 한다고 생각하며 기업에 늘 실망만 하는 행동도 하지 말아야 한다. 대신 기업을 확실한 장점과 더불어 수많은 결점도 지닌 추상적인 법적, 경제적 질서의 일부로서 보다 냉정하고 공정하게 판단해야 한다. 하지만 불행하게도 그런 일은 빠른 시일 내에 일어나지 않을 것 같다.

사람들이 기업을 추상적이며 비인격적인 실용적 시스템의 일부로 여기는 것을 특히 어려워하는 이유는 내가 '컨트롤 프리미엄 control premium'이라고 부르는 인간의 속성, 즉 자신의 삶과 미래를 통제하고 어느 정도 제한적이기는 하지만 주위에 있는 사람들이 하는 일까지 통제하려는 인간의 강한 욕구 때문이다. 만약 사람들이 이 정도 수준의 통제력을 느끼지 못하면 불안에 빠지고 결국 이를 다시 확보하려고 노력하게 된다. 이와 같은 인간의 속성을 설명하는 개념은 심리학과 사회심리학에서 흔히 볼 수 있지만 안타깝게도 경제학 분야에서는 아직 중요한 역할을 하지 못했다.[13]

우리가 기업을 우리의 친구로 생각하고 싶은 한 가지 이유는 그렇게 함으로써 우리가 더 많은 통제력을 느낄 수 있기 때문이다. 나는 우리가 음식이나 엔터테인먼트, 친구와 사랑하는 사람과의 소통, 다른 곳으로 이동하는 수단 등 얼마나 많은 것을 기업에 의존하고 있는지 이미 설명했다. 하지만 소비자 통제권에 관한 경제학자들의 그 모든 논의에도 불구하고 사람들이 실제로 어느 정도의 통제력을 지니고 있는지는 분명하지 않다. 우리는 대형 마트 자이언트Giant나 세이프웨이Safeway, 홀푸드에서 무엇을 구매할지 선택할 수는 있지만 상업 네트워크 전체를 벗어나기는 어려우며, 이런 네트워크 속성이 우리의 수많은 선택과 더 나아가 우리의 삶까지 형성한다.

물론 소비자들이 이와 같은 철학적 문제를 하루 종일 심오하고 예리하게 숙고하는 건 너무나 많은 정신적, 감정적 에너지가 필요하기 때문에 불가능하다. 사람들은 그러는 대신 수렵인 시대를 벗어나 상당히 기이한 현대 상업 사회를 보다 원시적인 자아가 익숙하게 생각하는 상태로 전환시킨다. 즉 사람들은 자신이 신뢰할 수 있는 사람들(영업사원이면 더 좋다)로 둘러싸여 있고 소비자와 근로자로서 자신의 의지를 자유롭게 펼칠 수 있는 익숙한 환경 속에 있다고 마음속으로 상상하는 것이다. 하루하루를 헤쳐나가야 할 상황을 고려할 때 주로 이기적이고 이익을 추구하는 행동을 하며 비인간적인 계층에 속하는 기업들의 정확한 실제 속성을 사람들이 내면화하기란 정서적으로 매우 어렵다.

현대 상업 사회에서 우리가 일반적으로 생각하는 자유의 속성이 실제로 그런지 아닌지를 놓고 논쟁을 벌일 수 있지만 나는 그중 일부가 거짓이라는 느낌을 지울 수 없다. 현대 상업 시스템은 제품과 직업의 엄청난 선택권과 이런 결정 대부분에 미치는 비교적 낮은 압박감처럼 형식적으로는 자유의 속성을 많이 제공한다. 하지만 제도나 관습에 순응해야 한다는 부담감과 관심 결핍, 개인 삶에서 오는 스트레스, '언제나 신속하게' 결정을 내리는 능력을 스스로 터득해야 할 필요성 등을 한데 묶어보면 우리가 '반드시' 진정한 자유의 삶을 살고 있는 건 아니다. 사회가 우리에게 제공해줄 수 있는 가장 자유스러운 삶에 가깝기는 하지만 실제로 각자의 자유 의지에 따라 자신의 운명을 좌우한다는 형이상학적 의미에서 볼 때에는 그렇게 자유스러운 것은 아니다. 적어도 현대 소비자 사회에서 주어진 자유들 중 일부는 우리에게 통제력이 전혀 없다는 바로 그 사실 때문에 우리가 우리의 삶을 보다 잘 견디고 더 많은 통제력을 느끼기 위해 만들어낸 환상이다.

그러므로 마음을 안정시키는 자유에 대한 상상에서 벗어나고 우리를 둘러싼 상업적 기업 계층의 극히 비인격적인 속성을 우리 자신에게 있는 그대로 말하는 것은 정말 어렵다. 인정할 수는 있지만 그와 같은 비인격성을 마음속 깊이까지 내면화하는 것은 거의 불가능하다. 우리 인간은 그렇게 생각하고 느끼도록 프로그램되어 있지 않다. 인간의 이런 부분을 분석하는 훈련을 받은 경제학자들도 마찬가지다. 나는 경제학자들이 감정 분리의 대가라는 사실을 이미 알고 있었다. 최고 경제학자들은 '본업'에 치중하는 동안에 경제를 비인격적인 질서로 생각하며 그 강점과 약점을 분석하는 데 아무런 어려움이 없다. 하지만 일상적인 상업적 상황에 놓이면 다른 모든 사람들과 마찬가지로 본능적이고 감정적인 반응을 보인다. 기업을 사랑하고, 기업에 화를 내고, 기업 제품에 충성심을 보일 때도 있고 그러지 않을 때고 있고, 전화 상담 서비스의 대기 시간이 길다고 욕하기도 한다. 그들은 일상에서 확연히 구분된 업무에서 벗어나 일상적 상업 사회에 발을 들여놓기만 하면 기업과 제품을 의인화하며 전문적이고 이론적인 정교함은 내다버린다. 부끄러운 일이긴 하지만 그것이 사람들의 참모습이므로 학문적인 경제학자들을 너무 심하게 비난할 필요는 없다.

통제 상실의 가능성을 느끼면 사람들은 다양한 방식으로 대응한다. 드문 경우이기는 하지만 완전히 무너질 때도 있다. 다른 방식은 더 많은 통제권을 회복하는 행동이며, 물론 이런 행동은 항상 볼 수 있다. 주택 용품 판매 대형 체인인 홈데포Home Depot에서 제대로 대접받지 못한 사람은 목공에 대해 좀 더 많이 공부하거나, 그쪽 분야에 경험이 풍부한 친구와 함께 방문해 도움을 받거나, 아니면 원하는 것을 이베이에서 구매하는 방법을 파악할 수도 있다.

극히 흔한 또 다른 옵션은 '실제보다 더 많은 통제권을 가진 척 하는' 것이다. 이는 실제로 고도로 상업화되고 기업화된 사회에 깊이 뿌리 내린 우리 자신의 성향에 따라 주로 반응하는 방식이다. 원하는 채소를 직접 재배하는 방법을 배우는 대신 여기저기 쇼핑을 하러 다니거나, 현재의 문제를 무시하고 다음 의사 결정으로 넘어가거나, 기업화된 것이기는 하지만 일부 TV 쇼와 호감이 가는 광고를 보면서 통제력을 재확인해볼 수 있다. 이런 대응 방식들에는 아무런 문제가 없으며 실제로 우리의 온전한 정신은 우리가 주변에 있는 상업 환경을 적어도 개인적 기준에서 제대로 통제하지 못하는 방식은 무시하거나 심지어 완전히 없애버릴 것을 요구한다.

하지만 이처럼 허구에 가까운 빈약한 자주성을 수용하더라도 소비자와 근로자로서 우리는 결코 우리가 생각하는 만큼 통제하지 못한다. 그래서 우리가 끊임없이 기업들에 실망하는 것이다. 제대로 작동하지 못하는 제품은 우리의 삶을 침해할 것이다. 병원은 진료비 청구서를 우리가 원하는 만큼 자세히 설명하지 않는다. 영업 사원은 자신의 잘못을 절대 인정하지 않으며, 전화 상담 서비스의 대기 시간은 너무 길고, 우리는 가끔씩 레스토랑에서 식중독에 걸리기도 한다. 우리 대부분은 비인격적인 기업 계층이 주는 큰 혜택을 깊이 생각하며 이런 사건들에 대응하지 않는다. 오히려 개인 나름의 정서적 아픔을 느끼며, 실망스럽고, 불행하고, 어쩌면 분한 감정을 품은 채 이런 사건들을 그냥 외면해버린다. 우리의 친구인 기업들이 우리를 다시 한 번 실망시켰지만 그럼에도 우리는 대부분의 친구들이 그러는 것처럼 여전히 그들에게서 얻는 혜택들이 어느 정도 있다고 생각할 것이다.

달리 설명하면 비록 우리의 관점이 정치적으로 좌익 성향이거나 우리 자신을 냉소적인 사람으로 생각한다 하더라도 우리가 기업과 적절한 거리를 두는 자세를 최우선적으로 생각하고 유지하기는 어렵다. 우리는 소비자로서, 직원으로서, 또 어쩌면 고객으로서 우리의 삶 속에서 거의 매일 기업과 상대한다. 그러므로 기업에 크게 얽매이지 않고 냉소적인 자세를 계속 취하는 것을 최우선으로 생각하기는 너무 고통스러울 것이다.

우리가 버거킹을 방문하다고 가정해보자. 심각한 식중독의 한 종류인 리스테리아병이 소송과 나쁜 평판의 위험에 따른 비용을 감안하고도 버거킹의 수익을 수백만 달러 끌어올려준다면, 우리는 버거킹이 그 병에 걸릴 확률을 기꺼이 높일 것으로 생각하고 싶을까? 그런 생각을 하면서 편안하게 식사하기는 어렵기 때문에 우리는 그런 생각이 들더라도 억누른다. 우리가 어느 수준에서는 그것이 사실일 수도 있다고 생각할지 모르겠지만, 다른 한편으로는 리스테리아병에 걸릴 위험이 매우 적다는 것을 인식하므로 병에 걸릴 확률을 계산하는 괴로움에 사로잡히지 않고 식사를 계속할 수 있다. 현실적인 측면에서 보더라도 이와 같은 자세는 다른 많은 상업적 상황에도 충분히 적용할 만한 것이다.

이를 통해 우리는 보다 나은 하루를 보내고, 스트레스 수준도 낮아지기 때문에 어쩌면 우리의 수명도 더 늘어날지 모르겠다. 이것이 바로 수많은 나쁜 생각을 마음속에서 벗어나게 해야 하는 이유다. 그러지 않으면 삶이 힘들어진다. 하지만 그럼에도 우리가 완전한 진실을 직시하고 있는 것은 아니다.

의사에게 진료를 받으러 가거나 사랑하는 사람을 병원에 데리고 갈 때 우리는 일부 예측에 따르면 연간 25만 명을 죽음에 이르게 하는 아주 높은 의료 과실 비율에 초점을 맞추고 있을까? 어쩌면 그런 사람들도 일부 있을 것이다. 사실 나도 그들 중 한 명이기는 하다. 나는 "뭔가 나쁜 일이 생기기 전에 장인을 가능한 한 빨리이 병원에서 퇴원시키자"는 태도를 취한다. 그리고 내가 그런 식의 태도를 취하는 것을 기쁘게 생각한다. 좋든 싫든 그런 태도는 나를 의사와 병원에서 멀리하게 만들고, 이는 (아직까지는) 내가 감당할 수 있는 사치 중 하나다. 그러나 다시 한 번 말하지만 모든 사람이 그와 같은 태도로 살 수 있는 감정적 기질을 지닌 것은 아니다. 많은 사람들은 부모나 인척을 병원에 데려가서는 그저 최상의 결과가 있기를 바란다. 보다 나은 치료를 위해 의사나 간호사를 독려할 때도 있지만 병원에 있는 것만으로도 전염병에 걸리거나 의료 과실의 대상이 될 수 있기 때문에 중대한 위험에 노출된다는 생각을 끊임없이 하지는 않는다. 결국 병원을 즉시 방문해야만 했던 애초의 위급한 의료 상황만으로도 이미 충분한 스트레스를 겪었는데, 어느 누가 또 다른 중대한 위험을 동시에 걱정해야 할 상황을 감당할 수 있을까? 물론 그러는 사람도 있겠지만 대다수는 그럴 수 없으므로 우리 대부분은 의료 기관과의 주기적인 만남을 잘 버텨나가기 위해 안전하고, 치유력을 갖추고 있으며, 친절한 병원 이미지를 마음 속에 떠올린다.

이런 현상들을 우리 대부분이 언젠가는 죽는다는 진실에 사로잡혀 온종일 지낼 수 없다는 사실의 보다 일반적 예시라고 생각해보자. 이런 강박 관념에 사로잡힌 러시아 고전 소설 속 등장인물들은 유능하지 않거나 그런 점 때문에 행복하지 않은 경우가 많았다. 여기서 다시 한 번 자기기만에 따른 혼돈이 우리 모두 또는 대부분에게 내려앉는 셈이다. 그에 따른 부작용으로 우리는 또 수많은 환상에 빠져들게 되며 이들 중 대부분은 기업과 상업적 공급자에 관한 무조건적인 환상이다. 최종 결론은 우리가 기업을 얼마나 신뢰하는지에 대한 매우 의미 있는 통계가 전혀 없다는 것이다. 오히려 우리는 우리의 기대를 극도로 구분하며 감정을 세분화하고 있다. 기업에 관한 한 우리는 충성스러우면서도 동시에 회의적이기도 하다.

그러면 여기서 우리는 어느 방향으로 나아가고 어떻게 해야 할까? 실제로 많은 특정 경우에서 우리의 회의론은 기업을 개선시키기도 하므로 기업을 계속 회의적인 시각으로 보는 것도 나쁘지는 않다. 동시에 우리는 기업 전반에 대해 적대감을 덜 품고 소비자나 근로자 또는 어쩌면 기업가로 살아가는 우리의 삶을 향상시키는 기업의 역할에 보다 더 고마워해야 한다. 기업을 향해 쏟아지는 비난 대부분은 사실에 대한 오해나 때로는 잘못된 판단 기준의 적용에서 비롯된다.

그렇다면 기업의 사회적 책임은 무엇일까? 나는 이 질문에 대해 다음과 같은 답보다 더 명확한 것은 없다고 생각한다. 즉 '기업의 사회적 책임은 기업의 사회적 책임에 관한 새롭고 보다 나은 개념을 찾아내는 것이다'. 이는 기업의 이익을 끌어올릴 뿐만 아니라 번영과 자유를 포함한 사회적 목표를 증진시킬 것이다. 사람들은 기업의 사회적 책임이 소비자로서든 근로자로서든 기업을 더 신뢰할 수 있게 해주는 마법 같은 비전을 제시하는 것이라고 생각할 수도 있다. 모든 기업이 이런 점에서 늘 성공하는 것은 아니지만, 미국 기업들은 엄청난 부를 창조하고 정말 많은 새로운 기회를 새로 만들어내며 분명히 전 세계 모든 역사의 어느 민간 기관보다 더 나은 성과를 올렸다.

그러므로 우리는 미국 기업은 물론, 나아가 대다수의 기업이 인류의 가장 높은 가치 대부분을 상징하는 존재라고 평할 수 있을 것이다.

기업의 본질은 무엇인가

이 책에서 제시하는 주장들을 감안할 때 기업의 본질에 관한 경제학 서적들을 다시 한 번 읽는 것도 흥미로운 일이라 생각한다. 나는 기업이 정확히 무엇이며, 또 무엇을 하는지에 대한 나의 견해가 시간이 지나면서 경제학 주류와 동떨어진 방향으로 진화해왔다는 사실을 발견했다. 나는 주류 경제학자들이 주장해왔던 것처럼 기업을 거래 비용 최소화를 위한 수단으로 보기보다는 명성을 보유하고 일종의 은유적 인간성을 지닌 존재에 가깝다고 생각하는 편이다.

경제학자이자 노벨상 수상자인 로널드 코스Ronald Coase는 1937년 〈기업의 본질The Nature of the Firm〉이라는 제목의 유명한 논문에서 다가올 수십 년간의 기업에 관한 경제적 사고의 본질을 정의했다. 그 논문에서 코스는 기업을 근본적으로 거래 비용을 낮추는 수단으로 묘사했다. 기업이 근로자를 자신의 명령대로 따르게 하는 것은 물론이고 필요한 인재를 그때그때 외부 노동 시장에서 임시직 형태로 고용하는 것이 항상 쉽지는 않다. 이럴 경우 기업의 규모를 확대해 생산 계획에 필요한 인적 자산의 질을 확보할 수도 있다. 이때 기업은 관리와 통제가 더 용이할 것으로 생각하는 '기업 내부' 인재를 고용한다. 이것이 코스가 말하는 기업의 거래 비용 절감 형태다.

코스의 논문 발표에서 30년 이상이 지난 후 또 다른 노벨상 수상자 올리버 윌리엄슨Oliver Williamson은 비슷한 아이디어를 더욱 구체화하는 일련의 논문을 발표했다. 코스의 논문을 바탕으로 윌리엄슨은 기업 경영자가 외부의 단기 노동 시장에 의존하지 않고 기업 내 계층 구조에서 고용 문제를 해결함으로써 무원칙적인 기회주의와 조직 정체의 문제를 제한할 수 있다고 주장했다. 지속적이고 장기적으로 좋은 관계를 유지하려는 동기가 없는 단기 임시직 근로자와 정식 고용 계약을 하는 것보다 그냥 내부 직원들에게 업무를 지시하는 것이 때로는 더 수월하고 효과적이기도 한다. 이 연구는 경제적 사고 측면에서 본 기업에 관한 근본적인 사상 대부분의 토대를 마련했고, 사실적인 부분도 다수 있지만 내 견해와는 다른 점이 많다.

나는 기업이 때로는 거래 비용을 줄여준다는 사실에 동의하지만 기업이 항상 그러는 것은 아니며 평균적으로 보더라도 비용을 낮추는지는 분명하지 않다. 예를 들어 업무용 컴퓨터를 구입한다고 가정해보자. 아마존과 같은 온라인이나 대형 가전제품 마트인 베스트바이Best Buy에서 구매하는 것과 기업 내 구매 부서를 통하는 것 중 어떤 방법이 거래 비용을 줄여줄까? 물론 해당 기업에 따라 다르 겠지만 우리들 대부분은 이미 그 답을 알고 있다. 오늘날 거래 비용이 낮은 시장은 정말 많다. 구매 부서도 대량 구매를 통해 가격을 낮출 수 있지만 이들을 통한 구매 절차가 아마 더 고통스러울 것이다. 그들과 우리는 우선순위가 다르며, 서류 작성과 승인 절차가 필요하고, 기업이 정도의 차이는 있겠지만 관료주의적일 수도 있다. 특히 직원 수가 50명 또는 100명이 넘는 기업은 더욱 그렇다. 기업 규모가 얼마나 커야 관료주의가 심화되는지를 두고 의견이 엇갈리지만 모든 기업 경영자와 직원들은 이런 현상을 잘 알고 있다.

이런 상황을 감안할 때 비록 기업이 실제로 거래 비용 문제를 많이 해결하고는 있지만 나는 거래 비용 절감을 기업의 본질로 생각하지 않는다. 이를테면 내 비서는 나를 위해 많은 PDF 원고를 출력하는데, 내가 출력이 필요할 때마다 우버 택시와 비슷한 공유 서비스 기업을 통해 누군가를 불러 시키는 것이 훨씬 더 어려울 것이다.

더 나아가 나는 정확한 법률적 용어 대신 경제적 용어로 기업의 범위를 어떻게 정의해야 할지 잘 모르겠다. 나는 혁신적이며 거래 비용을 낮춰주는 계약이 기업 내부에서, 또 외부 협력자들과의 거래에서도 사용되는 모습을 보는데, 코스와 윌리엄슨의 이론에 명시된 기업 특성들을 놓고 볼 때 기업과 시장을 어떻게 구분해야 할지 잘 모르겠다. 기업과 시장을 책임 등의 측면에서 '법적으로' 구분하기는 훨씬 수월한데, 이처럼 법적 구분에 의존하면 기업의 본질을 생각하는 데 필요한 최상의 실마리를 얻을 수 있다. 즉 기업은 사회적 명성과 법적 책임을 지닌 존재라는 것이다.

그래서 나는 코스와 윌리엄슨의 거래 비용 접근 방식을 따르는 대신 일반적으로 다음과 같은 특성에 따라 기업을 바라본다.

- 기업은 유리한(저렴한) 구매 가격(또는 적어도 성공한 기업의 관점에서 유리한 가격)으로 조성된 자산의 집합체다.
- 기업은 외부와 내부의 명성과 규범의 결합체다.
- 기업은 계약적 · 법적 책임을 지니고 있다.

여기에다 나는 기업의 본질적인 특성은 아니지만 다음과 같은 기업의 특성을 더하고 싶다.

- 기업은 효율적 거래 관계와 극히 비효율적 거래 관계가 한데 어우러져 있는 복합체다.

물론 도태 압력이 존재하므로 비효율적 거래 관계가 너무 많은 기업은 소멸될 것이다. 이에 대비해 기업은 순효율성을 이룰 수 있도록 효율적 거래와 비효율적 거래의 균형을 맞추며 경쟁 압력의 핵심 아이디어로 되돌아간다. 이런 측면에서 거래 비용은 기업의 특성을 결정짓는 데 상당한 구속력을 지닌 제약 조건이다. 그러므로 코스와 윌리엄슨의 접근 방식은 비록 기업의 본질을 설명하면

서 거래 비용 절감의 역할을 과대평가하고 있지만 일부 지엽적인 진실을 반영하기는 한다.[1]

나는 이 책의 대부분에서 기업이 외부와 내부의 명성과 규범의 결합체라는 두 번째 특성에 초점을 맞췄다. 사람들은 '기업에 관한 저마다의 생각'을 지니고 있다. 잠재적 직원도 그렇고 미래의 CEO 와 금융 저널리스트, 정부 관리, 유권자, 소셜 미디어 상의 비평가 등 거의 모든 사람들이 나름의 견해를 갖고 있다. 하지만 여러분은 내가 생각하는 기업의 네 번째 특성을 암시하는 중대한 힌트를 3장 의 CEO 연봉에 관한 부분과 금융 부문을 설명한 7장에서 발견할 수 있었을 것이다.[2]

그래도 나는 여전히 현대 기업 활동을 설명하면서 거래 비용에 집중하는 형태에 반대한다. 만일 기업의 본질이 주로 거래 비용에 관한 것이라면 기업은 실제보다 훨씬 더 많은 사랑을 받았을 것이 다. 사실상 기업은 최소한 실행 가능한 다른 대안들과 비교할 때 과 제를 완수하는 데 필요한 거래 비용을 충분히 낮게 유지하고 있다. 그렇기는 하지만 그 거래 비용이 특별히 낮거나 유리하지는 않기 때문에 우리는 직원으로서 근무하는 경우를 포함한 여러 경우에서 기업에 종종 좌절감을 느낀다. 아주 작은 기업에 근무하지 않는 한 우리는 근무하는 기업의 관료주의에 실망할 때가 아주 많다(물론 관 리자의 입장이 되면 우리도 비슷한 관료주의적 제약을 강요한다).

우리가 이와 같은 관료주의를 엄청나게 싫어하는 것은 (부분적으 로는) 옳은 일이다. 관료주의가 장점을 억누르고, 다수의 허가를 요구하는 등 단순한 일을 복잡하게 만들며, 우리가 뭔가를 잘했는데도 보상을 받지 못하게 하고, 오히려 우리가 엄청나게 싫어하는 다른 사람을 부당하게 승진시키는 경우가 너무 많다. 또한 관료주의는 우리가 마땅히 누릴 만한 속도로 최고의 자리에 오르는 것을 더욱 어렵게 만든다. 하지만 이와 동시에 관료주의는 일부 직원들을 '지정된 근무지나 주어진 임무에서 벗어나지 못하게' 하며, 경영자들이 편파적으로 행동하기 어렵게 만들고, 주주들이 기업을 사적인 목적으로 사용하지 못하게 한다.

이런 면에서 볼 때 기업의 관료주의는 필요하다. 하지만 관료주의 때문에 여전히 기업에서의 삶은 어렵고 때로는 극히 불공평할 수 있다. 그리고 코스의 논문 제목을 빌리자면 이것 또한 '기업의 본질'이다.

감사의 글

나는 이 책의 저자로서 유용한 조언과 논의, 지원을 아끼지 않은 팀 바틀릿Tim Bartlett, 크리스티나 카시오포Christina Cacioppo, 브라이언 캐플란, 나타샤 고웬Natasha Cowen, 테리사 하트넷Teresa Hartnett, 대니얼 클라인Daniel Klein, 에즈라 클라인Ezra Klein, 랜들 크로스즈너Randall Kroszner, 티모시 리Timothy Lee, 홀리스 로빈스Hollis Robbins, 알렉스 태버럭, 딜런 타우진Dillon Tauzin에게 감사의 말을 전한다.

특히 훌륭하고 완벽한 편집과 함께 이 책이 출판되는 전 과정을 관리해준 바틀릿과 나의 출판 대리인으로 일한 하트넷에게 더욱 감사하다. 또한 이 책을 위해 수많은 CEO와 고위 경영진뿐만 아니라 많은 직원들과 대화를 나눴지만, 즉흥적으로 이뤄진 경우도 많았던 터라 개개인의 이름을 나열하지 않고 그들 전체에게 감사의 마음을 표한다.

일종의 면책 조항으로서 나는 이 책에서 설명한 많은 기업들이 내가 재직하고 있는 대학의 후원자라는 사실을 미리 언급해둔다.

이들 기업에서 개인적으로 가끔씩 유료 강의를 하지만 내가 알고
있는 한 이 책에 등장하는 어떤 기업과도 유료 대화를 한 적은 없다.

CHAPTER 1

1 여론 조사 결과는 Frank Newport의 "Democrats More Positive About Socialism Than Capitalism." Gallup, August 13, 2018 참조. https://news.gallup.com/poll/240725/democrats-positive-socialism-capitalism.aspx.

2 Bloom, Nicholas, Christos Genakos, Raffaella Sadun, and John Van Reenen의 2012년 "Management Practices Across Firms and Countries." NBER Working Paper No. 17850. National Bureau of Economic Research, Washington, DC. 참조.

3 생산성 차이는 Syverson, Chad. 2011. "What Determines Productivity?" Journal of Economic Literature 49(2): 326-365 참조.

4 국제 환경에서의 이런 특성들은 Bloom, Nicholas, Raffaella Sadun, and John Van Reenen의 2016년 "Management as a Technology?" NBER Working Paper No. 22327. National Bureau of Economic Research, Washington, DC.와 Pellegrino, Bruno, and Luigi Zingales. 2017. "Diagnosing the Italian Disease." NBER Working Paper No. 23964. National Bureau of Economic Research,Washington, DC. 참조.

5 Bloom, Nicholas, Raffaella Sadun, and John Van Reenen의 2016년 "Management as a Technology?" NBER Working Paper No. 22327. National Bureau of Economic Research, Washington, DC 참조.

6 레즈비언, 게이, 양성애자, 트랜스젠더(LGBT)의 권리를 지지하는 대기업의 역할에 관해서는 James Surowiecki의 2016년 4월 25일자 New Yorker "The Financial Page: Unlikely Alliances." 참조.

7 Ehrenfreund, Max. 2016. "A Majority of Millennials Now Reject Capitalism,

Poll Shows." Washington Post, April 26, 2016 과 Della Volpe, John, and Sonya Jacobs. 2016. "Survey of Young Americans' Attitudes Toward Politics and Public Service." Harvard Public Opinion Project, Harvard University Institute of Politics, April 25, 2016. 참조.

8   Desan, Mathieu, and Michael A. McCarthy. 2018. "A Time to Be Bold." Jacobin, July 31, 2018 참조. 나는 이 책의 처음 원문을 인용했는데, 나중에 이 문구는 "…그런 시스템의 결점만큼이나 자본주의 자체의 결점도 분명하다"로 바뀌었다.

9   이에 관한 역사는 Segrave, Kerry. 2011. Vision Aids in America: A Social History of Eyewear and Sight Correction Since 1900. Jefferson, NC: McFarland 참조.

10   이 수치는 Gallup의 2016년 6월 "Confidence in Institutions." Gallup Poll and Report에서 나온 것이다. 보다 자세한 내용은 https://news.gallup.com/poll/1597/confidence-institutions.aspx 참조.

11   대기업의 임금 프리미엄에 관해서는 Cardiff-Hicks, Brianna, Francine Lafontaine, and Kathryn Shaw. 2014. "Do Large Modern Retailers Pay Premium Wages?" NBER Working Paper No. 20313. National Bureau of Economic Research, Washington, DC. 참조. 사기 행위를 포함한 보다 일반적인 대기업과 중소기업의 차이에 관한 내용은 대기업을 잘 묘사한 책, Atkinson, Robert D., and Michael Lind. 2018. Big Is Beautiful: Debunking the Myth of Small Business. Cambridge, MA: MIT Press 참조.

12   거대 기술 기업에 맞서는 보수 우파의 움직임은 Grynbaum and Herrman 2018 참조.

13   https://twitter.com/EdwardGLuce/status/1029760202437001216, August 15, 2018 참조.

14   Friedman, Milton. 1970. "The Social Responsibility of Business Is to Increase Its Profits." New York Times Magazine, September 13, 1970 참조. 프리드먼은 기업의 최고 임원들을 직원으로 묘사하는 부분에서 실수를 범했다. 그들을 보다 정확히 묘사하는 방법은 그들이 이사회와 함께 '수탁자'이며 주주에 대한 의무가 있다고 표현하는 것이다. 이에 관해서는 이후의 문헌들을 조사한 Hart, Oliver, and Luigi Zingales. 2016. "Should a Company Pursue Shareholder Value?" Working paper, October 2016을 참고하기 바란다. 기업의 사회

적 책임에 관련된 글들로는 아주 유용한 종합적 조사 내용을 담은 Aguinas, Herman, and Ante Glavas. 2012. "What We Know and Don't Know About Corporate Social Responsibility: A Review and Research Agenda." Journal of Management 38, no. 4 (July): 932-968과 Marcaux, Alexei. 2017. "The Power and the Limits of Milton Friedman's Arguments Against Corporate Social Responsibility." In Wealth, Commerce, and Philosophy: Foundational Thinkers and Business Ethics, edited by Eugene Heath and Byron Kaldis, 339-380. Chicago: University of Chicago Press, Guiso, Luigi, Paola Sapienza, and Luigi Zingales. 2013. "The Value of Corporate Culture." NBER Working Paper No. 19557. National Bureau of Economic Research, Washington, DC., Lev, Baruch, Christine Petrovits, and Suresh Radhakrishnan. 2010. "Is Doing Good Good for You? How Corporate Charitable Contributions Enhance Revenue Growth." Strategic Management Journal 31, no. 2 (February): 182-200 등이 있다.

15 '편리한 허구'는 사실이 아니거나 실제 존재하지 않지만 상황이나 목적, 목표 등을 보다 쉽게, 편리하게, 유리하게 설명하기 위해 지어낸 사물, 아이디어, 개념 등을 뜻하는 철학적 용어다. 여기서 저자는 기업과 기업 구성원들이 단순한 이유 추구를 넘어서는 다른 지적·감정적 목적에 따라 기업 이윤과 사회적 혜택 모두를 부양하므로, "기업의 사회적 책임은 이윤을 증대하는 것"이라는 프리드먼의 주장, 즉 기업의 '이윤 극대화'는 이윤만을 목적으로 해서는 더 많은 이윤을 올릴 수 없는 현상을 자신의 논리에 유리하게 설명하기 위해 지어낸 말이라고 주장한 것으로 보인다-옮긴이.

16 2017년 8월 구글은 자사 엔지니어 제임스 다모어가 사내 게시판에 '구글의 이상적인 생태계(Google's Ideological Echo Chamber)'라는 제목으로 "구글이 남녀의 생물학적 차이를 무시한다", "남자가 기술 과학 분야에서 여자보다 뛰어나므로 남자와 여자의 임금 격차는 당연하다"는 주장 등이 담긴 10쪽 분량의 메모를 올려 성차별 논란이 일어나자 다모어를 해고했다. 이 일에 앞서 구글은 그해 1월에 남녀 임금 격차 문제로 미국 노동성의 조사를 받은 적이 있었는데, 다모어의 성차별적 메모가 또다시 여론의 공분을 사며 논란이 되자 그를 해고한 것으로 보인다. 한편 지극히 개인적인 의견을 밝혔다는 이유만으로 해고한 것은 부당하다는 의견도 있었다-옮긴이.

17 이런 내용들이 나온 김에, 내가 쓴 책 중에서 로큰롤의 역사를 다룬《상업 문화 예

찬》과 GMO에 관한 이슈를 논의한 《한 경제학자의 점심 이야기(An Economist Gets Lunch)》를 참고하기 바란다.

CHAPTER 2

1 건강보조식품에 관한 내용은 DaVanzo, Joan E., Steven Heath, Audrey El-Gamil, and Allen Dobson. 2009. "The Economic Contribution of the Dietary Supplement Industry." Dobson DaVanzo & Associates, LLC, May 7, 2009 참조.

2 이에 관한 내용은 Evershed, Richard, and Nicola Temple, 2016. Sorting the Beef from the Bull: The Science of Food Fraud Forensics. London: Bloomsbury Sigma 참조.

3 조사 내용과 관련된 증거는 Anderson, Ryan. 2016. "The Ugly Truth About Online Dating: Are We Sacrificing Love for Convenience?" Psychology Today, September 2016. https://www.psychologytoday.com/us/blog/the-mating-game/201609/the-ugly-truth-about-online-dating 참조.

4 매일 거짓말을 하는 횟수에 관한 내용은 DePaulo, Bella M., Deborah A. Kashy, Susan E. Kirkendol, and Melissa M. Wyer, 1996. "Lying in Everyday Life." Journal of Personality and Social Psychology 70(5): 979-995 참조. 가까운 사람들에게 거짓말을 하는 경우에 관해서는 DePaulo, Bella M., Matthew E. Ansfield, Susan E. Kirkendol, and Joseph M. Boden. 2004. "Serious Lies." Basic and Applied Social Psychology 26 (2-3): 147-167. 236과 DePaulo, Bella M., and Deborah A. Kashy. 1998. "Everyday Lies in Close and Casual Relationships." Journal of Personality and Social Psychology 74 (1): 63-79 참조.

5 이 연구에 관한 내용은 Feldman, Robert S., James A. Forrest, and Benjamin R. Happ. 2002. "Self-Presentation and Verbal Deception: Do Self-Presenters Lie More?" Basic and Applied Social Psychology 24 (2): 163-170 참조.

6 이력서에 관련된 내용은 Tomassi, Kate DuBose. 2006. "Most Common Resume Lies." Forbes, May 23, 2006과 Henle, Christine A., Brian R. Dineen, and Michelle K. Duffy. 2017. "Assessing Intentional Resume Deception: Development and Nomological Network of a Resume Fraud Measure."

Journal of Business and Psychology, published online December 16, 2017 참조.

7   고객과 직원의 매장 물건 도둑질에 관한 내용은 Wahba, Phil. 2015. "Shoplifting, Worker Theft Cost Retailers $32 Billion Last Year." Fortune, June 24, 2015 참조. 마약 검사를 통과하지 못한 사례는 Calmes, Jackie. 2016. "Hiring Hurdle: Finding Workers Who Can Pass a Drug Test." New York Times, May 17, 2016 참조.

8   이에 관한 보다 자세한 내용은 Schwitzgebel, Eric. 2009. "Do Ethicists Steal More Books?" Philosophical Psychology 22: 711-725와 Schwitzgebel, Eric, and Joshua Rust. 2014. "The Moral Behavior of Ethics Professors: Relationships Among Self-Reported Behavior, Expressed Normative Attitude, and Directly Observed Behavior." Philosophical Psychology 27 (3): 293-327 참조.

9   동료들을 대상으로 한 설문 결과는 Schwitzgebel, Eric, and Joshua Rust. 2009. "The Moral Behavior of Ethicists." Mind 118 (October): 1043-1059 참조. 콘퍼런스에서 나타나는 행동에 관한 내용은 Schwitzgebel, Eric, Joshua Rust, Linus Ta-Lun Huang, Alan Moore, and Justin Coates. 2012. "Ethicists' Courtesy at Philosophy Conferences." Philosophical Psychology 25 (3): 331-340 참조.

10 이에 관련된 내용은 Stephens-Davidowitz, Seth. 2017. Everybody Lies: Big Data, New Data, and What the Internet Can Tell Us About Who We Really Are. New York: HarperCollins, 3장 참조.

11 택스 갭 추정치는 IRS. 2016. Tax Gap Estimates for Tax Years 2008-010. Washington, DC: Internal Revenue Service 참조.

12 세수에 관한 수치는 세금 정책 센터(Tax Policy Center)에서 제공받았다. 한편 불법적으로 이뤄지는 분식 회계에 관한 데이터에 관심이 있다면 비록 개인의 경우와 비교하는 내용은 없지만, Dyck, Alexander, Adair Morse, and Luigi Zingales. 2013. "How Pervasive Is Corporate Fraud?" Rotman School of Management Working Paper No. 2222608, February 22, 2013을 참조하기 바란다. 이들은 1996년에서 2004년까지 미국의 대규모 공개 기업 7개 중 1개는 감사와 관련된 부정을 저질렀다고 결론지었다. 하지만 불행하게도 그들이 제시한 수치의 많은 부분이 부정확하다. 그 수치들은 개인과 기업들이 실제로 납부하지 않은 세금에 관한 IRS의 가정에 바탕을 두고 있다. 개인과 기업의 두 경우를 비교할 때, 특히 기업

의 세금과 관련해 '탈세'와 '극단적이지만 합법적 수단에 의한 절세'의 분명한 차이를 가정하고 있다. 기업들이 합법적인 범위 내에서 세금을 줄일 수 있는 보다 나은 방법을 찾고 있기 때문에 탈세와 절세의 차이가 늘 명확하게 정의되지는 않는다는 것을 알 수 있다. 내가 개인들의 거짓 세금 보고를 계산에 포함시키지는 않았지만 이들의 정직한 세금 보고를 방해하는 매우 중대한 요인들이 있다. 예를 들면 고용세를 거짓으로 보고한 액수는 해당 기간 동안 매년 약 810억 달러에 이르렀으며, 이들은 대부분 기업의 부정행위가 아니라 개인 자영업자의 고용세 미납에 따른 것이었다. 이 금액을 전체 수치에 포함하면 개인의 부정행위가 상대적으로 더 심해 보인다.

13 보다 자세한 내용은 Fehr, Ernst, and John A. List. 2004. "The Hidden Costs and Returns of Incentives-rust and Trustworthiness Among CEOs." Journal of the European Economic Association 2, no. 5 (September): 743-771 참조.

14 보다 자세한 내용은 Henrich, Joseph. 2000. "Does Culture Matter in Economic Behavior? Ultimatum Game Bargaining Among the Machiguenga of the Peruvian Amazon." American Economic Review 90, no. 4 (September): 973-979 참조.

15 이와 같은 결론에 대한 자세한 내용은 Ensminger, Jean, and Joseph Henrich, editors. 2014. Experimenting with Social Norms: Fairness and Punishment in Cross-Cultural Perspective. New York: Russell Sage Foundation, Henrich, Joseph, Robert Boyd, Samuel Bowles, Colin Camerer, Ernst Fehr, and Herbert Gintis, editors. 2004. Foundations of Human Sociality: Economic Experiments and Ethnographic Evidence from Fifteen Small-Scale Societies. Oxford: Oxford University Press, Henrich, Joseph, et al. 2006. "Costly Punishment Across Human Societies." Science 312: 1767-1770. Selec ted B ibliography, Henrich, Joseph, et al. 2010. "Markets, Religion, Community Size, and the Evolution of Fairness and Punishment." Science 327: 1480-1484 참조. 18세기의 배경에 관한 내용은 Hirschman, Albert O. 1992. Rival Views of Market Society and Other Recent Essays. Cambridge, MA: Harvard University Press 참조.

16 기업의 자선 활동이 순전히 이기적인 측면에서 이뤄질 때 오히려 역효과가 난다는 사실에 관한 연구는 Cassar, Lea, and Stephan Meier. 2017. "Intentions for Doing Good Matter for Doing Well: The (Negative) Signaling Value of

Prosocial Incentives." NBER Working Paper No. 24109. National Bureau of Economic Research, Washington, DC 참조.

17 이런 결과에 관한 내용은 Graham, John R., Campbell R. Harvey, Jillian Popadak, and Shivaram Rajgopal. 2017. "Corporate Culture: Evidence from the Field." NBER Working Paper No. 23255. National Bureau of Economic Research, Washington, DC. 참조. 사실상 미국 기업의 실질적인 역사를 보면 기업이 비영리 부문에 깊이 연관돼 있으며 양쪽 모두에서 영향력을 발휘하는 것을 알 수 있다. 예를 들면 미국인들은 자신의 비즈니스에 바탕을 둔 협동 능력을 자선 단체 결성과 정치 운동, 환경 운동 등을 포함한 문명사회 활동에 적용해왔다. 빌 게이츠는 자신의 마이크로소프트 경영 경험을 게이츠 파운데이션(Gates Foundation)이 추진하는 공중보건 개선 노력에 활용한다. 각 지역에서 크게 눈에 띄지 않고 진행되는 보다 많은 사례들을 보면 수많은 훌륭한 CEO들이 자신의 교회 일에 자발적으로 참여하며 교회 재정이 제대로 운영되도록 도움을 주고 있다. 애초에 미국 기업들은 조직 운영 기술을 미국의 초기 종교에서 차용했지만 그 전문성을 양쪽 모두에서 발휘해왔으며, 그 결과 신을 섬기거나 재물을 다루거나 자선 단체를 운영하는 부문에서 미국인들이 정교하게 다듬어지고 시장에서 검증된 협력 기술을 적용할 수 있게 한다. 그러므로 비록 표면상으로는 기업의 형태처럼 보이지 않더라도 현재 미국에서 제대로 운영되는 기구나 단체들의 효율성은 대부분 기업체의 운영 방식과 기술에서 비롯된 것이다.

18 이 데이터들에 관한 내용은 Zak, Paul J., and Stephen Knack. 2001. "Trust and Growth." Economic Journal 111, no. 470 (April): 295-321와 Knack, Stephen, and Philip Keefer. 1997. "Does Social Capital Have an Economic Payoff? A Cross-Country Investigation." Quarterly Journal of Economics 112 (4): 1252-1288 참조.

19 캘리포니아주에 관한 연구 내용은 Capps, Cory, Dennis W. Carlton, and Guy David. 2017. "Antitrust Treatment of Nonprofits: Should Hospitals Receive Special Care?" NBER Working Paper No. 23131. National Bureau of Economic Research, Washington, DC. 참조. 영리 병원으로 전환한 병원들에 관한 보다 자세한 내용은 Joynt, Karen E., E. John Orav, and Ashish K. Jha. 2014. "Association Between Hospital Conversions to For-Profit Status and Clinical and Economic Outcomes." Journal of the American Medical Association 312 (16): 1644-1652 참조. 2000년에 실시된 연구 결과는 McClellan, Mark B., and

Douglas O. Staiger. 2000. "Comparing Hospital Quality at For-Profit and Not-for-Profit Hospitals." In The Changing Hospital Industry: Comparing For-Profit and Not-for-Profit Institutions, edited by David M. Cutler, 93-112. Chicago: University of Chicago Press, 2007년도 연구 결과는 Shah, Bimal R., Seth W. Glickman, Li Liang, W. Brian Gibler, E. Magnus Ohman, Charles V. Pollack Jr., Matthew T. Roe, and Eric D. Peterson. 2007. "The Impact of For-Profit Hospital Status on the Care and Outcomes of Patients With Non-ST-Segment Elevation Myocardial Infarction." Journal of the American College of Cardiology 50 (15): 1462-1468 참조. 이들 참고 문헌에 대해, 나는 스코트 알렉산더(Scott Alexander)가 2016년 12월 6일에 자신의 블로그에 올린 글, "Contra Robinson on Schooling." Slate Star Codex(blog)에서 도움을 받았다.

20 리히텐버그 교수의 보다 일반적인 연구에 덧붙여 Lichtenberg, Frank R. 2013. "The Effect of Pharmaceutical Innovation on Longevity: Patient-Level Evidence from the 1996-2002 Medical Expenditure Panel Survey and Linked Mortality Public-Use Files." Forum for Health Economics and Policy 16 (1): 1-33도 참조하기 바란다.

21 이들의 논문에 관한 내용은 Brooks, Nathan, and Katarina Fritzon. 2016. "Psychopathic Personality Characteristics Amongst High Functioning Populations." Crime Psychology Review 2 (1): 22-44와 Hare, Robert D. Without Conscience: The Psychopaths Amongst Us. New York: Guilford Press 참조.

CHAPTER 3

1 이와 관련된 다른 많은 출처 가운데 특히 Bloxham, Eleanor. 2015. "Here's Why You Should Care About How CEOs Get Paid." Fortune, October 20, 2015 와 Elson, Charles M. 2003. "What's Wrong with Executive Compensation?" Harvard Business Review, January 2003을 참조하기 바란다.

2 이에 대한 예는 Walker, David I. 2012. "The Law and Economics of Executive Compensation: Theory and Evidence," in Research Handbook on the Economics of Corporate Law, edited by Claire A. Hill and Brett H. McDonnell. Cheltenham, UK: Edward Elgar, 2012와 Kaplan, Steven N., and

Joshua Rauh. 2013. "It's the Market: The Broad-Based Rise in the Return to Top Talent." Journal of Economic Perspectives 27, no. 3 (Summer): 35-55 참조. 연봉 비율에 관해서는 CEO를 상대로 가장 흔히들 하는 많은 비난들을 조사하고 지지한 Mishel, Lawrence, and Alyssa Davis. 2015. "Top CEOs Make 300 Times More Than Typical Workers." Issue Brief No. 399, Economic Policy Institute, June 21, 2015 참조. 미국 CEO에 대한 연봉 지불 방식을 비난하는 또 하나의 잘 알려진 근원으로 Bebchuk, Lucien, and Jesse Fried. 2006. Pay Without Performance: The Unfulfilled Promise of Executive Compensation. Cambridge, MA: Harvard University Press을 들 수 있다. 이들의 비난에 대한 대응은 Core, John E., Wayne R. Guay, and Randall S. Thomas. 2005. "Is U.S. CEO Compensation Inefficient Pay Without Performance?" Michigan Law Review 103, no. 6 (May): 1142-1185 참조. CEO 연봉에 관한 가장 최근 데이터는 Stein, Jeff, and Jena McGregor. 2018. "CEO Pay Jumps to $19 Million Annually, as Fears Mount over the Wealthy Pocketing Gains." Washington Post, August 16, 2018 참조.

3 이를 뒷받침하는 최근의 적절한 출처는 Edmans, Adam, Xavier Gabaix, and Dirk Jenter. 2017. "Executive Compensation: A Survey of Theory and Evidence." NBER Working Paper No. 23596. National Bureau of Economic Research, Washington, DC. 참조.

4 이에 관한 예는 Mishel, Lawrence, and Alyssa Davis. 2015. "Top CEOs Make 300 Times More Than Typical Workers." Issue Brief No. 399, Economic Policy Institute, June 21, 2015와 Frydman, Carola, and Raven E. Saks. 2007. "Executive Compensation: A New View from a Long-Term Perspective, 1936-2005." Working Paper 2007-35. Federal Reserve Board, Washington, DC. 참조.

5 이에 관한 보다 자세한 내용은 Gabaix, Xavier, and Augustin Landier. 2008. "Why Has CEO Pay Increased So Much?" Quarterly Journal of Economics 121 (1): 49-100 참조. 이 이슈의 논의에 대한 조사와 CEO 연봉의 보다 일반적인 사항과 3천 100만 달러 수치(2014년 기준)에 관해서는 Edmans, Adam, Xavier Gabaix, and Dirk Jenter. 2017. "Executive Compensation: A Survey of Theory and Evidence." NBER Working Paper No. 23596. National Bureau of Economic Research, Washington, DC. 참조.

6 보다 자세한 연구 내용은 Gabaix, Xavier, Augustin Landier, and Julien Sauvagnat. 2014. "CEO Pay and Firm Size: An Update After the Crisis." Economic Journal 124 (574): F40-F59 참조. 예를 들면 대공황 기간 동안 CEO 연봉은 기업 가치 하락에 거의 비례해서 낮아졌다. 즉 "CEO 보상의 변동은 실제로 기업 규모의 변동과 매우 비슷했다. 2007년에서 2009년까지 전체 기업의 평균 가치는 17.4퍼센트, 자기자본 가치는 37.9퍼센트 하락했고, CEO 보상 지수도 같은 기간 동안 27.7퍼센트 낮아졌다. 2009년에서 2011년 사이에는 기업 가치가 19퍼센트, 자기자본 가치는 27.7퍼센트 반등했으며, 이에 따라 보상 지수도 22퍼센트 상승했다. 이와 달리 2014년에서 2015년에 걸쳐 300대 상장 기업 CEO 연봉의 중간값은 1천 120만 달러에서 1천 80만 달러로 3.8퍼센트 떨어졌다. 이들 300명 CEO 중 절반 이상의 해당 연도 연봉 변동 폭은 1퍼센트 미만이었다. 이처럼 둔화된 변동 폭은 대부분 전반적인 자기자본 수익률 약화와 이에 따라 CEO를 위한 연금 가치의 느린 성장 또는 축소에서 비롯됐다. 21세기 첫 10년간 별 변동이 없었던 CEO 연봉에 관한 내용은 Frydman, Carola, and Dirk Jenter. 2010. "CEO Compensation." Annual Review of Financial Economics 2: 75-102를 참조하고, 2014년과 2015년에 걸친 비교는 Francis, Theo, and Joann S. Lublin. 2016. "CEO Pay Shrank Most Since Financial Crisis." Wall Street Journal, April 7, 2016 참조.

7 상위 4퍼센트 기업에 관한 내용은 Bessembinder, Hendrik. 2018. "Do Stocks Outperform Treasury Bills?" Journal of Financial Economics 129, no. 3 (September) 참조. 자격을 갖춘 CEO 후보자 수에 대한 자세한 내용은 Larcker, David F., Nicholas E. Donatiello, and Brian Tayan. 2017. "CEO Talent: America's Scarcest Resource? 2017 CEO Talent Survey." Stanford Graduate School of Business, Stanford University, September 2017 참조.

8 이 문단의 첫 머리에서 주장하는 내용에 관해서는 Lublin, Joann S. 2017. "Few Can Fill the CEO's Job, Directors Say." Wall Street Journal, October 10, 2017 참조.

9 한 기업의 수출량 10퍼센트 증가는 CEO 연봉 2퍼센트 인상과 상관관계가 있다 (이 수치는 기업의 규모를 감안한 것이다). 이는 다른 CEO 업무를 수행하면서 글로벌 시장을 지향하는 인재를 구하기가 얼마나 어려운지, 그리고 이와 같은 인재를 시장에서 얼마나 원하는지를 보여주는 신호다. 이에 관한 보다 자세한 내용은 Keller, Wolfgang, and William W. Olney. 2017. "Globalization and Executive

Compensation." NBER Working Paper No. 23384. National Bureau of Economic Research, Washington, DC. 참조.

10 보다 자세한 내용은 Frydman, Carola, and Dirk Jenter. 2010. "CEO Compensation." Annual Review of Financial Economics 2: 75-102 참조. 외부 고용에 관한 수치는 Murphy, Kevin J., and Jan Zabojnik. 2004. "CEO Pay and Appointments: A Market-Based Explanation for Recent Trends." American Economic Review 95, no. 2 (May): 192-196 참조.

11 이런 데이터에 관한 내용도 Frydman, Carola, and Dirk Jenter. 2010. "CEO Compensation." Annual Review of Financial Economics 2: 75-102 참조. 취임 첫 해 연봉에 관해서는 Falato, Antonio, Dan Li, and Todd Milbourn. 2015. "Which Skills Matter in the Market for CEOs? Evidence from Pay for CEO Credentials." Management Science 61, no. 12 (December): 2845-2869 참조. 이들에 따르면 보다 견고한 자격을 갖춘 CEO들은 실제로 더 많은 연봉을 받고 영입됐으며, 이후 더욱 탁월한 성과를 올렸다.

12 이 주장에 관해서는 Ales, Laurence, and Christopher Sleet. 2016. "Taxing Top CEO Incomes." American Economic Review 106 (11): 3331-3366을 참조하기 바란다.

13 이에 관한 보다 자세한 내용은 Kaplan, Steven N. 2012. "Executive Compensation and Corporate Governance in the U.S.: Perceptions, Facts and Challenges." NBER Working Paper No. 18395. National Bureau of Economic Research, Washington, DC.와 Kaplan, Steven N., and Joshua Rauh. 2013. "It's the Market: The Broad-Based Rise in the Return to Top Talent." Journal of Economic Perspectives 27, no. 3 (Summer): 35-55 참조.

14 이에 관련된 내용도 Kaplan, Steven N. 2012. "Executive Compensation and Corporate Governance in the U.S.: Perceptions, Facts and Challenges." NBER Working Paper No. 18395. National Bureau of Economic Research, Washington, DC.와 Kaplan, Steven N., and Joshua Rauh. 2013. "It's the Market: The Broad-Based Rise in the Return to Top Talent." Journal of Economic Perspectives 27, no. 3 (Summer): 35-55 참조.

15 이 주장에 대해서는 Kaplan, Steven N. 2012. "Executive Compensation and Corporate Governance in the U.S.: Perceptions, Facts and Challenges." NBER Working Paper No. 18395. National Bureau of Economic Research,

Washington, DC.를 참조하며, 기업 가치를 창조하는 이런 능력은 최상급 사모펀드의 연봉에서 드러난다는 사실에 주목하기 바란다. 〈뉴욕타임스〉의 추정에 따르면 세계 최대 사모펀드 블랙스톤(Blackstone)의 CEO 스티븐 A. 슈워츠먼(Stephen A. Schwarzman)은 2015년 8억 달러에 가까운 연봉을 받았다. 이 연봉의 대부분은 탁월한 거래와 주식 보유분에서 나왔다. 슈워츠먼의 기본 연봉은 35만 달러에 불과했으며 보너스도 받지 않았다. 또한 블랙스톤의 해밀턴 E. 제임스(Hamilton E. James) 사장은 2억 3천 300만 달러, 부동산 부문 최고경영자 조너선 D. 그레이(Jonathan D. Gray)는 2억 4천 900만 달러의 연봉을 받았다. 사모펀드 고액 연봉의 다른 예로는 아폴로 글로벌 매니지먼트(Apollo Global Management) 레온 블랙(Leon Black) CEO가 2013년 받은 5억 4천 300만 달러, 헨리 R. 크래비스(Henry R. Kravis)와 조지 R. 로버츠(George R. Roberts)가 2015년 콜버그 크래비스 로버츠(Kohlberg Kravis Roberts)의 공동 CEO로 근무하며 두 사람이 받은 연봉 합계 3억 5천 600만 달러를 들 수 있다. 여기서 주목할 점은 사모펀드 고액 연봉자 대다수는 창업주이며 그에 따라 기업 주식의 상당 부분을 소유하고 있다는 것이다. 이 모든 것에 관한 보다 자세한 내용은 Protess, Ben, and Michael Corkery. 2016. "Just How Much Do the Top Private Equity Earners Make?" New York Times, December 10, 2016 참조.

16 이에 관한 보다 자세한 내용은 Kaplan, Steven N. 2012. "Executive Compensation and Corporate Governance in the U.S.: Perceptions, Facts and Challenges." NBER Working Paper No. 18395. National Bureau of Economic Research, Washington, DC. 참조.

17 이런 주장들 중 일부와 관련해서는 Frydman, Carola, and Dirk Jenter. 2010. "CEO Compensation." Annual Review of Financial Economics 2: 75-102 참조. 외부 인사에 보다 높은 연봉을 지급하는 것에 대해서는 Murphy, Kevin J., and Jan Zabojnik. 2004. "CEO Pay and Appointments: A Market-Based Explanation for Recent Trends." American Economic Review 95, no. 2 (May): 192-196 참조.

18 이 주장과 관련된 내용은 Song, Jae, David J. Price, Faith Guvenen, and Nicholas Bloom. 2015. "Firming Up Inequality." NBER Working Paper No. 21199. National Bureau of Economic Research, Washington, DC.와 Autor, David, David Dorn, Lawrence F. Katz, Christina Patterson, and John Van Reenen. 2017. "Concentrating on the Fall of the Labor Share."

NBER Working Paper No. 23108. National Bureau of Economic Research, Washington, DC. 참조.

19 한편 슈퍼스타급 기업들은 영국과 독일 모두에서 경제적 불평등에 변화를 일으키는 선두 주자로 받아들여지고 있다. 두 국가에서 큰 변화는 개별 기업 내 근로자와 경영자 사이에서 일어나는 것이 아니다. 대신 일부 기업들의 생산성은 라이벌 기업들이 따라잡거나 심지어 보조를 맞출 수 없을 정도로 크게 앞서고 있다.

20 이에 관련된 내용은 Nguyen, Bang Dang, and Kasper Meisner Nielsen. 2014. "What Death Can Tell: Are Executives Paid for Their Contributions to Firm Value?" Management Science 60 (12): 2859-2885를 참조하기 바라며, 보다 일반적인 내용은 Tervio, Marko. 2008. "The Difference That CEOs Make: An Assignment Model Approach." American Economic Review 98, no. 3 (June): 642-668 참조. CEO의 급작스런 사망이 사망 직후 3일 동안 기업 가치를 평균 2.32퍼센트 떨어뜨릴 것이라 예상에 관해서는 Jenter, Dirk, Egor Matveyev, and Lukas Roth. 2016. "Good and Bad CEOs." Working paper, March 2016 참조.

21 이 조사 결과에 대한 보다 자세한 내용은 Becker, Sascha O., and Hans K. Hvide. 2013. "Do Entrepreneurs Matter?" IZA Discussion Paper No. 7146. IZA Institute of Labor Economics, Bonn, Germany 참조.

22 덴마크에서 실시한 조사 결과에 대해서는 Bennedsen, Morten, Francisco Perez-Gonzalez, and Daniel Wolfenzon. 2011. "Estimating the Value of the Boss: Evidence from CEO Hospitalization Events." Working Paper, Columbia Business School, 2011 참조.

23 이런 주장과 일치하는 CEO 교체 데이터에 관한 보다 광범위한 결과는 Chang, Yuk Ying, Sudipto Dasgupta, and Gilles Hilary. 2010. "CEO Ability, Pay, and Firm Performance." Management Science 56 (10): 1633-1652 참조.

24 근로자가 임금을 충분히 받지 못한다는 내용에 관해서는 Isen, Adam. 2012. "Dying to Know? Are Workers Paid Their Marginal Product?" Working paper, University of Pennsylvania 참조.

25 CEO들이 기업에 창출한 가치의 68퍼센트에서 73퍼센트까지만 받고 있다는 추정치는 Nguyen, Bang Dang, and Kasper Meisner Nielsen. 2014. "What Death Can Tell: Are Executives Paid for Their Contributions to Firm Value?" Management Science 60 (12): 2859-2885을, 대기업 CEO들이 일반적으로 자신이 기업에 가져다준 가치의 44퍼센트에서 68퍼센트에 이르는 연봉을 받는다

는 예상은 Taylor, Lucian A. 2013. "CEO Wage Dynamics: Estimates from a Learning Model." Journal of Financial Economics 108: 79-98 참조. 유명한 1990년 연구에서 마이클 C. 젠센(Michael C. Jensen)과 케빈 J. 머피(Kevin J. Murphy)는 미국 거대 기업의 CEO가 주주 가치 1천 달러를 창출하면, 약 3.25달러를 보상으로 받을 가능성이 있다는 사실을 발견했다. 이 1990년 연구 결과는 이제 시대에 뒤떨어진 것이며, 모든 형태의 보상을 포함하지도 않아 수정됐고, 더 나아가 CEO 계약 내용 전체가 아니라 지엽적인 수익만 포함하기 때문에 이 책에서 논의하는 결과와 차이가 있다. 젠센과 머피의 논문이 발표된 이후 스톡옵션 활용이 급격히 늘어나며 CEO에게 지급하는 인센티브는 CEO가 만들어낸 주주 가치와 거의 비슷한 수준까지 늘어났다. 이후의 일부 예측에 따르면 CEO들은 비율 측면에서 자신이 창출한 기업 가치의 4배 또는 그 이상의 보상을 받는 것으로 알려져 있다. 이런 식으로 문제에 접근한 조사 결과 일부는 Walker, David I. 2012. "The Law and Economics of Executive Compensation: Theory and Evidence," in Research Handbook on the Economics of Corporate Law, edited by Claire A. Hill and Brett H. McDonnell. Cheltenham, UK: Edward Elgar, 2012 참조. 젠센과 머피의 결과를 다시 계산한 결과 일부는 세계대전 이전 시기까지 다루는 Conyon, Martin J. 2006. "Executive Compensation and Incentives." Academy of Management Perspectives 20 (1): 25-44와 Frydman, Carola, and Raven E. Saks. 2007. "Executive Compensation: A New View from a Long-Term Perspective, 1936-2005." Working Paper 2007-35. Federal Reserve Board, Washington, DC., Frydman, Carola, and Dirk Jenter. 2010. "CEO Compensation." Annual Review of Financial Economics 2: 75-102 참조. 현재 미국 CEO들이 활용하는 강력한 금전적 인센티브는 여전히 제2차 세계대전 이전 시기의 수준에 이르지 못하고 있다는 것은 거의 알려지지 않은 사실이다.

26 이에 관련된 내용은 Giertz, Seth H., and Jacob A. Mortensen. 2013. "Recent Income Trends for Top Executives: Evidence from Tax Return Data." National Tax Journal 66 (4): 913-938 참조. 때로는 연봉 컨설턴트 고용이 확고하게 자리 잡은 CEO에게 유리하게 작용하며 오히려 연봉을 더 높인다는 비난도 들린다. 이 문제를 놓고 의견이 팽팽하게 갈리는 연구가 진행되는 모습을 볼 수 있지만 지금으로서는 양쪽 다 옳다고 여기는 것이 최상의 판단일 것 같다. 실제로 통계에 근거한 연구 결과를 보면 보상 위원회 구성이 연봉 수준 결정과 별 상관이 없어 보인다. 물론 위원회에 참가하는 일부 이사들이 정실 인사 또

는 CEO의 측근인지 표준 방식으로 판단할 수 없는 형태로 기용된다는 비난은 여전히 있을 수 있다. 비록 CEO 자신들이 이런 비난을 제기하는 경우가 많다는 말을 내가 듣기는 했지만 이런 비난은 어쨌든 (아직까지는?) 검증되지 않았다. 사실일지는 모르겠지만 최근의 조사 결과로 적어도 지금까지는 뒷받침되지 않는 격렬한 비난이 계속되고 있다는 말이 들린다. 이에 관련해서는 Conyon, Martin J. 2006. "Executive Compensation and Incentives." Academy of Management Perspectives 20 (1)의 38과 Walker, David I. 2012. "The Law and Economics of Executive Compensation: Theory and Evidence," in Research Handbook on the Economics of Corporate Law, edited by Claire A. Hill and Brett H. McDonnell. Cheltenham, UK: Edward Elgar, 2012 참조.

27 직관과는 달리 어떤 경우에서는 CEO 연봉이 기업 규모의 성장을 '앞지르는 것'이 바람직할 수도 있다. 기업 규모가 더욱 커지고 CEO 연봉이 높아지면 일부 CEO는 수많은 특전을 누리고, 외부 도전으로부터 자신의 위치를 확고히 지키며, 기업을 관료주의적 형태로 전환시키며 더 많은 것을 얻어내는 전략을 추구할 수도 있다. 결국 수백만 달러에 이르는 연봉을 받는 CEO는 이와 같은 금액을 계속 받기를 원할 것이다. 그렇다면 이사회와 주주들은 CEO가 계속 적절한 위험을 감수하도록 하려면 무엇을 고려해야 할까? 바로 보다 많은 연봉이다. 물론 이처럼 높은 연봉은 기업의 성과에 철저히 연관돼야 한다. 실제로 이것이 그동안 CEO 연봉이 인상돼왔던 형태다. 엄청난 액수의 CEO 연봉은 CEO의 고액 연봉 자체에서 비롯된 인센티브 문제에 대한 부분적인 대응이다. CEO가 자신의 자리 보전 가능성과 나태함에 대한 대응으로 고액의 연봉을 추가로 받는다는 것이 많은 사람들에게 부도덕한 것으로 보일 수 있으며, 어쩌면 그것이 사실일지도 모르겠다. 하지만 보다 나은 실질적인 결과를 얻을 수 있는가를 바탕으로 시스템을 평가하는 다른 방법이 있으며, 이런 관점에서 볼 때 고액 연봉이 더 나을 수도 있다.

28 이에 관련된 증거 조사는 Mauboussin, Michael J., and Dan Callahan. 2015. "A Long Look at Short-Termism: Questioning the Premise." Journal of Applied Corporate Finance 27 (3): 70-82와 Fama, Eugene F., and Kenneth R. French. "Value and Growth: An International Perspective." Journal of Finance 53, no. 6 (December): 1998 참조. Maksimovic, Vojislav, Gordon M. Phillips, and Liu Yang은 2017년 "Do Public Firms Respond to Investment Opportunities More Than Private Firms? The Impact of Initial Firm Quality." NBER Working Paper No. 24104. National Bureau of Economic

Research, Washington, DC.이라는 논문에서 일단 선별 효과가 통제되면 기업 공개가 기업을 보다 단기 지향적으로 만들지 않을 것으로 예상한다.

29 이 수치들은 February 16, 2017 〈Economist〉 "Corporate Short-Termism Is a Frustratingly Slippery Idea" 내용 참조.

30 이에 관한 보다 자세한 내용은 Mauboussin, Michael J., and Dan Callahan. 2015. "A Long Look at Short-Termism: Questioning the Premise." Journal of Applied Corporate Finance 27 (3): 70-82 참조. 수명이 짧은 자산에 관한 점은 고려하지 않지만 단기 실적주의에 대한 괜찮은 비판은 Sampson, Rachelle C., and Yuan Shi. 2016. "Are US Firms and Markets Becoming More Short-Term Oriented? Evidence of Shifting Firm and Investor Time Horizons, 1980-2013." https://papers.ssrn.com/sol3/papers.cfm?abstractid=2837524 참조.

31 이에 관련된 내용도 Mauboussin, Michael J., and Dan Callahan. 2015. "A Long Look at Short-Termism: Questioning the Premise." Journal of Applied Corporate Finance 27 (3): 70-82 참조.

32 이런 점에 관한 내용은 Summers, Lawrence H. 2017. "The Jury Is Still Out on Corporate Short-Termism." Financial Times, February 9, 2017 참조.

33 R&D에 관한 내용은 Davies, Richard, Andrew G. Haldane, Mette Nielsen, and Silvia Pezzini. 2014. "Measuring the Costs of Short-Termism." Journal of Financial Stability 12: 22와 2017년 Tyler Cowen의 논의 내용 참조.

34 이에 관한 보다 자세한 내용은 Fried, Jesse M., and Charles C. Y. Wang. 2017. "Short-Termism and Shareholder Payouts: Getting Corporate Capital Flows Right." Working Paper 17-062. Harvard Business School 참조.

CHAPTER 4

1 그레이버의 책은 Graeber, David. 2018. Bullshit Jobs: A Theory. New York: Simon and Schuster 참조. 모란의 비평은 Moran, Joe. 2018. "Soiling with Its Poison: The Problem with Employment That Is Insufficiently Rewarding." Times Literary Supplement, July 27, 2018 참조.

2 이 연구에 관한 보다 자세한 내용은 Kahneman, Daniel, Alan B. Krueger, David A. Schkade, Norbert Schwarz, and Arthur A. Stone. 2004. "A Survey Method

for Characterizing Daily Life Experience: The Day Reconstruction Method."
Science 306, no. 5702 (December 3): 1776-1780 참조.

3   이에 관련된 연구 조사 결과는 Maestas, Nicole, Kathleen J. Mullen, David
Powell, Till von Wachter, and Jeffrey B. Wenger. 2017. "Working Conditions
in the United States: Results of the 2015 American Working Conditions
Survey." RAND Corporation, Santa Monica, CA 참조. 그런데 랜드(RAND) 코
퍼레이션에 관한 이 연구는 미국인의 직업의 질에 관해서 관련 매체들의 논평 기
사가 관찰자들을 믿게 만든 것보다 훨씬 더 호의적인 결과를 도출했다.

4   이 연구 결과에 대한 다양한 관점은 Kuhn, Andreas, Rafael Lalive, and Josef
Zweimueller. 2009. "The Public Health Costs of Unemployment." Cahiers
de Recherches Economiques du Departement d'Econometrie et d'Economie
Politique, University of Lausanne와 Tausig, Mark. 1999. "Work and Mental
Health." In Handbook of the Sociology of Mental Health, edited by Carol S.
Aneshensel and Jo C. Phelan, 255-274. New York: Kluwer, Clark, Andrew
E., and Andrew J. Oswald. 1994. "Unhappiness and Unemployment."
Economic Journal 104, no. 424 (May): 648-659 참조. 실직 상태가 정신 건강과
행복에 미치는 영향에 관한 설문 조사 결과는 Paul, Karsten I., and Klaus Moser.
2009. "Unemployment Impairs Mental Health: Meta-analyses." Journal of
Vocational Behavior 74: 264-282 참조.

5   이에 관한 보다 자세한 내용은 McGrattan, Ellen R., and Richard Rogerson.
2004. "Changes in Hours Worked, 1950-2000." Federal Reserve Bank of
Minneapolis Quarterly Review 28, no. 1 (2004): 14-33 참조.

6   이 연구에 관한 내용은 Damaske, Sarah, Joshua M. Smyth, and Matthew J.
Zawadzki. 2014. "Has Work Replaced Home as a Haven? Re-examining
Arlie Hochschild's Time Bind Proposition with Objective Stress Data."
Social Science and Medicine 115 (August): 130-138과 Damaske, Sarah,
Joshua M. Smyth, and Matthew J. Zawadzki. 2016. "Stress at Work:
Differential Experiences of High Versus Low SES Workers." Social Science
and Medicine 156 (May): 125-133 참조.

7   번스타인이 〈월스트리트저널〉에 기고한 글은 Bernstein, Elizabeth. 2014. "Work
Creates Less Stress Than Home, Penn State Researchers Find." Wall Street
Journal, June 2, 2014 참조.

8   몰입에 관한 연구 문헌이 주류 심리학의 모든 부분에서 등장하는 것은 아니며, 유일한 인지적 또는 감정적 가치로 보기 어렵기 때문에 인간의 전반적 복지나 행복에서 얼마나 확인할 수 있는지를 두고 논란의 여지가 있다. 그래도 몰입 개념은 대중의 상상에 상당한 영향력을 끼쳤으며 적어도 일을 통한 만족감을 포함한 일정 형태의 인간의 만족감에 관한 흥미로운 견해다.

9   이 연구의 자세한 내용은 LeFevre, Judith. 1988. "Flow and the Quality of Experience During Work and Leisure." In Optimal Experience: Psychological Studies of Flow in Consciousness, edited by Mihaly Csikszentmihalyi and Isabella Selega Csikszentmihalyi, 307-318. Cambridge: Cambridge University Press와 Csikszentmihalyi, Mihaly, and Judith LeFevre. 1989. "Optimal Experience in Work and Leisure." Journal of Personality and Social Psychology 56 (5): 815-822 참조.

10 트럼프 선거 운동의 이런 측면은 Konczal, Mike. 2016. "Learning from Trump in Retrospect." The Medium, December 2, 2016 참조.

11 직장 내 좋은 친구에 관한 내용은 Maestas, Nicole, Kathleen J. Mullen, David Powell, Till von Wachter, and Jeffrey B. Wenger. 2017. "Working Conditions in the United States: Results of the 2015 American Working Conditions Survey." RAND Corporation, Santa Monica, CA 참조.

12 이 부분에 관한 내용은 Burkeman, Oliver. 2014. "Why Is Home More Stressful Than Work? Because We're Too Lax About Relaxing." Guardian, June 4, 2014에서 많은 도움을 받았다.

13 이에 관한 자세한 내용은 Lee, Michelle Ye Hee, and Elise Viebeck. 2017. "How Congress Plays by Different Rules on Sexual Harassment and Misconduct." Washington Post, October 27, 2017 참조.

14 이런 문화에 관해서는 Cogan 2017 참조.

15 보상적 격차에 관해서는 Hersch 2011 참조. 여성의 근무 환경 질에 대한 지속적인 개선은 Kaplan, Greg, and Sam Schulhofer-Wohl. 2018. "The Changing (Dis-)Utility of Work." NBER Working Paper No. 24738. National Bureau of Economic Research, Washington, DC. 참조.

16 수요 독점에 관한 두 가지 시각은 Boal, William M., and Michael R. Ransom. 1997. "Monopsony in the Labor Market." Journal of Economic Literature 35, no. 1 (March): 86-112와 Ashenfelter, Orley C., Henry Farber, and Michael

R. Ransom. 2010. "Modern Models of Monopsony in Labor Markets." IZA Discussion Paper No. 4915. IZA Institute of Labor Economics, Bonn, Germany 참조. 월마트에 관한 연구 내용은 Bonnanno, Alessandro, and Rigoberto A. Lopez. 2009. "Is Wal-Mart a Monopsony? Evidence from Local Labor Markets." Paper prepared for presentation at the International Association of Agricultural Economists Conference, Beijing, August 16-22, 2009 참조. 수요 독점 모델이 무엇보다도 중기에서 장기적 현상에 관한 설명으로서 경제학자 대부분의 지지를 얻지 못한 이유는 Kuhn, Peter. 2004. "Is Monopsony the Right Way to Model Labor Markets? A Review of Alan Manning's Monopsony in Motion." International Journal of the Economics of Business 11, no. 3 (November): 369-378 참조. 임금 상승 둔화에 관해서는 Furman, Jason. 2018. "The Real Reason You're Not Getting a Pay Raise." Vox, August 11, 2018 참조.

17 이런 주장의 출발점은 Kaur, Supreet, Michael Kremer, and Sendhil Mullainathan. 2015. "Self-Control at Work." Journal of Political Economy 123, no. 6 (October): 1227-1277 참조.

18 이 부분과 앞선 몇 문단에 관해서는 Cowen, Tyler. 2017b. "Work Isn't So Bad After All."에 언급된 관련 내용 참조.

19 이와 같은 메커니즘에 관한 내용은 Freeman, Richard B., Douglas Kruse, and Joseph Blasi. 2004. "Monitoring Colleagues at Work: Profit Sharing, Employee Ownership, Broad-Based Stock Options and Workplace Performance in the United States." CEP Discussion Paper No. 647. Centre for Economic Performance, London School of Economics and Political Science 참조.

CHAPTER 5

1 소매 부문의 집중도 상승에 관한 수치는 Autor, David, David Dorn, Lawrence F. Katz, Christina Patterson, and John Van Reenen. 2017. "Concentrating on the Fall of the Labor Share." NBER Working Paper No. 23108. National Bureau of Economic Research, Washington, DC. 참조.

2 이에 관한 수치는 Frazier, Mya. 2017. "Dollar General Hits a Gold Mine in

Rural America." Bloomberg Businessweek, October 11, 2017 참조.

3 이에 관련된 내용은 "지난 20년간의 비생산 부문 집중도 증가는 관측 가능한 가격 상승과 관련이 없지만, 생산량 증가와 상관관계가 있다"고 언급한 Ganapati, Shrat 의 2017 "Oligopolies, Prices, and Quantities: Has Industry Concentration Increased Price and Restricted Output?" https//papers.ssrn.com/so13/papers.cfm?abstract_id=3030966 참조.

4 이에 관해서는 Gutierrez, German, and Thomas Philippon. 2017. "Declining Competition and Investment in the U.S." NBER Working Paper No. 23583. National Bureau of Economic Research, Washington, DC. 참조.

5 정보 기술 기업의 비즈니스 운영에 필수적인 시스템에 대한 투자와 산업 집중도 의 연관성은 Bessen, James. 2017. "Information Technology and Industry Concentration." Working Paper, Boston University School of Law, September 2017 참조.

6 병원 합병의 경제성에 관한 두 가지 연구는 Cooper, Zack, Stuart V. Craig, Martin Gaynor, and John Van Reenan. 2015. "The Price Ain't Right? Hospital Prices and Health Spending on the Privately Insured." NBER Working Paper No. 21815. National Bureau of Economic Research, Washington, DC.와 Town, Robert, Douglas Wholey, Roger Feldman, and Lawton R. Burns. 2006. "The Welfare Consequences of Hospital Mergers." NBER Working Paper No. 12244. National Bureau of Economic Research, Washington, DC. 참조. 이 이 슈에 관한 일반 대중 설문 조사는 Feyman and Hartley 2016 참조.

7 휴대전화 서비스 요금의 하락은 Leubsdorf, Ben. 2017. "How Cell-Phone Plans with Unlimited Data Limited Inflation." Wall Street Journal, May 22, 2017 참 조. 주파수대 민영화에 관한 내용은 Skorup, Brent. 2013. "Reclaiming Federal Spectrum: Proposals and Recommendations." Columbia Science and Technology Law Review 15 (Fall): 90-124 참조.

8 항공편 운항에 관해서는 Cowen, Tyler. 2017c. "The New World of Monopoly? What About Flying?" Marginal Revolution (blog), September 2, 2017 참조. 나는 미국 교통부의 총 운항 거리에 관한 정기 간행물과 세인트루이스 연방준비 은행에서 운영하는 경제 통계 데이터 사이트 FRED(Federal Reserve Economic Date)의 인플레이션을 반영한 항공권 가격에 관한 정기 간행물의 자료를 인 용했다. 총 시장 집중률과 지역별 시장에서의 경쟁력에 관한 차이는 Shapiro,

Carl. 2017. "Antitrust in a Time of Populism." Working Paper, University of California, Berkeley, October 24, 2017. http://dx.doi.org/10.2139/ssrn.3058345 참조. 이 부분에서 나는 개인적으로 낮은 항공료와 함께 좁아진 좌석과 줄어든 서비스 용품을 달갑지 않게 생각한다는 말을 덧붙여야 할 것 같다. 하지만 내 여행 경비는 제3자가 지불하는 경우가 아주 많으며, 대부분의 미국인들은 그렇지 않으므로 이 부분에서 시장은 대부분의 사람들이 비용을 줄이는 것을 정말 더 좋아한다는 사실을 알려준다.

9   교육비에 관한 내용은 Leonhardt, David. 2014. "How the Government Exaggerates the Cost of College." New York Times, July 29, 2014와 College Board. 2016. Trends in College Pricing 2016. Princeton, NJ: College Board 참조.

CHAPTER 6

1   알렉스 셰퍼드와 파하드 만주의 글은 Shephard, Alex. 2018. "Don't Look to Democrats to Regulate Big Tech." New Republic, March 13, 2018과 Manjoo, Farhad. 2017. "Why Tech Is Starting to Make Me Uneasy." New York Times, October 11, 2017 참조.

2   이 리스트의 출처는 Chris, Alex. 2017. "Top 10 Search Engines in the World." Reliablesoft.net에서 December 6, 2017 검색한 내용이다. https://www.reliablesoft.net/top-10-search-engines-in-the-world/

3   알파벳과 구글에 관련된 광고 수익은 Stambor, Zak. 2018. "Google's Ad Revenue Jumps Nearly 25% in 2017." DigitalCommerce360, February 1, 2018. https://www.digitalcommerce360.com/2018/02/01/googles-ad-revenue-jumps-nearly-25-in-2017 참조.

4   이 수치들은 Watts, Duncan J., and David M. Rothschild. 2017. "Don't Blame the Election on Fake News. Blame It on the Media." Columbia Journalism Review, December 5, 2017 참조.

5   이에 관한 내용도 Watts, Duncan J., and David M. Rothschild. 2017. "Don't Blame the Election on Fake News. Blame It on the Media." Columbia Journalism Review, December 5, 2017 참조.

6   이들 추정치에 관해서는 Allcott, Hunt, and Matthew Gentzkower. 2017.

"Social Media and Fake News in the 2016 Election." NBER Working Paper No. 23089. National Bureau of Economic Research, Washington, DC. 참조. 양극성에 관한 내용은 Boxell, Levi, Matthew Gentzkow, and Jesse M. Shapiro. 2017. "Is the Internet Causing Political Polarization? Evidence from Demographics." NBER Working Paper No. 23258. National Bureau of Economic Research, Washington, DC. 참조.

7 이에 관한 보다 자세한 내용은 Gentzkow, Matthew, and Jesse M. Shapiro. 2014. "Ideological Segregation Online and Offline." Chicago Booth Research Paper No. 10-19. Booth School of Business, University of Chicago 와 Boxell, Levi, Matthew Gentzkow, and Jesse M. Shapiro. 2017. "Is the Internet Causing Political Polarization? Evidence from Demographics." NBER Working Paper No. 23258. National Bureau of Economic Research, Washington, DC. 참조.

8 나는 페이스북이 음악과 같은 문화를 광범위한 사회적 맥락에서 제거하고 있다고 생각한다. 사람들이 소셜 미디어를 통해 매우 신속하고 효과적으로 유대 관계를 맺을 수 있기 때문에 사람들은 이런 목적을 위해, 이를테면 음악을 예전만큼 그렇게 많이 찾지 않는다. 예전에는 젊은이들이 음악을 활용해 자신의 정체성과 속하고 싶은 사회 계층을 표시했다. 1990년대에 페미니스트였다면, 인디고 걸스(Indigo Girls)의 노래를 듣고, 사라 멕라클란(Sarah McLachlan)의 CD를 교환하며, 릴리스 페어(Lilith Fair) 콘서트에 갔을 것이다. 지금은 페이스북에 플랜드 페어런트후드(Planned Parenthood) 배너를 게시하거나 인스타그램에 관련 내용을 포스팅하며 자신의 견해를 나타낼 수 있다. 그 결과 음악이 우리의 사회적 유대감과의 관련성이 줄어들고 예전보다 문화적, 사회적 영향력 또는 정치적 의미가 약해진 것은 분명한 사실이다. 대중음악이 상승세를 보여왔으며 랩을 제외한 저항 음악은 상당히 논란이 많은 대통령(즉 트럼프)이 나타난 시기임에도 그 중요성이 약해졌다. 위 구절은 Cowen, Tyler. 2017d. "Facebook's Harm Is Taking Life out of Context." Bloomberg View, September 20, 2017 내용 중에서 인용했다.

9 책 길이에 관한 내용은 Lea, Richard. 2015. "The Big Question: Are Books Getting Longer?" Guardian, December 10, 2015 참조. 물론 이렇게 두꺼워지고 길어진 책들을 항상 끝까지 다 읽는 것은 아니라는 사실을 인정하지만, 그래도 이런 현상은 모든 것이 명백하게 짧아지는 일반적인 상황과는 완전히 다르다.

10 소설에 대한 격렬한 비판은 Cowen, Tyler. 1998. In Praise of Commercial

Culture. Cambridge, MA: Harvard University Press의 64쪽 참조.

11 이에 관한 보다 자세한 내용은 Alexander, Scott. 2017. "Silicon Valley: A Reality Check." Slate Star Codex (blog), May 11, 2017. http://slatestarcodex.com/2017/05/11/silicon-valley-a-reality-check 참조.

12 상하이에 관한 내용은 Zhen, Liu. 2017. "Shanghai Adopts Facial Recognition System to Name, Shame Jaywalkers." South China Morning Post, July 3, 2017 참조.

13 의료 기록에 대한 사생활 보호 취약성은 Caplan, Art. 2016. "Why Privacy Must Die." The Health Care Blog, December 19, 2016. http://thehealthcareblog.com/blog/2016/12/19/goodbye-privacy-we-hardly-knew-ye 참조.

14 전자 의료 기록을 대상으로 한 해킹은 Farr, Christina. 2016. "On the Dark Web, Medical Records Are a Hot Commodity." Fast Company, July 7, 2016 과 Caplan, Art. 2016. "Why Privacy Must Die." The Health Care Blog, December 19, 2016. http://thehealthcareblog.com/blog/2016/12/19/goodbye-privacy-we-hardly-knew-ye 참조.

CHAPTER 7

1 19세기 미국 성장을 촉진한 은행업과 금융업의 역할에 관해서는 Bodenhorn, Howard. 2016. "Two Centuries of Finance and Growth in the United States, 1790-980." NBER Working Paper No. 22652. National Bureau of Economic Research, Washington, DC. 참조.

2 1933년 미국 재무장관 출신인 카터 글라스 민주당 상원의원과 은행통화위원장을 맡았던 헨리 B. 스티걸이 공동 제안한 법으로 상업은행과 투자은행의 업무를 엄격히 분리하며 상업은행이 IPO, M&A 등의 투자은행 업무를 하지 못하도록 제한하는 내용이 핵심이었다. 이 법은 1999년 폐지됐으나, 2013년 엘리자베스 워런 민주당 상원의원과 존 매케인(John McCain) 공화당 상원의원 등은 상업은행과 투자은행의 겸업을 금지하는 글라스 스티걸법의 21세기판 수정안을 발의했다-옮긴이.

3 이들을 비롯한 다른 많은 스토리들에 관한 자세한 내용은 Faust, Leland. 2016. A Capitalist's Lament: How Wall Street Is Fleecing You and Ruining America. New York: Skyhorse Publishing 참조.

4 이에 관한 자세한 내용은 Zauzmer, Julie M. 2013. "Where We Stand: The Class

of 2013 Senior Survey." Harvard Crimson, May 28, 2013 참조.

5   벤처 캐피털의 투자 규모에 대한 자세한 내용은 NVCA. 2016. "$58.8 Billion
in Venture Capital Invested Across U.S." Press release, National Venture
Capital Association, Washington, DC, January 15, 2016과 SSTI. 2016. "$77.3B
in Total Venture Capital Invested in 2015, Report Finds; VC Trends to Look
for in 2016." State Science and Technology Institute, Columbus, Ohio,
January 15, 2016 참조.

6   이에 관한 자세한 내용은 Gompers, Paul, William Gornall, Steven N.
Kaplan, and Ilya A. Strebulaev. 2016. "How Do Venture Capitalists Make
Decisions?" NBER Working Paper No. 22587. National Bureau of Economic
Research, Washington, DC. 12-13 참조. 여기서 제시한 결과는 681개 기업의 기
관 벤처 투자자 889명을 대상으로 실시한 조사에서 나왔다.

7   벤처 캐피털의 의료 분야 투자에 관해서는 Gompers, Paul, William Gornall,
Steven N. Kaplan, and Ilya A. Strebulaev. 2016. "How Do Venture Capitalists
Make Decisions?" NBER Working Paper No. 22587. National Bureau of
Economic Research, Washington, DC. 참조.

8   벤처 캐피털의 기업 지원 현황은 Content First. 2009. Venture Impact: The
Economic Importance of Venture Capital-Backed Companies to the U.S.
Economy. Global Insight Report. Arlington, VA: National Venture Capital
Association과 Kaplan, Steven N., and Josh Lerner. 2010. "It Ain't Broke:
The Past, Present, and Future of Venture Capital." Journal of Applied
Corporate Finance 22 (2): 36-47, Gompers, Paul, William Gornall, Steven
N. Kaplan, and Ilya A. Strebulaev. 2016. "How Do Venture Capitalists Make
Decisions?" NBER Working Paper No. 22587. National Bureau of Economic
Research, Washington, DC. 참조.

9   흥미롭게도 전후 미국의 초창기 벤처 캐피털 일부는 프랑스인 조르주 도리오
(Georges Doriot)가 도입했다. 그의 삶에 관한 자세한 내용은 Ante, Spencer.
2008. Creative Capital: Georges Doriot and the Birth of Venture Capital.
Cambridge, MA: Harvard Business Review Press 참조.

10 미국 주식 수익률 7% 추정치의 출처에 관한 논의의 한 예로 Diamond, Peter A.
1998. "What Stock Market Returns to Expect for the Future?" Center for
Retirement Research, Boston College 참조. 이외에도 Brightman, Christopher

J. 2012. "Expected Return." Investment Management Consultants Association, Denver, CO를 비롯한 다른 추정치들이 많이 있지만 이들은 모두 상당히 높다.

11 투자 자문역의 부적절한 행위에 관해서는 Egan, Mark, Gregor Matvos, and Amit Seru. 2016. "The Market for Financial Adviser Misconduct." NBER Working Paper No. 22050. National Bureau of Economic Research, Washington, DC. 참조.

12 이에 관한 내용은 "Backpacker." 2015. "1929 Was a Great Year to Buy Stocks." Bogleheads .org(blog), May 6, 2015. https://www.bogleheads.org/forum/viewtopic.php=165263 참조.

13 이 여론 조사 결과는 McCarthy, Justin. 2015. "Little Change in Percentage of Americans Who Own Stocks." Gallup, April 22, 2015 참조.

14 금융 마케팅 전문가 등의 활약에 관한 내용은 Greenwood, Robin, and David Scharfstein. 2013. "The Growth of Finance." Journal of Economic Perspectives 27, no. 2 (Spring): 13-14 참조.

15 주식 수수료에 관한 내용은 Greenwood and Scharfstein 2007, 9 참조

16 미국인들의 외국 기업 주식 보유에 관해서는 Greenwood, Robin, and David Scharfstein. 2013. "The Growth of Finance." Journal of Economic Perspectives 27, no. 2 (Spring): 14 참조.

17 하우스먼과 스투제니거의 연구 내용은 Hausmann, Ricardo, and Federico Sturzenegger. 2006. "U.S. and Global Imbalances: Can Dark Matter Prevent a Big Bang?" Working paper, John F. Kennedy School of Government, Harvard University 참조.

18 Jackson, James K. 2013. "The United States as a Net Debtor Nation: Overview of the International Investment Position." RL32964. Congressional Research Service, Washington, DC는 암흑 물질 효과를 두고 이후에 벌어진 논쟁에 관한 설문 조사를 제공한다. Gourinchas, Pierre Olivier. 2016. "The Structure of the International Monetary System." Research Summary. National Bureau of Economic Research, Washington, DC는 외국인의 미국 내 투자와 미국인의 해외 투자의 차이로 미국인이 얻은 수익에 관한 가장 최근 예상치를 제공한다. 그의 설명에 따르면, "금융의 세계화가 진행되면서 미국 투자자들은 해외 투자를 주식 포트폴리오나 직접 투자처럼 위험성이 높거나 유동성이 낮

거나, 아니면 둘 다에 해당하는 주식에 집중했으며, 외국 투자자들은 미국 내 자산 구입을 채권 포트폴리오, 특히 미 재무부 채권과 정부에 관련된 기관이 주택 융자와 같은 부분에서 발행한 채권과 국제 차관 등에 집중했다". 달리 설명하면 전반적으로 미국인들은 보다 낙관적이고 위험을 더 많이 받아들이는 편이며 미국 금융 부문은 이런 경향을 지원하고 있다. Setser, Brad의 "Dark Matter: Soon to Be Revealed?" Follow the Money (blog), Council on Foreign Relations, February 2, 2017은 일부 암흑 물질 효과가 미국 다국적 기업이 수익 일부를 세금이 낮은 외국 계열사나 현지 법인으로 돌리기 위한 회계 술수에서 비롯되고 있는지 살펴본다.

19 그런데 학술 문헌들을 추적해보면, 금융 부문과 경제 성장에 대한 연구가 어떤 방식으로든 결론을 내지 못하고 있다는 사실을 알 수 있다. 가장 그럴듯한 추측은 금융과 성장을 놓고 볼 때 저소득 국가에서는 양의 상관관계가 있고, 부유한 국가들에서는 그다지 중요한 관계가 없음을 보여준다. 나는 이런 연구 결과를 두 가지 방식으로 해석한다. 첫째, 발전의 특정 단계를 넘어서면 금융의 혜택은 일반적으로 경제 성장률의 증가가 아니라 경제학자들이 말하는 '일회성' 증가 형태로 나타난다. 하지만 이와 같은 일회성 증가는 특히 다년간에 걸쳐 계속 이어질 경우 매우 중요한다. 이를테면 앞서 논의한 대로 '암흑 물질' 가설은 금융이 매년 미국인들에게 엄청나게 많은 추가 소비를 일으키지만 성장률을 1퍼센트에서 2퍼센트로 끌어올리지는 않는다는 의미다. 그럼에도 우리는 상당히 더 나은 삶을 살고 있다. 이는 많은 논의에서 간과되고 있는 기술적인 면이지만 실제로 수익을 올리는 많은 기관들이 소비를 촉진하거나 또 다른 형태의 혜택을 만들어내면서도 미래의 성장률을 증가시키지는 않고 있다. 둘째, 부유한 국가는 급격한 성장을 이룰 수 없기 때문에 자연적으로 더딜 수밖에 없다. 금융이 경제를 더욱 부유하게 만들면서도 성장률을 낮추는 것처럼 보일 수도 있지만, 이는 동시에 금융이 가져다주는 바로 그 혜택을 보기 어렵게 만든다. 이에 관해서는 Cline, William R. 2015. "Further Statistical Debate on 'Too Much Finance.'" PIIE Working Paper No. 15-16. Peterson Institute for International Economics, Washington, DC.를 참조하고, 회의적인 주장을 하는 논문은 Cournede, Boris, and Oliver Denk. 2015. "Finance and Economic Growth in OECD and G20 Countries." OECD Economics Department Working Paper No. 1223. Organisation for Economic Co-operation and Development, Paris를 참조하기 바란다. 금융과 성장에 관한 전반적인 설문 조사는 Arcand, Jean-Louis, Enrico Berkes, and Ugo Panizza.

2015. "Too Much Finance?" Journal of Economic Growth 20, no. 2 (June): 105-148 참조.

20 Scannell and Houlder 2016 참조.

21 같은 책 참조.

22 GDP에서 금융이 차지하는 몫에 관한 데이터는 Philippon, Thomas. 2011. "Has the Finance Industry Become Less Efficient? Or Where Is Wal-Mart When We Need It?" VoxEU, Center for Economic Policy Research, December 2, 2011. https://voxeu.org/article/where-wal-mart-when-we-need-it, Philippon, Thomas. 2015. "Has the U.S. Finance Industry Become Less Efficient? On the Theory and Measurement of Financial Intermediation." American Economic Review 105 (4): 1408-1438 참조.

23 이에 관한 내용은 Philippon, Thomas. 2015. "Has the U.S. Finance Industry Become Less Efficient? On the Theory and Measurement of Financial Intermediation." American Economic Review 105 (4): 1408-1438 참조.

24 이 모든 내용에 관해서는 Philippon, Thomas, and Ariell Reshef. 2012. "Wages and Human Capital in the U.S. Finance Industry, 1909-2006." Quarterly Journal of Economics 127, no. 4 (November): 1551-1609 참조.

25 이런 주장에 관한 내용은 Shu, Pian. 2013. "Career Choice and Skill Development of MIT Graduates: Are the "Best and Brightest" Going into Finance?" Working Paper, Harvard Business School과 Shu, Pian. 2016. "Innovating in Science and Engineering or 'Cashing In' on Wall Street? Evidence on Elite STEM Talent." Working Paper 16-067. Harvard Business School 참조.

26 이에 관련된 내용은 Kaplan, Steven N., and Joshua Rauh. 2010. "Wall Street and Main Street: What Contributes to the Rise in the Highest Incomes?" Review of Financial Studies 23, no. 3 (March): 1004-1050 참조. 이 논문은 전반적으로 금융 부문 연봉에 관한 아주 좋은 자료다.

27 금융 부문의 규모에 관한 보다 자세한 내용은 Greenwood, Robin, and David Scharfstein. 2013. "The Growth of Finance." Journal of Economic Perspectives 27, no. 2 (Spring): 참조.

28 뱅가드의 자산 관리 수수료에 관한 내용은 Balchunas, Eric. 2016. "How the Vanguard Effect Adds Up to $1 Trillion." Bloomberg View, August 30, 2016

참조. 2004년 예상 수치에 관해서는 Bergstresser, Daniel, John M. R. Chalmers, and Peter Tufano. 2009. "Assessing the Costs and Benefits of Brokers in the Mutual Fund Industry." Review of Financial Studies 22 (10): 4129-4156 참조. 여전히 높은 뮤추얼 펀드 수수료의 배후에 놓인 한 가지 문제점은 펀드 수탁자들이 대개 투자자의 이익보다 경영자의 이익 편에 선다는데 있다. 이와 관련해서는 Thomas, Landon, Jr. 2017. "Why Are Mutual Fund Fees So High? This Billionaire Knows." New York Times, December 30, 2017 참조.

29 금융 부문 성장의 근원에 관한 다른 견해는 이 부문의 성장이 비금융계의 여신 중개를 통해 불균형적으로 일어났다는 사실을 보여주는 Antill, Samuel, David Hou, and Asani Sarkar. 2014. "Components of U.S. Financial Sector Growth, 1950-2013." FRBNY Economic Policy Review 20, no. 2 (December): 59-83 참조.

30 Pax Americana. 미국이 주도하는 세계 평화를 이르는 말이다-옮긴이.

31 중국의 채권 보유액 하락에 관한 한 예는 Mullen, Jethro. 2016. "China Is No Longer the Biggest Foreign Holder of U.S. Debt." CNN Money, December 16, 2016 참조.

32 이 수치들에 관해서는 미국연방보험공사(Federal Deposit Insurance Corporation, FDIC) 데이터를 근거로 한 Comoreanu, Alina. 2017. "Bank Market Share by Deposits and Assets." WalletHub, February 9, 2017. https://wallethub.com/edu/bank-market-share-by-deposits/25587 참조.

CHAPTER 8

1 여기에 언급 된 인용문은 모두 Pearlstein, Steven. 2016. "How Big Business Lost Washington." Washington Post, September 2, 2016에서 가져왔다.

2 루이기 진갈레스는 정실 자본주의를 가장 확실하게 비판하는 사람들 중 한 명이었다. 이에 대한 예는 Zingales, Luigi. 2017. "Towards a Political Theory of the Firm." Journal of Economic Perspectives 31, no. 3 (Summer): 113-130 참조.

3 광고비 지출 총액에 관한 예상치는 Statista. 2017. "Media Advertising Spending in the United States from 2015 to 2021." https://www.statista.com/statistics/272314/advertising-spending-in-the-us(accessed September 29, 2018) 참조. 제너럴모터스와 비교한 내용은 Austin, Christina. 2012. "The

Billionaires' Club: Only 36 Companies Have $1,000 Million-plus Ad Budgets." Business Insider Australia, November 12, 2012와 Drutman, Lee. 2015. The Business of America Is Lobbying: How Corporations Became Politicized and Politics Became More Corporate. New York: Oxford University Press 223 참조. 코카콜라에 관한 내용은 Zmuda, Natalie, "Coca-Cola Maintains Marketing Spending Amid Sluggish Demand." Advertising Age, July 22, 2014 참조. 중국 관련 인용문은 Pearlstein, Steven. 2016. "How Big Business Lost Washington." Washington Post, September 2, 2016 참조.

4   기업의 로비 활동에 관한 자세한 내용은 Drutman, Lee. 2015, The Business of America Is Lobbying: How Corporations Became Politicized and Politics Became More Corporate. New York: Oxford University Press의 83, 86-87, 91 참조. 로비에 관한 연구는 Cao, Zhiyan, Guy D. Fernando, Arindam Tripathy, and Arun Upadhyay 2018, "The Economics of Corporate Lobbying." Journal of Corporate Finance 49 (April): 54-80 참조.

5   예를 들면 Coffey, Bentley, and Patrick McLaughlin은 2016년 "The Cumulative Cost of Regulations." Mercatus Working Paper에서 규제에 따른 부담이 1997년 이래 4조 달러에 이를 것으로 예상한다.

6   길렌스와 페이지의 연구에 관해서는 Gilens, Martin, and Benjamin I. Page. 2014. "Testing Theories of American Politics: Elites, Interest Groups, and Average Citizens." Perspectives on Politics 12, no. 3 (September): 564-581 참조. 이에 대응하는 모든 주장은 Enns, Peter K. 2015. "Relative Policy Support and Coincidental Representation." Perspectives on Politics 13 (4): 1053-1064와 Bashir, Omar S. 2015. "Testing Inferences About American Politics: A Review of the 'Oligarchy' Result." Research and Politics, October-December 2015: 1-17, Branham, J. Alexander, Stuart N. Soroka, and Christopher Wlezien. 2017. "When Do the Rich Win?" Political Science Quarterly 132, no. 1 (Spring), Matthews, Dylan. 2016. "Remember That Study Saying America Is an Oligarchy? 3 Rebuttals Say It's Wrong." Vox, May 9, 2016 참조.

7   현상 유지 편향에 관해서는 Bashir, Omar S. 2015. "Testing Inferences About American Politics: A Review of the 'Oligarchy' Result." Research and Politics, October?ecember 2015: 1-7 참조.

8 이에 관련된 내용은 Drutman, Lee. 2015, The Business of America Is Lobbying: How Corporations Became Politicized and Politics Became More Corporate. New York: Oxford University Press의 92-93 참조.

9 토머스 제퍼슨에 관한 내용은 Bainbridge, Stephen M., and M. Todd Henderson. 2016. Limited Liability: A Legal and Economic Analysis. Cheltenham, UK: Edward Elgar 참조.

10 역사적 전개를 바탕으로 다중책임제의 문제점을 아주 잘 기술한 내용은 Halpern, Paul, Michael Trebilcock, and Stuart Turnbull. 1980. "An Economic Analysis of Limited Liability in Corporation Law." University of Toronto Law Journal 30, no. 2 (Spring): 117-150 참조.

11 다중책임제 구조가 타당한 경우들도 있을 수 있다. 이를테면 생명보험 기업이나 채무 집약적인 형태의 은행들처럼 대중의 수탁 자산에 의존하며 과도한 차입으로 운영되는 기업들을 생각해볼 수 있다. 이와 같은 분야에 정부의 규제도 덜하고, 게다가 구제 금융이 아예 없거나 있더라도 소수에 불과하며, 은행의 경우 예금 보험도 없다고 가정해보자. 그럴 경우 다중책임제 기업 구조가 발달하고 계속 유지될 확률이 꽤 높다. 제한적인 책임만 진다면 생명보험 기업은 수많은 보험 계약에서 받는 보험료로 도박에 가까운 투기를 행하면서도 30년이나 40년 뒤에 지불해야 할 보험금을 전혀 염려하지 않을지도 모른다. 지분을 보유한 자들은 이런 위험을 통해 긍정적인 수익을 올릴 가능성이 있는 반면 보험 계약자들은 이런 위험에 따른 손실 대부분을 감수해야 할 수도 있다. 이와 같은 상황에서 보험과 은행 규제 기관은 일반적으로 이런 기업들이 다중책임제 구조가 아니더라도 높은 수준의 초기 자본을 유지하도록 요구하며, 이와 같은 자본은 위험에 대비한 완충재 역할을 하며 다중책임제와 유사한 기능을 수행하고 보다 높은 효율성을 발휘한다. 파트너십은 철저한 유한책임제 모델에서 벗어난 또 다른 기업 구조다. 예를 들면 모든 파트너 개개인은 다른 파트너의 신탁 의무 위반이나 불법행위가 파트너십 기업의 업무 활동 범위 내에서 일어날 경우 이에 대해 책임이 있을 수 있다. 많은 법무 기업들이 이런 구조를 택하고 있으며 예전에는 골드만삭스를 포함한 투자 은행들이 보통 파트너십 형태로 운영했다. 파트너십은 파트너들이 다른 파트너의 노력과 책임을 감독해야 하고 이런 기업들의 규모가 비교적 작아서 그와 같은 감독 행위가 가능할 때 잘 작동하는 것 같다. 파트너십 구조가 몇몇 분야에서 성공적으로 운영되기는 하지만 그래도 유한책임제 조직의 기업 형태를 거의 밀어내지 못하고 있으며, 파트너십 형태가 보다 빈번하게 등장하는 이유는 조직상의 효율성보다는 세금 문제(기업의 수

익에 대해 기업이 세금을 내는 것이 아니라 이 수익이 전부 파트너 개인에게 넘어가서 개인 세율에 따라 세금을 낼 수 있는 자격) 때문이다.

12 이 역사에 관해서는 Osborne, Evan. 2007. The Rise of the Anti-Corporate Movement. Westport, CT: Praeger의 2장과 Bainbridge, Stephen M., and M. Todd Henderson. 2016. Limited Liability: A Legal and Economic Analysis, Cheltenham, UK: Edward Elgar 중 특히 뉴욕에 관한 37-38 참조. 유한책임기업이 일부 주정부의 재정 실패에 대한 대체재로 등장한 내용은 Wallis, John Joseph. 2005. "Constitutions, Corporations, and Corruption: American States and Constitutional Change, 1842 to 1852." Journal of Economic History 65, no. 1 (March): 211-256 참조. 90퍼센트에 관한 내용은 Bainbridge, Stephen M., and M. Todd Henderson. 2016. Limited Liability: A Legal and Economic Analysis, Cheltenham, UK: Edward Elgar의 13 참조.

CHAPTER 9

1 이에 관한 자세한 내용은 Rucker, Philip, "Mitt Romney Says 'Corporations Are People.'" Washington Post, August 11, 2011 참조.

2 이 내용과 이어서 나오는 정보는 Hauser, Christine, and Sapna Maheshwari. "MetLife Grounds Snoopy. Curse You, Red Baron!" New York Times, October 20, 2006에서 인용했다.

3 크리스틴 하우저와 사프나 마흐슈와리가 〈뉴욕타임스〉에 기고한 글은 Hauser, Christine, and Sapna Maheshwari. "MetLife Grounds Snoopy. Curse You, Red Baron!" New York Times, October 20, 2006 참조.

4 스튜어트 거스리의 논문은 Guthrie, Stewart. 1993. Faces in the Clouds: A New Theory of Religion. Oxford: Oxford University Press 참조.

5 의인화를 향한 일반적인 경향의 예는 Chartrand, Tanya L., Grainne M. Fitzsimons, and Gavan J. Fitzsimons. 2008. "Automatic Effects of Anthropomorphized Objects on Behavior." Social Cognition 26 (2): 198-209와 Guthrie, Stewart. 1993. Faces in the Clouds: A New Theory of Religion. Oxford: Oxford University Press 참조.

6 암웨이에 관한 치알디니의 설명은 Cialdini, Robert B. 2007. Influence: The Psychology of Persuasion, rev. ed. New York: Collins Business, 28-29 참조.

7   타파웨어에 관한 내용은 Cialdini, Robert B. 2007. Influence: The Psychology of Persuasion, rev. ed. New York: Collins Business, 168-69 참조.

8   트레이더조에 관한 내용은 Scheiber, Noam, "At Trader Joe's, Good Cheer May Hide Complaints." New York Times, November 3, 2016 참조.

9   '미소를 짓는' 자동차의 역사와 소비자들이 이 제품을 의인화하며 어떻게 반응했는지에 관해서는 Aggarwal, Pankaf, and Ann L. McGill. 2007. "Is That Car Smiling at Me? Scheme Congruity as a Basis for Evaluating Anthropomorphized Products." Journal of Consumer Research 34 (December): 468-79와 2012. "When Brands Seem Human, Do Humans Act Like Brands? Automatic Behavioral Priming." Journal of Consumer Research 39 (August): 307-323 참조.

10   이에 관련된 내용은 Toure-Tillery, Maferima, and Ann L. McGill. 2015. "Who or What to Believe: Trust and the Differential Persuasiveness of Human and Anthropomorphized Messengers." Journal of Marketing 79 (July): 94-110 참조.

11   다음에 소개하는 내용은 추측에 많이 의존한 증거이기는 하지만 제품의 인격적 특성이 사람들에게 어느 정도 영향을 주는 사례일 수도 있다. 이를테면 애플 브랜드에 노출된 개인들은 다른 대조 집단에 비해 상대적으로 더 창의적으로 행동했다 (이 조사는 애플이 지금보다 창의성이 훨씬 뛰어난 것으로 평가받던 시기에 이뤄졌다는 사실에 주목하라). 디즈니 브랜드에 노출된 사람들은 보다 정직하게 행동했다. 나는 이런 실험실에서 행한 이런 조사 결과가 실제 세계에 항상 그대로 적용된다고 결론 내려서는 안 된다고 생각하지만 최소한 우리에게 미치는 기업의 영향이 때로는 뛰어난 사람의 행동을 우리가 따라할 때 나타나는 인간 롤모델의 영향과 어느 정도 비슷할 수 있다는 점을 제기한다. 아니면 일부 점화 효과(priming effect)가 동기를 부여할 수도 있다. 한 브랜드나 기업 이미지를 보면서 우리가 곧 어떤 방식으로든 그 브랜드 또는 기업과 상호 작용을 할 것이라는 생각이 떠오른다면, 우리는 잠재의식 속에서 그런 상호 작용을 위해 적절한 행동을 하겠다는 동기를 불러일으키고 있을지도 모른다. 예를 들면 어느 기업이 지능과 관련 있는 광고를 통해 신호를 보내면, 이를 본 사람들은 그 기업과 어느 정도 상호 작용할 준비가 돼 있기 때문에 세심한 주의를 기울이며 적어도 일시적으로나마 보다 더 똑똑한 상태가 된다. 어느 경우든 이는 기업과 인간적 상징을 혼란스럽게 하고 기업체를 의인화하게 만드는 또 다른 방식이다. 이에 관한 좋은 근거는 Fitzsimons,

Grainne M., Tanya L. Chartrand, and Gavan J. Fitzsimons. 2008. "Automatic Effects of Brand Exposure on Motivated Behavior: How Apple Makes You 'Think Different.'" Journal of Consumer Research 35 (June): 21-35를 참조하고, 제품에 애착을 느끼는 감정은 Chandler, Jesse, and Norbert Schwarz. 2010. "Use Does Not Wear Ragged the Fabric of Friendship: Thinking of Objects as Alive Makes People Less Willing to Replace Them." Journal of Consumer Psychology 20: 138-145를, 의인화된 제품에 관한 보다 일반적인 사례는 Cowen, Tyler. 2016. "When Products Talk." New Yorker, June 1, 2016 참조.

12 아이러니한 점은 미국 대중문화 자체가 대부분 그 중심에 대기업이 자리 잡고 있다는 것이다. 대기업에 대한 신뢰를 가장 강력하게 반대하는 주장들 중 하나는 대중문화 자체에서 묘사되는 (대체로 부정확한) 기업 이미지에 나타난다. 보다 긍정적인 면을 보면 할리우드 영화와 TV 드라마에 내포된 많은 메시지들은 스크린이나 화면상에서 언제나 그렇게 심할 정도로 반기업적인 것만은 아니다. 무엇보다도 할리우드 영화는 개인주의와 영웅주의 윤리를 고취하며, 그에 따라 보다 광범위한 면에서 미국 대중들이 실질적으로 상당히 친기업적일 수 있는 자유주의적 태도를 갖추도록 조정할 수도 있다. 그리고 이런 메시지들은 어쩌면 기업을 전혀 언급하지 않는 희망적이고 영웅적인 수많은 영화에서 전달되고 있다. 이런 의미에서 볼 때 할리우드는 미국의 지적 또는 이념적 분위기를 파괴하지 않고 있다. 하지만 불행하게도, 기업과 시장의 수많은 장점은 스크린에서 보여주기 어렵다. 애덤 스미스는 자신의 저서에서 기업가들이 자비심을 반드시 느끼지 않고도 사회의 보다 큰 이익을 위해 이윤 추구 행동을 할 수 있는 핵심 메커니즘으로 '보이지 않는 손' 이론을 주장했다. 영화와 TV 드라마의 막후에서는 손익을 맞추려는 노력이 늘 진행되고 있으며, 제작 자원들은 여기저기서 연달아 사용된다. 보이지 않는 손에 대해 알아야 할 점은 정말 잘 보이지 않으며 그 개념을 일정 수준으로 이해해야 한다는 것이다. 하지만 대부분의 대중은 스크린에서 일어나는 보이지 않는 손 이론을 이해할 만큼 충분한 경제적 지식을 갖추지 못하고 있다. 게다가 대중문화 속의 관찰자는 개인들을 그들의 의도대로 판단하는 경향이 있으며, 그 의도는 종종 행동의 최종 결과보다 스크린에서 더 쉽게 보여줄 수 있다. 하지만 경제적 핵심 요점은 완전히 이기적이거나 상대적으로 이기적인 동기가 적어도 올바른 기업에서는 좋은 결과를 불러올 수 있다는 것이다. 이 또한 구체적 관념보다는 추상적 개념을 많이 다뤄야 하기 때문에 스크린에서 나타내기가 어렵다.

13 컨트롤 프리미엄에 관한 연구는 Owens, David, Zachary Grossman, and Ryan Fackler. 2014. "The Control Premium: A Preference for Payoff Autonomy." American Economic Journal: Microeconomics 6, no. 4 (November): 138-161 참조.

덧붙이며

1 나는 코스와 윌리엄슨의 논문에서 많은 것을 배웠지만 나의 최종 입장은 Commons와 기업을 명성의 보유자로 본 Kreps와 Rotemberg에게서 더 큰 영향을 받고 있다.

2 여러분들은 어쩌면 기업을 사회적·법적 명성을 보유하고 유지하려는 존재로 보는 것이 궁극적으로 기업의 거래 비용 최소화 이론의 본질이라고 제안하고 싶어 할지도 모르겠다. 분명히 기업은 명성의 보유자로서 거래 비용을 어느 정도 최소화하려고 노력하지만, 이는 동시에 기업을 보다 더 타깃으로 만들면서 거래 비용을 증가시키기도 한다. 나는 명성의 보유자 요소가 근본적으로 기업이 거래 비용 최소화를 이루기 위해 지엽적으로 선택할 것이 아니라 기업이 (지엽적으로 조정할 여유를 가지고) 반드시 해야 할 것 중의 일부분이며, 이런 측면에서 볼 때 이 논리는 코스와 윌리엄슨의 모델과 상당히 다르다고 주장한다.

타일러 코웬의 기업을 위한 변론

제1판 1쇄 인쇄 | 2019년 11월 21일
제1판 1쇄 발행 | 2019년 12월 2일

지은이 | 타일러 코웬
옮긴이 | 문직섭
펴낸이 | 한경준
펴낸곳 | 한국경제신문 한경BP
책임편집 | 김종오
교정교열 | 이근일
저작권 | 백상아
홍보 | 서은실 · 이여진
마케팅 | 배한일 · 김규형
디자인 | 지소영
본문디자인 | 디자인 현

주소 | 서울특별시 중구 청파로 463
기획출판팀 | 02-3604-553~6
영업마케팅팀 | 02-3604-595, 583 FAX | 02-3604-599
H | http://bp.hankyung.com E | bp@hankyung.com
F | www.facebook.com/hankyungbp
등록 | 제 2-315(1967. 5. 15)

ISBN 978-89-475-4537-2 03320

이 책은 인습을 타파한다. 매력적이며, 현명하고, 재미있는 내용들로 가득하다. 타일러 코웬은 이 책을 통해 러시아 태생 미국 소설가로 자본주의를 신봉한 에인 랜드, 페이스북, CEO의 고액 연봉, 금융 시스템을 긍정적으로 평가하며, 미국의 거대 기업들이 국가적 보물이라는 사실을 입증한다. 무엇보다 현재 시대에 반드시 읽어야 할 책이다.

_캐스 R. 선스타인, 《넛지》 공저자 · 하버드대학교 로스쿨 교수

자본주의와 대기업이 좌우 진영 모두로부터 공격을 받는 오늘날, 타일러 코웬의 이치에 맞고 설득력 있는 자유시장 옹호는 오랫동안 절실했던 해결책의 역할을 한다.

_버튼 G. 맬킬, 《시장 변화를 이기는 투자》 저자

세심하게 공들인 이 책을 읽으면서 석유 매장량이 가장 풍부한 베네수엘라가 농업과 슈퍼마켓까지 국유화했으나, 이제 자급자족도 할 수 없는 상태에 이르렀다는 사실을 명심하기 바란다. 기업의 오점을 개선하려면 그들을 잘 육성해야 한다.

_버논 L. 스미스, 노벨 경제학상 수상자 · 《실험경제학》 공저자

타일러 코웬이 이 책에서 주장하는 모든 것에 동의하지는 않지만, 코웬보다 더 즐겁게 논쟁을 벌이고 또 그것을 통해 뭔가를 배울 수 있게 하는 사람은 거의 없다. 명석한 두뇌와 데이터 활용, 지칠 줄 모르는 재치는 기업이 일자리와 가치를 창출하는 방식에 관한 근본적인 가정 다수를 다시 생각하게 만들 것이다.

_벤 새스, 미국 상원의원 · 〈뉴욕타임스〉 선정 베스트셀러 《그들Them》 저자

타일러 코웬의 책은 지금 시기에 아주 적절한 내용을 담고 있으며, 그의 문체는 오늘날 너무나 흔한 좌파의 귀에 거슬리는 웅변조와 달리 매우 상쾌하다. 코웬은 차분한 대화체 어조로 좌파 선동가들의 열변에 찬물을 끼얹는다.

_〈월스트리트저널〉